HEYNE <

Antonia Rados

IM LAND DER MULLAHS

Wie eine Reporterin den Iran erlebt

WILHELM HEYNE VERLAG
MÜNCHEN

Aktualisierte Ausgabe des 2007 erschienenen Titels
»Zwei Atombomben dankend erhalten«

Antonia Rados: S. 2; S. 5 oben; S. 15; S. 16
Getty Images: S. 3 unten
Picture-alliance/dpa: S. 1 oben; S. 3 oben; S. 4 unten; S. 5 unten;
S. 6 unten; S. 7; S. 8; S. 9; S. 10 oben; S. 11; S. 12; S. 13; S. 14
Reuters Pictures: S. 6 oben; S. 10 unten
Ullstein Bild: S. 1 unten; S. 4 oben

FSC
Mix
Produktgruppe aus vorbildlich
bewirtschafteten Wäldern und
anderen kontrollierten Herkünften
Zert.-Nr. SGS-COC-1940
www.fsc.org
© 1996 Forest Stewardship Council

Verlagsgruppe Random House FSC-DEU-0100
Das für dieses Buch verwendete
FSC-zertifizierte Papier *Super Snowbright*
liefert Hellefoss AS, Hokksund, Norwegen.

Taschenbuchausgabe 04/2009
Copyright © 2009 by Wilhelm Heyne Verlag, München,
in der Verlagsgruppe Random House GmbH
Printed in Germany 2009
Umschlaggestaltung: Eisele Grafik-Design, München
Umschlagfoto: © Antonia Rados
Karte: GeoKarta/Heiner Newe, Altensteig-Wart
Satz: C. Schaber Datentechnik, Wels
Druck und Bindung: GGP Media GmbH, Pößneck

ISBN 978-3-453-62030-8

http://www.heyne.de

Inhalt

Irans unruhiges Jahrhundert

1906   Nach einer Revolte gegen den Monarchen wird eine verfassungsgebende Versammlung geschaffen.

1908   Erste Ölquellen im Nahen Osten entdeckt. Der Iran wird auch das erste Land sein, das 1951 seine Ölindustrie verstaatlicht.

1925   Reza Pahlevi stürzt den letzten Qajar-Monarchen, setzt sich selbst auf den Thron und begründet damit die Schah-Dynastie. Reza Schah ist der Vater des letzten Schah, Mohammed Reza.

1941   Invasion von Großbritannien und der UdSSR, um den nazi-freundlichen Reza Schah durch seinen Sohn Mohammed Reza zu ersetzen.

1951   Ministerpräsident Dr. Mohammad Mossadegh nationalisiert Irans Ölindustrie.

1953   Mossadegh wird mithilfe von Briten und Amerikanern gestürzt.

1957 Ein erstes Abkommen über eine amerikanisch-iranische Zusammenarbeit in Sachen Atomkraft wird vom Schah abgeschlossen.

1963 Der Schah, mit US-Hilfe fest auf dem Thron, führt seine *Weiße Revolution* durch: soziale und wirtschaftliche Modernisierungen, Landreformen. Kritiker seiner Politik, wie Ayatollah Khomeini, werden verhaftet.

1964 Khomeini muss in die Türkei ins Exil, weil er sich gegen ein neues Immunitätsgesetz für US-Militärpersonal ausspricht. Nach der Türkei geht er in den Irak, dort bleibt er bis 1978.

1969 Khomeini beginnt, vor Studenten die Islamische Republik zu erklären.

1970 Der Iran unterzeichnet den Vertrag für Non-Proliferation. Der Schah beginnt eine rege Zusammenarbeit mit Frankreich auf dem Nuklearsektor.

1974 Ein Vertrag über die Lieferung von zwei Atomkraftwerken wird mit Frankreich geschlossen. Der Schah investiert eine Milliarde Dollar in den Bau einer Anreicherungsanlage, genannt Eurodif. 1979 wird Khomeini das Projekt annullieren und das Geld zurückverlangen. Erst Ende der Neunzigerjahre wird die Sache geregelt. Die deutsche Firma Siemens schließt einen Vertrag über den

Bau eines Atomkraftwerks im südiranischen Buschehr ab.

1977 Nachdem die iranische Opposition und der neu gewählte US-Präsidenten Jimmy Carter Druck ausgeübt haben, macht der Schah Zugeständnisse, doch sie reichen nicht, um den Unmut gegen ihn zu beenden.

1978 Ein kritischer Artikel über Khomeini, von der Regierung offenbar in Auftrag gegeben, führt zu Ausschreitungen in der Stadt Qom. Organisiert wird der Protest von islamischen Geistlichen. Khomeini bekommt von der irakischen Regierung einen Maulkorb verpasst. Er zieht nach Frankreich, in einen Pariser Vorort. Bald steht er im Mittelpunkt des Interesses der Weltpresse.

1979 *Januar:* Der kranke Schah verlässt den Iran. 1980 stirbt er in Kairo.
Februar: Die Armee erklärt ihre Neutralität, woraufhin die Monarchie zusammenbricht. Khomeini übernimmt die Macht nach einer umjubelten Rückkehr.
November: Radikale Studenten besetzen die US-Botschaft und halten 52 Amerikaner für 444 Tage fest.
Dezember: Eine neue iranische Verfassung über die Einführung der Islamischen Republik wird mit großer Mehrheit angenommen.

Die deutsche Firma Siemens annulliert das Projekt Buschehr.

1980   Angriff der Islamischen Republik durch den Irak. Bei dem achtjährigen Krieg kommen eine Million Menschen auf beiden Seiten ums Leben.

1987   Die Islamische Republik nimmt das eingestellte Atomprogramm des Schahs in aller Heimlichkeit wieder auf.

1989   *Februar:* Khomeini verhängt in einem Rechtsspruch, Fatwa genannt, das Todesurteil über den britischen Autor Salman Rushdie für sein Buch *Satanische Verse.* Daraufhin muss Rushdie zehn Jahre lang im Untergrund leben.
        Juni: Khomeini stirbt, Nachfolger wird Ali Khamenei, er hat das Amt des Obersten Führers inne.

1995   Russischer Vertrag zur Weiterführung des Kraftwerks in Buschehr. Die Islamische Republik will insgesamt 20 Atomkraftwerke bauen.

1997   Mohammed Khatami, der Reformer, wird zum Präsidenten gewählt. Eine Zeit der Öffnung beginnt.

1998/   Trotz Reformerklima unter Khatami wird eine
1999   Reihe von Intellektuellen ermordet. Zeitungen werden geschlossen, die Verantwortlichen festgenommen.

1999 *März:* Erster Auslandsbesuch eines iranischen Präsidenten seit der Revolution. Khatami besucht Italien und später andere europäische Länder.
Juli: Schwere Unruhen der Jugend, die nach mehr Reformen verlangt. Die Proteste werden niedergeschlagen, der Reformgeist verebbt.

2000 Hunderte Reform-Kandidaten werden vom konservativen Wächterrat von der Wahl ausgeschlossen. Sie gelten als nicht ausreichend religiös.

2001 In Teheran wird eine Gedenkfeier für die Opfer der September-Terroranschläge in den USA abgehalten. Die Polizei greift ein.

2002 Oppositionelle veröffentlichen in den USA die Existenz von geheimen Atomanlagen im Iran. Die Regierung sagt, sie verfolge nur ein friedliches Atomprogramm, um die Energieversorgung in Zukunft zu sichern.

2005 Der ultrakonservative Mahmud Ahmadinedschad wird zum Präsidenten gewählt. In seinen Reden ruft er zur Zerstörung Israels auf. Mehrmals leugnet er den Holocaust.

Vorwort

Seit Jahrzehnten bereise ich als Reporterin den Iran. Anfang der 80er Jahre war es schwierig, denn der Botschafter der Islamischen Republik – wie der Iran seit Khomeinis Machtübernahme heißt – verweigerte mir das Visum. Bei meinen vielen Bittbesuchen beteuerte er seine Machtlosigkeit, indem er ausführlich darlegte, nicht er, sondern das Informationsministerium in Teheran hätte eine Verordnung erlassen. Bis auf weiteres werde weiblichen Reportern keine Einreise mehr erlaubt. Ich solle es nicht persönlich nehmen. Er versuche, für mich eine Ausnahme durchzusetzen. Damit war unser Gespräch selten beendet. Er lud mich auf eine Tasse Tee ein. Während wir das Nationalgetränk des Iran schlürften, belehrte er mich höflich, Iranerinnen seien in der Khomeini-Republik viel besser gestellt als unter dem Schah, sogar freier als im Westen! Es war schizophren: Trotz einer Verordnung gegen Journalist*innen* sollte ich an die paradiesische Lage der Iranerinnen glauben! Mangels Alternativen hörte ich geduldig zu, verabschiedete mich mit einem Kopfnicken (da sich in der Islamischen Republik Männer und Frauen öffentlich nicht berühren) und kam ein paar Wochen später mit frischem Elan wieder. Im Empfangszimmer stand das Tee-

Service bereit. So ging das einige Jahre – Hoffnung ist die Mutter aller Reportagen. Erst ab 1994 lockerten sich die Verordnungen. Von da an fuhr ich ein- bis zweimal im Jahr hin, für zwei bis drei Wochen, manchmal länger.

Mit jedem Besuch verstärkte sich mein Eindruck, der Iran sei ein eigener Planet. Unter allen islamischen Ländern ist er das Land der größten Gegensätze. Faszinierend und unberechenbar zugleich. So mancher Ausländer musste das schon leidvoll erfahren, wenn er, wie ein deutscher Geschäftmann, jahrelang im Gefängnis saß. Für mich ist der Iran eine zusätzliche Herausforderung. Kopftuchtragen ist für Frauen Pflicht. Die konservativsten Koran-Gelehrten weigern sich, einer Reporterin wie mir Interviews zu geben. Zugleich werde ich an Wochenenden von Bekannten aus Nord-Teheran mit Einladungen überhäuft. Bei diesen Partys werden nicht nur Zigaretten aus Tabak geraucht und man serviert alles andere als Wasser. An Wochenenden versammeln sich auch Irans Fromme im Pilgerort Jamkaran, um für die Rückkehr ihres Erlösers, des *Madhi*, zu beten. Aberglauben trifft auf Fanatismus, orientalische Höflichkeit auf Bürokratismus, Atomphysik auf Terror, Untergrund-Discos auf Hass gegen alles aus Amerika. Korruption gibt es an jeder Ecke. Aber auch Freundschaften, wie man sie bei uns selten findet. Im Iran ist beinahe alles möglich. Und über allem wacht drohend am Nordrand Teherans das Evin-Gefängnis, ein Block aus Beton, den man aus der Ferne wahrnimmt. Die Anstalt dient den Mullahs genauso wie dem 1979 vertriebenen Herrscher.

Ob es unter dem Schah besser war? Unter Iranern findet man hierzu jede denkbare Meinung. Aus Geschichtsbüchern und Reportagen erfahren wir, die Verwestlichung durch den Schah habe nur wenigen genützt. Frage ich iranische Freunde, Taxifahrer oder meinen Übersetzer, höre ich je nach Grad der Verklärung etwas anderes. Für Bewunderer endete mit ihm ein Goldenes Zeitalter, für Kritiker begann es erst nach seiner Flucht. Doch in einem sind alle einig: Iraner sprechen über ihr Land in den höchsten Tönen. Der Schah-in-Schah, der König der Könige – einer von uns! Die Islamische Revolution, Wendepunkt für das Morgenland – »Made in Iran«! Unwillkürlich endet jede Unterhaltung bei legendären Perser-Königen wie Darius oder Xerxes. Wundervoll konterkariert wird dieses Selbstbewusstsein durch Selbstironie: Selten habe ich so viele Witze und Anekdoten über die Mächtigen gehört wie in Teheraner Imbissbuden oder Autobahnraststätten auf dem Weg in die Stadt Qom.

Doch nun leben die Nachkommen siegreicher Feldherren, Poeten und schiitischer Heiliger erstmals in ihrer Geschichte isoliert vom Rest der Welt. Seit dem Aufstand der Mullahs, der sich 2009 zum 30. Mal jährt. Unter dem Schah wurde noch alles vom Auto über Haarschnitte bis zum Kampfjet aus Amerika importiert. Nach Khomeinis Machtübernahme war es damit vorbei. Washington verhängte wegen der Geiselnahme seines Botschaftspersonals 1980 Sanktionen. Das war lange vor Beginn des Atomprogramms, lange vor dem radikalen Ahmadinedschad!

Tourismus gibt es so gut wie nicht. Ideologie und Stolz ergänzen sich: Die Regierung tut inzwischen so, als würde sie ohne den Westen zurechtkommen. Sie bräuchte Flugzeugersatzteile oder Stahlplatten für ihre Atomeinrichtungen überhaupt nicht. Es stimmt, dass bei jedem

Händler die jüngsten Modelle von Waschmaschinen, Computern, Haartrocknern oder Handys zu kaufen sind – getreue Kopien westlicher Konsumgüter aus China. Die Bevölkerung ist inzwischen Weltmeister im Überleben: Die Behörden rationieren Benzin mit Coupons? Jemand in der Familie hat bereits mehr Coupons, als er brauchen kann. Im Krankenhaus ist kein Bett für die Großmutter frei? Ein Cousin arbeitet schon an einer Lösung. Und, und, und … Man findet Lösungen für alles.

Während laut Regierungswarnungen Journalisten getarnte Spione sind und man sich vor mir hüten soll, wollen Taxifahrer mit mir nicht übers Wetter, sondern über Politik debattieren. Spaziere ich die Valiasr-Straße – Teherans Prachtstrasse – hinauf, halten mich Einheimische auf, um zu erfahren, was ich vom Iran halte. Bei dieser Frage ist in einem Polizeistaat Vorsicht ratsam. Umso verwunderlicher ist das enorme Interesse an Fremden, gepaart mit Gastfreundschaft. Unzählige Male haben mir unbekannte Familien Tür und Tor geöffnet. Ich kam mit Teenagern ins Gespräch, die genug hatten vom Gottesstaat, oder ich hörte zu, wie tiefreligiöse Lehrer mir die Vorteile eben dieses Staates darlegten. Ordnungshüter sollten eigentlich meine Dreherlaubnis kontrollieren – oder mich festnehmen. Stattdessen entschuldigten sie sich für die Unannehmlichkeiten. Andere wiederum beanstandeten, mein Mantel sei nicht islamisch genug. So hatte ich viele Gelegenheiten, den Iran kennen zu lernen – mit seinen unbeschreiblichen Gegensätzen.

Davon handelt dieses Buch.

Antonia Rados
Februar 2009

Kapitel 1

Wollen Sie jetzt verhaftet werden oder später?

*»Sagen Sie Ihrer Frau, sie soll sich das Kopftuch
fester umbinden!«*
*»Hören Sie, Sie glauben doch nicht im Ernst,
das löst unsere Probleme, oder?«*
»Nein ...«

DIALOG ZWISCHEN EINEM MORALWÄCHTER UND
DEM EHEMANN EINER BEKANNTEN IN TEHERAN

Solange ich denken kann, hatte ich in der Islamischen
Republik nichts als Schwierigkeiten mit der Bekleidung.
Entweder mein Kopftuch war verrutscht, mein Mantel
zu kurz oder eine Haarsträhne sichtbar. Meistens alles
zusammen. Ach ja, bevor ich es vergesse: Lachen in der
Öffentlichkeit kann ebenfalls Probleme bringen.

Fangen wir daheim, mit dem Kofferpacken an, wo
mir, ob Winter oder Sommer, regelmäßig eines passiert:
Ich kann nicht so ohne Weiteres entscheiden, welches
Tuch ich mitnehmen soll. Ein buntes oder lieber doch
nur ein schwarzes? Leicht ist das bei Gott nicht. Obwohl

es sich um eine läppische Kleinigkeit handelt, einfach ein Kopftuch eben, weiß ich aus langjähriger Erfahrung, dass daran so einiges scheitern kann in der Islamischen Republik.

Vor allem jetzt, mit dem neuen, diesem Mahmud Ahmadinedschad. Jüngst waren mir zwei von seinen Ordnungshütern glatt nachgefahren, nur wegen meines verrutschten Kopftuchs. Es ist noch mal alles gut gegangen, bloß sie verstanden mich nicht und ich sie genauso wenig.

Da unsere Zeitungen nicht immer auf dem letzten Stand sein können, maile ich vor jedem Besuch einen Bekannten in Teheran an. Noch besser ist es, wenn ich mit ihm telefoniere, da bekomme ich die Zwischentöne mit: *Na, wie geht's? Alles in Ordnung? Keine Verschlechterung der Lage? Aha ...* Da Telefone selbstverständlich abgehört werden, sind diese Gespräche nicht so, wie man es sich wünschen würde, aber zumindest erfahre ich, woher der politische Wind weht. Ob man noch mehr aufpassen muss als beim letzten Mal oder nicht. Sind die »Fatim-Kommandos« unterwegs, stecke ich gleich das schwarze Tuch ins Gepäck, obwohl mir die bunten natürlich besser gefallen. Die Kommandos heißen eigentlich nicht »Fatim-Kommandos«, die Leute nennen sie nur so, wenn gerade kein Spitzel zuhört. Fatim ist die Abkürzung von Fatima, also ein typischer religiöser Name, Kommando muss ich nicht weiter erklären. Meistens umfassen sie mindestens zwei weibliche Angestellte des Innenministeriums, abgestellt zur Überwachung der Bevölkerung und eventueller Besucher wie mir. Letztens erzählte mir jemand, er hätte mit eigenen Augen gesehen, wie eine Frau auf einem Platz im Zentrum um die Mittagszeit von einem »Fatim-Kommando« abgeführt wurde. Sie hätten sie nach allen Regeln der Kunst beschimpft und ihr unterstellt, das älteste Gewerbe der Welt zu betreiben. Nur weil ihr Kopftuch irgendwie unpassend war. Besonders lächerlich sind diese Vorwürfe, wenn man bedenkt, dass Teherans Prostituierte nicht am helllichten Tage herumspazieren. Da schlafen sie sich aus. Werden sie des Nachts verhaftet, dann nur, weil ihnen die Polizisten Geld abnehmen möchten. Haben sie kassiert, lassen sie die Mädchen wieder frei. Das weiß nun wirklich jeder, außer den »Fatim-Kommandos«.

Aber auch ansonsten muss man sich in Acht nehmen. Jede Geste, jeder Gesichtsausdruck wird als ein politisches Statement gedeutet, nicht bei den Iranern auf der Straße, denen ist das inzwischen einerlei, aber bei den Regimewächtern. Und die große Frage ist: Wie viele der 70 Millionen Bewohner der Islamischen Republik arbeiten als Spitzel? Es müssen eine ganze Menge sein, wenn ich mir die Klagen meiner Bekannten so anhöre.

Eines ist sicher: Ausgerüstet mit einem einfachen schwarzen Tuch kann man nicht so ganz falsch liegen, denn mit dieser Farbe fällt man am allerwenigsten auf zwischen den iranischen Frauen. Nur wird die Arbeit im Sommer damit zur Qual. Eine Affenhitze herrscht in der Hauptstadt, das kann man sich bei uns gar nicht so richtig vorstellen. Kalt und regnerisch ist es hingegen in den Wintermonaten, was bedeutet, ein biederes schwarzes Wolltuch ist im November oder Dezember gerade richtig. Es hält einem die Ohren warm. Regnet es, sieht die

Frau unter dem Kopftuch allerdings aus wie ein geduschtes Huhn.

Natürlich hängt die Garderobe davon ab, was Sie vorhaben und warum Sie überhaupt in den Iran wollen. Sind Sie Touristin, also nur zum Geldausgeben da, oder eine Reporterin, also hoch verdächtig? Lachen Sie nicht, Letzteres wird in diesen angespannten Zeiten immer öfter vermutet. Der Beweis: Ständig werden irgendwelche Journalisten geschnappt. Mit Vorliebe Exil-Iraner, die aus dem Ausland vorübergehend einreisen, um eine kranke Mutter ein letztes Mal zu sehen. Schon sitzen sie fest. Um die Verhafteten kümmert sich die Welt wenig, die sind ja eigentlich Iraner. Sie schmoren dann ein paar Monate oder gar Jahre im berüchtigten Evin-Gefängnis im Norden Teherans, falls man überhaupt erfährt, wo sie sind. Nach allen Regeln der Kunst werde hingegen ich von der ersten Minute an gequält, wobei ich jetzt von einer Art Psychoterror rede, nicht mehr. Touristen haben es um vieles leichter.

Hie und da treffe ich während meiner Aufenthalte in der Islamischen Republik in Hotelhallen ausländische Urlauber, die in Gruppen reisen. Da warten sie auf ihren Begleiter, damit er ihnen die eine oder andere Sehenswürdigkeit zeigt. Alles ist gut organisiert. Am ersten Tag sieht man sich die Hauptstadt an, Teheran, die Museen, am nächsten Morgen fährt man in die Provinz, fliegt ins legendäre Persepolis oder sonst wo hin. Da geht's dann durch Ruinen oder eine Altstadt, wo Einwohner den Fremden freundlich zunicken, weil sie keine andere Wahl haben als so zu tun, als sei alles in bester Ordnung. Touristen sind wirklich zu beneiden. Sie sehen die schönen Seiten dieses Landes, von denen es viele gibt, die anderen bleiben ihnen erspart. So war es mit einer Gruppe von Deutschen, die ich vor rund einem Jahr zufällig getroffen habe. Wirklich nette Leute. Lobten den Iran über den grünen Klee. Wie toll alles wäre. Ganz anders, als man es im Fernsehen sehen würde, da würde man ja ohnehin immer nur das Schlimmste berichten. Weiß man ja aus anderen Urlaubsländern. Da ich zu diesem Zeitpunkt ein paar Probleme mit meinem Visum hatte und der Vater einer Bekannten im Knast saß, hörte ich nur mit halbem Ohr zu.

Im Großen und Ganzen kann man als Frau nicht klagen, solange man, wie schon gesagt, ein Kopftuch trägt, zusätzlich schamhaft den Blick senkt, einem Mann nicht die Hand hinstreckt, ihm auch nicht widerspricht, undurchsichtige Strümpfe trägt, damit man die Fußgelenke nicht sieht, einen knielangen Mantel mithat und anzieht und sich Lachen sowie Schminken abgewöhnt. Lippenstift, Wimperntusche und was es sonst noch so an Verschönerungskrücken gibt, kann man daheim lassen. Schminken ist keine so gute Idee, denn dann fällt man auf.

Ja, ich weiß, Sie denken an die Fotos von jungen Iranerinnen mit einer Art Taschentuch auf dem Kopf und hochhackigen Schuhen an den Beinen. Klar gibt es diese Mädchen, aber sie sind eine Minderheit. Die meisten Frauen tragen einen Tschador. Sie wissen schon, diese bodenlangen Gewänder. Eines schwärzer als das andere, und sie sehen aus wie Zelte. Genauso wie in den Fernsehberichten, wo man mürrisch dreinblickende Iranerinnen in den eben erwähnten Umhängen sieht, wie sie die Faust ballen und irgendetwas Unverständliches in die Kamera brüllen. Klingt meistens wie eine Morddrohung gegen uns. Oder handelt es sich um einen Lobgesang auf irgendeinen islamischen Heiligen? Im Fall der Drohung weiß man im ersten Augenblick gar nicht so genau, gegen wen das gerichtet ist. Bin ich gemeint oder jemand Wichtigeres, wie der amerikanische Präsident? Besser, man zieht keine voreiligen Schlüsse, wenn man zufällig in eine Frauendemonstration hineinstolpert. Ruhig bleiben, lautet mein Rat. Nur keine Panik! Einfach am Gehsteig stehen bleiben, wie eben die meisten Iraner auch, und abwarten, bis der Spuk vorbei ist.

Selbst wenn keine Demo angesagt ist, ist es nicht leicht, den Umhängen aus dem Weg zu gehen. Es sind einfach zu viele. Wo man hinschaut, sieht man einen. Am Gehsteig rechts, links. Auch hinter den Fenstern der Autobusse sind sie gut erkennbar, die Frauen sitzen hinten, die Männer vorne. Dann gibt es die Mädchen auf den Schulhöfen, knapp zehn Jahre alt, und schon stecken sie unter einem Umhang. Ungefähr zwölf Millionen Menschen leben in dieser Stadt, davon sind circa vier Millionen Frauen. Und von denen trägt mindestens die Hälfte einen Tschador. Man sieht also fast nichts anderes in Teheran. Im Rest der Islamischen Republik, auf dem Land, in den Provinzstädten, ist es noch deutlicher. Umhänge sind das A und O, nicht die kleinen, bunten Kopftücher der Gören.

In einer Frauenzeitschrift sah ich vor Jahren ein Foto von einer Gruppe verhüllter Iranerinnen. Die marschierten wie Soldaten im Gänsemarsch, um die Schulter hatten sie Gewehre hängen. Ich weiß noch, was mir damals so durch den Kopf ging, als ich das Bild betrachtete. Ich dachte eher an die praktischen Dinge, als ich die Zeitschrift im Wartezimmer meines Zahnarztes durchblätterte. Ich fragte mich, wie konnten diese Amazonen nur einen einzigen Schritt machen, ohne über den Saum ihres Umhangs zu stolpern? Oder gar einen Schuss abfeuern? Abgesehen davon sahen die Gewehre aus, als stammten sie aus dem Mittelalter, aber mich interessierte mehr, wie man in so einem komplizierten Gewand einen Krieg heil überleben konnte. Gut, man kann sich darunter verstecken, der Umhang verdeckt ja alles, vom Kopf bis zu den Zehen. Als Kriegsreporterin weiß ich jedoch, dass sich unter einem Tuch verstecken gar nichts bringt, wenn einem die Kugeln um den Kopf fliegen. In friedlichen Zeiten kann man sich zumindest bei Bedarf damit bedecken, falls man sein Nachthemd vergessen hat. Einmal musste ich in einem iranischen Privathaus übernachten und rollte mich dabei in einen Umhang ein, der mir dankenswerterweise von der Hausherrin zur Verfügung gestellt wurde. Die Umhänge haben außerdem den Vorteil, nicht zu knittern, denn sie sind aus Polyester. Und sie sind klassisch geschnitten, bleiben also jahrhundertelang in Mode. Davon kann man beeindruckt sein oder nicht.

Aber auch die weiblichen Wesen ohne Tschador sehen nicht aus wie bei uns. Keine einzige Frau in der Islamischen Republik sieht so aus wie im Westen, weil eine jede sich per Gesetz verhüllen muss. Das sollte man wissen, bevor man hinfährt, sonst kann man gleich daheim vor dem Fernseher sitzen bleiben. Einheimische oder ausländische Besucherin, keine darf ihre Haare zeigen, vielleicht den Haaransatz, ja, das ist möglich, solange nicht die »Fatim-Kommandos« unterwegs sind. Tauchen die auf, tut eine Frau gut daran, sich das Kopftuch ins Gesicht zu ziehen. Drinnen im Haus, oder, in meinem Fall, im Hotelzimmer, kann man machen, was man will, von mir aus im Badeanzug herumlaufen – solange niemand an der Tür klopft.

Den Umhang *tragen oder nicht* hat im Iran eine lange, abwechslungsreiche Geschichte. Jahrhundertelang durften Frauen nicht einmal vor die Haustür – ob verschleiert oder nicht, spielte keine Rolle. Bis zur Herrschaft von Reza Schah. Er fuhr in den 30er Jahren des 20. Jahrhunderts in die Türkei. Dort sah er, wie Atatürk mit revolutionärem Elan ein ganzes Land umkrempelte. Kaum war Reza Schah wieder zu Hause, machte er sich an die Arbeit. Mitglieder seiner Armee durften sich nicht mehr mit verschleierten Frauen zeigen. Schulen mussten Mädchen aufnehmen. Höhepunkt seiner Frauen-Politik: Er zeigte sich bei einer öffentlichen Veranstaltung mit unverschleierter Ehefrau und zwei Töchtern in kurzen Röcken und Blusen. Da war es mit der Geduld der Islam-Gelehrten vorbei. Später machte sein Sohn, Schah Mohammed Reza, trotzdem weiter, wo der Vater aufgehört hatte. Heute ist die Islamische Republik in der Frauenbekleidung wieder dort angelangt, wo sie am Beginn des vorigen Jahrhunderts war.

Verlässt eine Frau das Haus, muss sie einen Umhang tragen oder, wenn sie den nicht will, zumindest ein Kopftuch umbinden. Das ist sozusagen oberste Frauenpflicht. Daran kommt keine vorbei. Wenn ich »keine« sage, meine nicht nur ich das wörtlich, sondern vor allem das iranische Regime. Kurz gesagt, in dieser Frage verstehen die keinen Spaß (in anderen übrigens genauso wenig). Damit keine glaubt, sie könne sich da irgendwie durchschummeln, wurde die Pflicht, eine Kopfbedeckung zu tragen, per Verordnung festgelegt. Eine Zuwiderhandlung wird entweder mit einer Geldbuße, Peitschenhieben oder Gefängnis bestraft. Wie bei allen möglichen Verordnungen beruft sich das Regime auf den Koran, in diesem Fall auf zwei Suren, in denen geschrieben steht, Frauen sollten sich diskret kleiden. Was hier so interpretiert wird, sie sollten sich unter dem körperbedeckenden Umhang verstecken.

Die Idee dahinter ist, dass alle Menschen gleich sind. Und obwohl wir alle wissen, dass es leider nicht so ist, sollen zumindest alle gleich ausschauen, deshalb der Umhang. In einem Meer von Umhängen kann sich tatsächlich keine brüsten, sie sehe besser aus als die anderen. Männer sind in der Regel weniger eitel als Frauen, meinen offenbar die Religiösen, daher wird die Ungleichheit da weniger streng bekämpft. Um seine Frömmigkeit zu belegen, genügt einem Iraner ein Fünftagebart.

In Mengen hat der Tschador, selbst wenn es friedlicher zuging als beim Frauenbataillon, mir stets einen leichten Schauer über den Rücken gejagt, lange bevor ich zum ersten Mal in den Iran fuhr. Erst dann bekam ich mit, was es heißt, selbst so auszusehen. Die Fotos sind nichts dagegen.

Es gab Zeiten, wo ich ihn tragen musste. Bei meinen ersten Besuchen im Iran zu Beginn der Achtzigerjahre war alles sogar noch härter als heute. Einfach irgendein

Kopftuch umzubinden ging nicht, geschweige denn eines dieser kleinen bunten, wie sie heute die Mädchen tragen. Man musste sich ein relativ großes Tuch besorgen, und selbst dann war man nicht sicher. Die frisch gebackene Islamische Revolution hatte wenig Verständnis für Extrawürste, in weißen Landrovern fuhren Wächter durch die Stadt und nur der Tschador fand in ihren Augen Gnade. Das waren keine leichten Arbeitsbedingungen, denn unentwegt bekam ich Abfuhren, nur weil ich unpassend angezogen war.

Ich werde nie vergessen, wie ich das Parlament besuchte und eine tief verhüllte Wächterin mich zu beschimpfen und dann herumzustoßen begann, am Ende war ich den Tränen nahe. Also lieh ich mir bei der Schwester eines Aufpassers einen Umhang aus. Mir wurde erklärt, wie man ihn unter dem Kinn fest zusammenhalten musste. Ich übte vor dem Badezimmerspiegel im Hotel, ohne großen Erfolg. Tschadortragen ist so eine Sache für sich. Man kann es ohne Weiteres mit dem Tragen von Stöckelschuhen vergleichen. Das klappt nicht sofort, man braucht Übung. Hat man die nicht, rutscht einem das Tuch vom Kopf – wie mir einmal bei einem Termin mit einem islamischen Gelehrten. Der Aufpasser hatte mir eingebläut, ich solle bloß nicht ohne Tschador antanzen, das wäre überhaupt nicht gut. Eine Ausländerin in einem Umhang hingegen würde als Zeichen des Respekts gedeutet werden und den Geistlichen gesprächiger machen. Dagegen war nichts einzuwenden. Sicherheitshalber riet er mir noch, eine enge Haube darunter zu tragen, damit störrische Haare keine Chance hätten. Darin sah ich recht seltsam aus, genauso wie die Nonnen

BEKLEIDUNGSVORSCHRIFTEN

Es ist für ausländische Frauen nicht notwendig, den Tschador zu tragen. Aber sie müssen alle Teile des Körpers bedecken außer die Hände, die Füße und das Gesicht (vom Haaransatz bis zum Nacken), und sie müssen weite Sachen tragen. Körperformen dürfen nicht gesehen werden (...) Die übliche Kleidung wäre also ein langer Rock oder ein Hemd mit langen Ärmeln und einer Hose, ein Mantel, der unter das Knie geht. Der Mantel kann jede Farbe haben. Ein Kopftuch sollte die Haare bedecken (auch den Hals, ein Hut ist also unangebracht), und Strümpfe sollten alle sichtbaren Teile der Beine bedecken. Keine herumreisende Frau sollte bei Make-up und Schmuck übertreiben (...)

Aus einem Reiseführer für die Islamischen Republik Iran
von M. T. Faramarzi, Teheran 1997

früher, als sie noch die traditionelle Nonnentracht trugen. Dazu kamen schwarze Handschuhe aus Baumwolle, die mir vor Ort von einer treuen Helferin des Gelehrten übergestreift wurden. Das war's auch schon – bloß leider war es Hochsommer.

Das Interview war ein Reinfall. Erstens sagte der Gelehrte nichts von Bedeutung und zweitens merkte ich bald, wie mir Schweißtropfen über die Stirn und den Körper herunterzulaufen begannen. Zugleich rutschte der Umhang unentwegt nach hinten. Zog ich ihn vor, glitt er mir über die Augen. Ich sah nichts mehr, worauf ich einen der Zipfel mit beiden Händen festhielt. Das ging eine Weile gut. Daraufhin fiel mir bei einer ungeschickten Bewegung der Kugelschreiber zu Boden, mit den Handschuhen konnte ich ihn aber nicht aufheben. Also war es aus und vorbei mit dem Notieren. Am Ende hatte ich mehr als die Nase voll. Ich habe noch ein Erinnerungsfoto von diesem Interview, und jedes Mal, wenn ich es betrachte, kriege ich einen gehörigen Schrecken. Nie wieder, schwor ich mir damals, nur über meine Leiche.

Ich wäre keine Reporterin, würde ich solche blödsinnigen Vorsätze nicht wieder abschwächen. Inzwischen habe ich mehrmals einen Tschador locker um die Schultern gelegt, etwa in Koranschulen oder Moscheehöfen. Mit meiner Geschicklichkeit ist es jedoch nicht viel weiter her als früher.

Schlau wie die Iraner und mehr noch offenbar die Iranerinnen sind, haben sie inzwischen verschiedene anwendungsfreundliche Versionen des Umhangs entwickelt. Sah ich doch jüngst, wie eine zuerst einen Gummi, im Kopfbereich des Tschadors eingenäht, über die Haare zog. So saß das Ding beinahe perfekt.

Zumindest zwischendurch kam der Umhang vorübergehend aus der Mode, die farbigen Kopftücher waren auf dem Vormarsch. Die jungen Iranerinnen waren mehr als erleichtert. Ich nicht weniger. Fuhr ich in den Neunzigerjahren in die Islamische Republik, brauchte ich fürs Packen nur halb so lange, weil alles, was nur irgendwie aussah wie ein Tuch, genügte. Das waren Zeiten! Die Mäntel, früher bodenlang, wurden kürzer, die Lippenstifte wieder hervorgezogen. Lachen war erwünscht.

Nun, mit Präsident Ahmadinedschad ist eine erneute Eiszeit ausgebrochen, womit mein Zögern beim Kofferpacken erklärt wäre. Nachdem ich vor Monaten, als ich allein im Taxi saß, von Wächtern mit eindeutigen Gesten als Dirne beschimpft wurde, überlege ich es mir zweimal, wie ich mich kleide. Ich will ja nicht herumdiskutieren, sondern meinen Job, also Reportagen machen.

Vorsichtshalber habe ich mir angewöhnt, ein Tuch im aufgegebenen Gepäck, ein zweites jedoch stets in der Handtasche griffbereit zu haben, für den Fall, dass mein Koffer nicht ankommt. Sobald ich in Teheran aus dem Flugzeug steige, setze ich Kopftuch Nummer zwei auf.

Etwas Schlimmeres als kein Kopftuch oder wahlweise keinen Tschador dabeizuhaben, ist kaum vorstellbar. Will eine Frau keines von beiden tragen, kann sie gleich wieder umdrehen und abreisen – wie die Ehefrau eines westlichen Botschafters. Die Frau begleitete ihren Mann nach seiner Versetzung in den Iran, dachte jedoch, sie als Ehefrau eines Diplomaten müsse nichts aufsetzen. Möglicherweise hatte sie die Gebrauchsanleitung für das neue Land nicht richtig gelesen, wie auch immer, einmal im Iran angekommen, weigerte sie sich, ihre Haare zu bedecken. Es dauerte nicht lange, schon war die Frau weg und der Herr Diplomat war Strohwitwer.

Meine Lehre aus der Geschichte: Selbst außerirdische Wesen, falls sie weiblich wären, würden bei einer Landung in der Islamischen Republik sofort aufgefordert werden, sich so schnell wie möglich ein Tuch um den Kopf zu binden, ansonsten würden sie ihn recht schnell verlieren. Ich meine, den Kopf!

Zufällig, im Vorbeifahren, habe ich einmal eine gesehen, die mit wehenden Haaren im Hof eines Wohnhauses einen Plastiksack zur Mülltonne brachte. Ich war wie vom Blitz getroffen. Ich sagte mir, vielleicht hatte sie sich mit ihrem Mann gezankt und wollte ihm zeigen, dass sie sich nicht alles gefallen ließ.

Bevor man als Reporterin überhaupt einreisen kann, muss man ein Visum ergattern. Ein solches ist Gold wert, vor allem heutzutage, wo die Behörden nicht immer unterscheiden zwischen Spionen und Reportern. Weil es so schwierig zu bekommen ist, wird man beinahe von sportlichem Ehrgeiz erfasst, eines zu kriegen. Kollegen beneiden einen, wenn man es schafft, hinein- und – beinahe noch wichtiger – wieder heil hinauszugelangen! Wie man Ersteres macht, kann ich verraten, es ist keine besondere Kunst. Brav Kopftuch tragen, die Gesetze beachten: kurz, sich den Regeln unterwerfen. Da beginnen allerdings bereits die Widrigkeiten: Nichts ist schwieriger als das. Es gibt nämlich keine Regeln im Iran, wenn man einmal von der Kleiderordnung absieht. Verordnungen sind Schall und Rauch. Was heute noch verboten ist, kann morgen schon erlaubt sein, und übermorgen kümmert sich niemand mehr darum, Schnee von gestern. Und in der nächsten Woche können alte Gesetze wieder zum Leben erweckt werden, so schnell kann man gar nicht schauen, wie sich das verändert.

So kann auf dem Tagesplan eine Auspeitschung am Morgen und eine tolle Party am späten Abend stehen, wenn auch nicht bei den Frauen in Umhängen, sondern bei den Salopperen. Die feiern bis in den Morgen, solange die Polizei abkassieren kann, drückt sie beide Augen zu. Dreht sich der Wind wie eben jetzt unter Ahmadinedschad, werden im nächsten Moment alle verhaftet, Unschuldige eingeschlossen. Üblicherweise droht eine saftige Auspeitschung. Am nächsten Tag schon gibt es einen Gnadenakt, und die Gören mit dem lockeren Tuch auf dem Kopf werden zum Glück doch nicht bestraft.

All das schwirrt mir im Kopf herum, wenn ich durch die Passkontrolle gehe, mein Gepäck suche und endlich finde, den Zoll hinter mir lasse, der zum Glück die beiden Modezeitschriften für eine Bekannte nicht entdeckt hat.

Ganz so ohne ist auch der Flughafen nicht. Ich erinnere mich jedes Mal daran, dass man gleich bei der Einreise verhaftet werden kann, wie vor Jahren der deutsche Geschäftsmann Helmut Hofer. Es dauerte nicht lange, da war er zum Tode verurteilt, so schnell kann das hier gehen. Von den dunklen Machenschaften der Revolutionsgarden, der Pasdaran, jetzt gar nicht zu reden. Die sollen an eigenen Terminals alles Mögliche importieren, und als vor einigen Jahren ein moderner Flughafen gebaut werden sollte, blockierten sie das Projekt, denn dann wäre es vorbei gewesen mit ihren Geschäften am alten Airport von Teheran.

Da entdecke ich auf der anderen Seite der Absperrung unseren Fahrer, eingequetscht zwischen den Mitgliedern iranischer Großfamilien, Kleinkindern auf den Schultern ihrer Väter und Sicherheitskräften in Uniformen. Wie viele Spitzel in Zivil herumlungern, kann ich nicht beurteilen, es müssen eine ganze Menge sein. Dementsprechend angespannt ist die Atmosphäre in der Halle. Sobald ich mich vollgepackt wie ein Packesel durch die Menge gedrängt habe, streckt mir regelmäßig unser Fahrer einen Strauß vor die Nase: Welcome!, sagt er dabei. Jedes Mal bin ich gerührt, bloß habe ich keine Hand frei, muss also die Blumen einfach unter den Arm klemmen, was jedoch nicht so schlimm ist. Unser Fahrer beehrt mich mit Vorliebe mit Nelken aus Plastik.

Mit der üblichen Höllengeschwindigkeit bringt er den Kameramann und mich über eine Autobahn, die ihre besten Tage hinter sich hat, ins Hotel. Iraner lieben es zu rasen. Gerne lässt dabei unser Fahrer zu jeder nur möglichen Jahreszeit, selbst bei 10 Grad minus, die Fenster heruntergekurbelt. Ich weiß nicht warum, ich vermute, so hat er den Eindruck, er sitze in einen Rennwagen, dabei ist es nur ein altersschwacher Renault. Himmel, da weht mir ein Windstoß mein Tuch beinahe vom Kopf!

Kapitel 2

Typisch iranisch?

»Frauen müssen ihre Haare bedecken,
weil Frauenhaare Vibrationen abgeben,
mit denen Männer auf falsche Wege gelockt
werden.«

ALI HASHEMI RAFSANDSCHANI, EHEMALIGER PRÄSIDENT

Gibt es die typische Iranerin? Nein, aber wenn es so et-was gäbe, wäre es meine Bekannte Shala. Das ist diejeni-ge, für die ich Modehefte durch den Zoll schmuggle – wobei ich mir vorkomme wie eine Heldin. Meine Shala interessiert sich für Mode, aber nicht für die Islamische Republik. Die ist ihr völlig egal. Ich glaube, die ganze Po-litik ist ihr schnuppe. Sollen die da oben machen, was sie wollen, sie traut ihnen nicht über den Weg. Iranische Zeitungen? Liest sie keine. Sie mag nur die, die ich ihr mitbringe. Die lassen sie zumindest von einer anderen, besseren Welt träumen, einer mit schönen Kleidern, und je tiefer die Ausschnitte sind, desto toller findet sie Shala. Die da würden ihr sicher gut stehen, sagt sie und seufzt. Treffe ich sie bei einem Fest – bei so einer Gelegenheit habe ich sie übrigens kennengelernt –, ist sie herausgeputzt wie nur was.

Shala gehört zur Mittelschicht des Irans, sie ist nicht wohlhabend, muss sich ihr Geld einteilen, doch arm ist sie genauso wenig. Wobei das in Teheran relativ ist: Genauso wichtig wie Geld sind Beziehungen, sprich die schwierige Kunst, sich Dinge preiswert zu beschaffen, selbst wenn man sie sich eigentlich gar nicht leisten kann. So sind zum Beispiel die meisten Frauen wie Shala trotz ihres bescheidenen Budgets und der begrenzten Möglichkeiten bei festlichen Anlässen gut angezogen, um nicht zu sagen overdressed. Jedes Mal haben sie was anderes Schickes an. Zahllose Kleider, Pullover, Taschen, alles Mögliche besorgen sie sich auf Umwegen, das heißt, eine wie Shala zahlt niemals den angeschriebenen Preis. Das ist praktisch für mich: Brauche ich etwas, rufe ich sie an. Mehr als die Hälfte von dem, was es eigentlich kostet, zahle ich nie. Allerdings darf ich nicht mitkommen. Merkt der Händler, dass eine Ausländerin in der Nähe ist, schnellen alle Preise in astronomische Höhen.

Mit Shala kann man nicht über die große Politik reden, obwohl sie alles weiß, was sich so tut in der Stadt. Nehmen wir die Ausgabe von Benzincoupons, von der Regierung vor Kurzem verordnet: Jedem Autofahrer wurde eine gewisse Menge, hundert Liter pro Monat, zugewiesen. Die meisten ärgerten sich darüber. Wie kommt es, hieß es, dass wir in einem so erdölreichen Land behandelt werden wie Bettler? Ein Skandal sei das! Ein paar Tankstellen wurden sogar von wütenden Autofahrern in Brand gesteckt. Es dauerte nicht lange, schon wusste Shala, wie und wo man sich unbegrenzte Mengen Benzin auf dem Schwarzmarkt besorgen konnte, obwohl sie nicht einmal ein Auto besitzt. Einer ihrer Bekannten, sagte sie, hätte inzwischen ungefähr zehn Coupons in Reserve, würden wir also Mangel haben, wäre sie gerne bereit, die Verbindung herzustellen. Das wäre das Leichteste der Welt. Alle möglichen Informationen über Lebenshilfen kursieren auf diese Art in der Stadt. Sie verbreiten sich wie ein Lauffeuer, was nicht immer bedeutet, sie stimmen. Werden Tankstellen angezündet, kann genauso gut das Regime dahinterstecken. Hier und da ein gewaltsamer Protest, schon haben anständige Bürger Angst und finden, alle Protestler seien nichts als Verbrecher. Da hätte man wieder einmal die Bestätigung dafür. So kann man leichter Leute einsperren.

Shala erfährt vieles von ihren Freundinnen, Frauen wie sie. Den ganzen lieben langen Tag halten sie ihr Handy ans Ohr und reden über dies und das. Das machen viele so, deshalb sind in Teheran neben dem Internet, das Shala zu unpersönlich ist, die Telefonsysteme ständig überlastet. Dazu verbreiten ungefähr 50 000 Blogger mit ihren Internet-Einträgen Neuigkeiten, von denen ein Teil allerdings mit einem raffinierten Filtersystem vom Regime unleserlich gemacht wird. Es nützt wenig. Iranerinnen wie Shala pfeifen ohnehin auf die Regierung. Für sie existiert die praktisch nicht, sie leben nicht *in der*, sondern *trotz* der Islamischen Republik. Das Kopftuch müssen sie dennoch aufsetzen, sobald sie außer Haus sind, daran führt kein Weg vorbei.

Unterhält sich Shala nicht mit ihren Freundinnen am Telefon oder isst mit ihnen eine Kleinigkeit, trifft sie sich mit ihnen in der Vanak-Straße. Frauen wie sie sind bei

Regen und Sonnenschein Weltmeister im Einkaufen. Das machen sie gerne. In Teheran sieht man Tausende Frauen, junge und weniger junge, die Straße hinauf und hinunter spazieren. Dort haben vor einigen Jahren neue Geschäfte mit Handtaschen-Imitaten italienischer und französischer Firmen und sonstigem aufgemacht. Jedes Mal, wenn Shala mich zum Shopping mitnimmt, sind es mehr. Läden mit Regalen voller Parfums, genauso teuer wie bei uns. Schuhe gibt es in allen Größen und Farben. Keine gute Ware, aber sie halten durchaus ein paar Monate. In einer Nebenstraße verkaufen zwei tüchtige Iraner armenischer Abstammung nachgemachte Ketten und Ringe von allen möglichen Juwelieren aus dem Westen. Kaum sind die Schmuckstücke bei uns auf dem Markt, schon werden sie in einer Hinterhofwerkstätte imitiert. Die Ware geht weg wie warme Semmeln, und rund um die Uhr ist das Geschäft der Armenier zum Bersten voll. Mit Shala können die beiden Inhaber hochzufrieden sein, sie ist eine gute Kundin. Und genauso kommen die anderen Händler auf ihre Kosten. Stundenlang kann Shala in den Läden mit Kopftüchern herumprobieren. Ob das Tuch rot oder gelb genug ist, will sie von mir wissen. Was ist denn gleich die jüngste Modefarbe bei euch? Doch nicht schon wieder das ewige Schwarz!

Dazu muss man wissen, Iranerinnen legen großen Wert auf ihr Äußeres. Nasenoperationen sind bei den Jüngeren beinahe selbstverständlich, um zumindest im einzigen gut sichtbaren Teil, dem Gesicht, präsentabel auszusehen. Tauchen die ersten Falten auf, geht's ab zum Lifting. Dafür nimmt man so manches in Kauf, wie etwa Operationsschmerzen. Wenn nötig, wiederholte Male.

Nur mit dem Rest, wie der Frisur, lässt sich wenig machen. Haare müssen so unsichtbar wie möglich bleiben. Wobei einige behaupten, das Kopftuch würde jede Frau mindestens ein Jahrzehnt älter machen. In ihrer bekannten Offenheit bezeichnete es Shala als Lappen, dieser *Lappen auf dem Kopf*, murmelte sie bei jeder passenden und unpassenden Gelegenheit. »Also ist Schwarz nun *in* oder nicht?«, fragt sie mich.

So grotesk es klingt, altmodisch angezogen zu sein ist in Teheran eine Sünde. Vielleicht meinen Sie, ein Mantel sehe aus wie der andere, was kann es denn da schon an modischen Finessen geben? Weit gefehlt. Selbst bei einem knielangen Kleidungsstück kann man sich zwischen verschiedenen Stoffen, Materialen und Schnitten entscheiden, Mantel ist also längst nicht Mantel. In der Islamischen Republik muss eine Frau mit der Zeit gehen. Also die vorgeschriebenen Längen der Jahreszeiten respektieren. Und nicht etwa aussehen, als käme sie aus der Provinz, wo alle mindestens zwei Saisonen hintendran sind. Shala erkennt Provinzlerinnen auf 100 Meter Entfernung. Kommt eine mit einem veralteten Stück daher, schaut Shala sie mit einem alles durchdringenden Adlerblick an, auf dass ich am liebsten im Boden versinken würde, so peinlich ist mir das: »Hast du *die* gesehen?«, stößt Shala zwischen den Zähnen hervor. »Sieht unmöglich aus.«

So sind zahllose Schneider tagein, tagaus damit beschäftigt, die jüngsten Pariser Modelle zu kopieren, damit Teherans Damen besser aussehen als jene aus Städten wie Isfahan oder Shiraz.

Was mindestens genauso viel zählt ist die Kunst der jeweiligen Schneiderinnen, Shala den Speck um die Hüften wegzuzaubern. Wie sie das machen, interessiert meiner Freundin wenig. Hauptsache, sie sieht schlank aus. Das ist ihr ein Anliegen. Aussehen wie eine Matrone will sie nicht. Weiß man, wem man zufällig auf der Straße begegnet?

Eines kann ich mit gutem Gewissen sagen: An den Kopftüchern kann eine neue Bekanntschaft nicht scheitern, denn davon besitzt sie Unmengen, darunter solche mit malerischen Ornamenten, Blumengirlanden, Jagdszenen und Kochrezepten. Tüchersammeln ist bei ihr eine chronische Krankheit, seit sie elf Jahre alt war und von ihrer Mutter ein Tuch fest umgebunden bekam, damit sie nicht bei den Kontrollen belästigt würde.

Iranerinnen haben traumatische Erinnerungen an ihre Mädchenjahre: Jedes Mal, wenn sie den Schulhof betrat, erzählte mir eine, standen tief verhüllte Frauen da, so eine Art »Fatim-Kommando«, die kontrollierten, ob das Kopftuch wohl saß, und an den Krägen zerrten, um festzustellen, was die Mädchen unter dem Mantel trugen. Da mussten sie auch islamisch genug angezogen sein. Hatte eine nur ein buntes T-Shirt untergezogen, wurde sie beschimpft und heimgeschickt.

Seither sind viele Jahre vergangen, Shalas Schubladen füllten sich mit Tüchern, aus Seide, aus Wolle für den Winter, Baumwolle für die Übergangszeit, und was es sonst noch an Materialen gibt. Zusätzlich hat sie einige aus Polyester, die verrutschen nicht so leicht. Und natürlich alles in den verschiedensten Größen und Formen. Man möchte meinen, das Sammeln von Tüchern mache ihr Spaß, aber nein. Sie würde liebend gerne darauf verzichten.

Wenn sie die Wahl hätte, sagt sie, was sie ja nicht hat, würde sie alle liebend gerne eintauschen für einen Ehemann. Sie möchte einen Mann zum Heiraten und überhaupt für all die Sachen, für die man gerne einen Mann an seiner Seite hätte. Dass sie noch keinen hat, führt sie auf die Kleidervorschriften zurück, denn wie kann man einen Ehemann finden, klagt Shala, wenn man aussieht wie eine Nonne beziehungsweise wie eine Tonne? Insofern ist Shala die typische Iranerin, denn sie ziert sich nicht lange, auf einen Quell ihrer Frustration zu sprechen zu kommen, ihre Figur. Bringe ich ihr Modezeitschriften mit, blättert sie sie durch, verzieht angesichts der abgebildeten Fotomodelle das Gesicht und will wissen, ob es in Europa nicht eine Wunderdiät gäbe. Irgendetwas halt. Die würde sie auf der Stelle ausprobieren wollen. Ich beruhige sie, indem ich darauf hinweise, bei uns hätten die Frauen genau dieselben Probleme mit Übergewicht. Viele seien unfreiwillig Singles, obwohl jede Frauenzeitschrift Diäten anpreise und man wenig Stoff am Körper trage, von einer Kopfbedeckung ganz zu schweigen. So einfach sei das nicht. Man müsse Geduld haben. Manches sei eine Frage der Zeit, Abmagerungskuren genauso wie die Einführung der Gleichberechtigung in einem Land wie dem Iran. Die Schwierigkeit, einen Mann zu finden, liege eindeutig nicht an der islamischen Kleiderordnung, oder jedenfalls nicht nur daran. Shala erwidert daraufhin, sie habe seit über einem Vierteljahrhundert Geduld mit den Mullahs. Wenn eine schon »Mullah« sagt, weiß man, welches Geistes Kind sie ist. Denn Mullah ist im Iran kein besonders schmeichelhafter Ausdruck für einen islamischen Geistlichen.

Umso lieber verwendet Shala diesen Begriff. Seit die an der Macht seien, meint sie, übe sie sich in Geduld, und das Einzige, was sich im Lauf der Jahre geändert habe, sei ihr Gewicht. Sie macht die Mullahs für alles, inklusive die 20 Kilo über ihrem Idealgewicht, verantwortlich. Ich weiß allerdings nicht, wie viel Shala früher wog.

Unrecht hat sie mit ihren Vorwürfen nicht. Die Vorstellungen der Mullahs haben es in sich, zumal man als Frau nicht nur das Tuch auf dem Kopf tragen muss, sondern sich auch sonst nicht anziehen kann, wie es einem gerade gefällt. Ich wende ein, das Leben machten doch noch andere Dinge lebenswert. Aber mit solchen Weisheiten braucht man Shala erst gar nicht zu kommen. Die erwidert sofort, das könne man nur so dahersagen, wenn man keine Übergröße hätte und nicht in voller Bekleidung am Strand sitzen müsse, wie das eben hier so Gesetz sei. Das könne einem die ganze Urlaubslaune vermiesen …

Kapitel 3

Planet der Mullahs

»Wirtschaft ist für Esel.«

AYATOLLAH KHOMEINI

Über die Mullahs herzuziehen gehört sich eigentlich nicht. Schließlich haben sie die Macht inne. Nicht umsonst heißt die Islamische Republik so, wie sie heißt. Sie ist eine Republik des Islam. Genauso gut könnte man sie als eine der Mullahs bezeichnen. Mullah heißt übersetzt »der Meister«. Die Mullahs sind also die mächtigen Meister im Iran.

Umso mehr wundert man sich, dass Shala vor ihnen nicht den gebührenden Respekt hat, sieht man einmal davon ab, dass sie keine Lust hat, im Knast zu landen. Sie behauptet steif und fest, ohne die Mullahs hätte sie längst einen Ehemann an der Angel, der hätte sich ganz sicher in ihre Haarmähne verliebt. Ihre schönen Haare kann sie nicht herzeigen – wegen der Mullahs. Ohnehin seien sie an allem schuld, selbst an der regelmäßigen Verspätung der Busse. Und an der schlechten Luft, Teherans miserabler Stadtplanung, den hohen Preisen.

Dass sie keinen anständigen Job hat, obwohl Frauen im Iran arbeiten dürften. Nur gibt es eben nicht genug Arbeitsplätze, weder für Männer noch für Frauen. Alles wirft sie ihnen vor, selbst die Tatsache, dass es sie gibt. Schon ein einziger Mullah ist ihr zu viel.

Viele meiner iranischen Bekannten sehen das so. Im Familienkreis und unter Freunden verkünden sie offen, ihr Leben wäre ohne die Mullahs um einiges besser. Daraus kann man schließen, dass die meisten wie Shala sich nicht mehr vor dem Regime fürchten oder jedenfalls nicht genug, um unentwegt nur den Mund zu halten. Man zeigt seinen Unmut so, wie es eben in einer Diktatur möglich ist. Man will seiner Wut Luft machen, andererseits aber nicht im Gefängnis landen. Es ist eine permanente Gratwanderung.

Wie überall auf der Welt sind die Jugendlichen frecher als die Älteren. Junge Iraner sind so richtig sauer. Sie reden über die Mullahs, als wären sie ein Überbleibsel aus dem Mittelalter, also so ähnlich, wie einige bei uns über die Pfarrer schimpfen. Wenn sie nur einen Mullah sehen, verdrehen sie die Augen, außer er blickt zufällig in ihre Richtung. Dann lassen sie solche Scherze lieber bleiben. Zum Glück wird man von den Mullahs nicht belästigt. Ich jedenfalls bin noch nie von einem kontrolliert oder gar verhaftet worden. Sie machen sich mit kleinen Fischen wie Reportern beziehungsweise Spionen nicht die Hände schmutzig. Wenn man einem Mullah unangenehm auffällt, ruft der diskret einen Revolutionswächter oder einen Geheimdienstler zu sich und erklärt ihm die Lage, was dazu führt, dass man lange inspiziert wird. Da ist der Mullah längst verschwunden.

Im Fall einer Verhaftung übernehmen sie jedoch die Rolle des Richters. Als der arme Hofer festgenommen wurde, verurteilte ihn ein Mullah zum Tode, ein zweiter sprach ihn dann jedoch frei. Daraufhin mischte sich ein dritter ein und verurteilte ihn nochmals. Zuallerletzt rettete ihm ein vierter das Leben, indem er ihn nach Deutschland ausreisen ließ. Mullahs sind also nicht nur Bösewichte, es sind Leute wie du und ich. Keinesfalls sind sie aber Heilige, wie man vielleicht versucht wäre zu glauben, würde man sie nicht so gut kennen wie Shala.

Ich muss mich, wie bei vielem, auf ihre und die Erfahrungen anderer Iraner stützen. Für mich ist es schwierig, Mullahs näher kennenzulernen, so mir nichts, dir nichts geht das nicht. In eine Koranschule hineinzuspazieren, um dort eine Weile zuzuhören, ist ausgeschlossen. Die Mullahs würden mich freundlich, aber bestimmt hinausbegleiten. Zur Not würden sie mir noch einen Tee servieren. Doch selbst wenn ich mich in einer Ausbildungsstätte der Mullahs erfrischen könnte, hieße das wenig. Die Mullahs leben nicht in unserer Welt. Sie sprechen nicht unsere Sprache. Sie haben anderes im Kopf als Statistiken über Arbeitslose, das interessiert sie wenig, obwohl sie die Macht haben und sich darum kümmern sollten, sagen jedenfalls junge Iraner ohne Job. Die Mullahs hingegen beschäftigen sich am liebsten mit ihrem Steckenpferd: der Moral in der Islamischen Republik. Sie erzählen einem, wie wichtig das sei, wobei es einerlei ist, welche Fragen man stellt. Ziemlich sicher bekommt man zu hören, die Islamische Republik sei ein wahrer Fortschritt auf diesem Gebiet, und wenn sie nicht schon erfunden worden wäre, müsste es schleunigst geschehen. Die Verschleierung der Frauen sei ein Segen, dem könne keine andere Maßnahme das Wasser reichen. Erst seit es die gäbe, würden Iranerinnen in voller Sicherheit leben können. Glaubt man den Mullahs, war der Iran vor ihrer Machtübernahme ein Sündenpfuhl. Kaum ging eine Frau aus dem Haus, sei sie in der Gefahr gewesen, vergewaltigt zu werden.

Fast genauso gern reden die Mullahs über die Unmoral der westlichen Welt. Sie können überhaupt nicht mehr aufhören, so gerne plaudern sie über uns, wenn man einmal das Glück hat, einen Termin mit einem Geistlichen zu bekommen.

Einmal traf ich einen Mullah in der Stadt Qom, er sollte mir etwas über die iranische Politik erzählen, er sprach jedoch fortdauernd über die westlichen Frauen, wobei der Grundtenor war, wir wären arme Wesen. Unsere Männer würden uns ständig prügeln. Nicht viel besser als im Mittelalter würde es bei uns zugehen, Vergewaltigungen seien an der Tagesordnung. Ich saß dem Mann gegenüber, vor dem obligaten Glas Tee, und hörte ihm eine Zeit lang zu. Obwohl es nicht unser Thema war, ließ ich ihn reden, wollte schließlich doch wissen, woher er das denn habe, mit den Vergewaltigungen und so. Er war erstaunt. Es stehe doch auf allen Internetseiten, erwiderte er, da könne ich das nachlesen, ein Geheimnis sei das doch wirklich nicht! Da merkt man wieder, was Sensationsberichterstattung so alles anrichten kann. Der Mullah jedenfalls ließ sich nicht von mir überzeugen. Schon gar nicht mit dem Argument, das sei in Wahrheit anders. Genauer gesagt, viel schlimmer, als er glaube. Schon seit geraumer Zeit würden Männer von selbstbewussten Frauen Tag und Nacht geprügelt werden. So würde sich das abspielen! Das hatte ich natürlich nicht ernst gemeint. Als ich Shala diese Geschichte erzählte, erntete ich einen Lacher. Der hat dir sicher geglaubt, meinte sie.

Anders, als man von so einer einflussreichen Kaste annehmen würde, spazieren Mullahs nicht auf den Straßen von Teheran herum, oder nur sehr selten. Nein, sie sind ausgesprochen schwer aufzuspüren. So leicht bekomme ich keinen Mullah vor die Kamera, obwohl ich regelrecht nach ihren wallenden Bärten und Mänteln Ausschau halte. An der Kleidung erkennt man sie aus der Ferne, an Mantel und Turban auf dem Kopf. Die meisten haben einen weißen umgebunden, einige einen schwarzen. Wer einen schwarzen Turban trägt, ist etwas Besonderes unter den Besonderen, denn er ist nicht nur ein Mullah, sondern stammt obendrein vom Propheten Mohammed ab. Aber nicht einmal die Auserwählten mischen sich unters Volk, jedenfalls nicht in der Hauptstadt. Auf dem Lande ist der Mullah immer noch so etwas wie Volkstribun und Psychiater in einem. Warum sie sich in Teheran nicht zeigen, ist schwer zu sagen.

So behaupten die einen, das würde belegen, wie abgehoben die Mullahs inzwischen von der Bevölkerung seien, nicht einmal selbst im Bazar einkaufen gehen würden sie, geschweige denn den Preis für einen Brotfladen kennen! Fürs Einkaufen hätten sie Bedienstete, ja, so würde ihre schöne Republik ausschauen! Eigene Fahrer würden sie in die Moschee chauffieren, Köche würden ihren Haushalt führen. Kurz, die Mullahs führten ein Luxusleben. Hinausgehen wäre daher unter ihrer Würde.

Shala sieht das anders. Die Mullahs würden sich heute nicht mehr vor die Tür trauen, meint sie. Das wäre ihnen zu heiß. Weil sie so unbeliebt seien, und beileibe nicht nur bei den Jugendlichen, hätten sie Angst, einen Aufruhr hervorzurufen. Und man wisse ja, da könne alles mögliche Unvorhergesehene geschehen, selbst eine Revolution. Laut Shala wird die nicht mehr lange auf sich warten lassen. Ich kenne Shala seit Jahren. Keine ihrer Voraussagen hat sich je erfüllt, was zu ihrem Frust nur noch weiter beiträgt.

Es gibt insgesamt 70 000 Mullahs, ob ein paar mehr oder weniger, weiß niemand so genau. Abgezählt hat sie schließlich keiner. Vielleicht ist ihre Zahl auch ein Staatsgeheimnis und nicht zur Veröffentlichung im Westen bestimmt. Jedenfalls gibt es viele Mullahs. Die Stufe über dem einfachen Mullah ist der Hodschatolislam. Er kennt sich besser aus als der unter ihm, weil er ein paar Jahre länger die Schulbank in einer Koranschule drückte. Noch weiter oben befinden sich die Ayatollahs. Über den Ayatollahs gibt es kaum jemanden mehr, außer den Imam.

Ein Imam ist eine Art Heiliger, daher selten anzutreffen. Den Koran studieren alle Mullahs, Hodschatolislams und Ayatollahs von morgens bis in die späte Nacht. Also kennen sie den Koran natürlich besser als jeder durchschnittliche Iraner, von uns ganz zu schweigen. Wenn die islamischen Geistlichen nicht gerade den Koran lesen, dann studieren sie andere religiöse Schriften. Sie tun jahrelang nichts außer lesen, zwischendurch essen sie ein Reisgericht, verurteilen Leute wie den Unglücksvogel Hofer zum Tode und schlafen. Sie lernen keine praktischen Wissenschaften wie Maschinenbau oder Computertechnik. Sie vergeuden ihre Zeit nicht mit der Lektüre von mittelmäßigen Romanen wie wir. Sie schauen nicht fern, außer das eigene Fernsehen, und da sehen sie vor allem ihresgleichen, andere Mullahs. Mullahs sind also meistens unter sich. Sie heiraten die Töchter von angesehenen Mullahs und schicken ihre Söhne auf die nächstbeste Koranschule, um sie zum Mullah ausbilden zu lassen. Die Töchter bleiben hingegen daheim und helfen der Mutter beim Kochen.

Wenn einer kein guter Prediger ist, nützt ihm die beste Ausbildung nichts. Dann kann er seine Karriere gleich vergessen. Er muss reden können. Reden ist eine der wichtigsten Eigenschaften eines Mullahs. Kann er überzeugend reden, hören ihm die Frommen lieber zu. Je mehr Fromme ihm zuhören, desto wichtiger ist er. Die Zuhörer sind sozusagen sein Kapital. Ein Mullah mit vielen Anhängern ist ein mächtiger Mullah, anders gesagt, er ist schnell ein gemachter Mann. Je zufriedener die Leute mit ihm sind, desto bereitwilliger öffnen sie ihre Geldbörsen. Sie spenden ihm Geld. Das nennt man Almosen, Zakat. Ein Mullah muss also gut, viel und lange reden, um viel Geld anzusammeln, das meistens für karitative Zwecke ausgegeben wird. Bleibt noch etwas übrig, geht es an seine ausgedehnte Familie. Die Mullahs im Iran sind keine armen Leute. Sie reden sich sozusagen ein fettes Bankkonto in Lauf ihrer Karriere zusammen. Womit wir eine Erklärung dafür haben, warum Mullahs so oft im Fernsehen auftreten und, einmal vor der Kamera, nicht aufhören zu reden. Bei Interviews habe ich das erlebt. Sobald man einem Mullah eine Frage gestellt hat, geht es los. Meistens dauert es mindestens zehn Minuten, bevor man die nächste stellen kann. Man muss sich also genau überlegen, was man fragt, und darf aber trotzdem keine konkrete Antwort erwarten.

Direkte Fragen, egal zu welchem Thema, schätzen die Mullahs nicht. In so einem Fall reden sie noch länger um den Brei herum als ohnehin. Deshalb weiß ich bis heute nicht, wo die Mullahs von Teheran einkaufen.

Ohne ein bestimmtes Risiko einzugehen, erfährt man in der Islamischen Republik die einfachsten Dinge nicht. Interviews sind unergiebig, abgesehen davon, dass man eine Genehmigung dafür braucht. Am Ende ist man also doppelt frustriert, so nach dem Motto: Außer Spesen nichts gewesen.

Auf keinen Fall sollte man den Fehler begehen, die Mullahs zu unterschätzen. Man darf nicht vergessen, wie einfach sie Ende der Siebzigerjahre den Schah gestürzt haben. Dabei nannte der sich »Herrscher aller Herrscher«, hatte eine adrette Frau, Farah Diba, und saß auf dem Pfauenthron. Tyrannisch, mit einem gut funktionierenden Geheimdienst, sperrte er jeden ein, der ihm nicht passte. Trotzdem verschwand er auf Nimmerwiedersehen. Sobald die Mullahs ein paar Massenveranstaltungen gegen ihn organisierten, war er weg – so schnell konnte man gar nicht schauen. Es war vorbei, und die Mullahs kamen. Bis heute weiß niemand so genau, wie sie das eigentlich angestellt haben, außer dass ein gewisser Khomeini schon lange gegen den Schah wetterte. Er besaß eines der wichtigsten Talente für einen erfolgreichen Geistlichen, Khomeini war ein guter Redner. Der beste seiner Generation. Da der Schah nicht so wortgewaltig war, unterlag er dem Greis, den er zwischendurch ins Exil geschickt hatte. Anders ist nicht zu erklären, dass dieser altersschwache Ayatollah es schaffte, den Schah zu vertreiben, vor dem so lange jeder Iraner Angst hatte. Khomeini fürchtete sich vor niemandem, weder in seiner Zeit als Schah-Gegner noch später. Außerdem war einfach kein anderer da, der sich mit dem Schah anlegen wollte. Die begabten Politiker waren alle ermordet worden. Rebellische Studenten waren im Exil, meistens in Deutschland. Bis sie heimkehrten, war die Sache schon gelaufen, und Khomeini hatte alles in der Hand.

Im Iran gab es seit ewigen Zeiten nur die Mullahs und den Schah, den Schah und die Mullahs. Die Bevölkerung hatte nichts zu sagen. Sie folgte entweder den Mullahs oder dem Herrscher, einen Dritten von Bedeutung gab es nicht. Da die Mullahs und der Schah einander die Macht nicht gönnten, lagen sie sich ständig in den Haaren. Wollte der Monarch das Land modernisieren, stöhnen die Mullahs auf. Ließ er die Frauen die Umhänge ablegen, kam es zu Protesten. Nahm der Schah den Großgrundbesitzern gar Land weg, war es beinahe um ihn geschehen, denn einiges gehörte dem einen oder anderen hohen Ayatollah. Der war natürlich unzufrieden mit der Landreform. Es bahnte sich ein Krach an. Noch dazu legte sich der Schah mit den Händlern in den Bazaren an, seit jeher einflussreiche Leute. Obendrein streng konservativ, also ideale Verbündete der Mullahs. Weil der Schah plante, überall im Land moderne Supermärkte zu errichten, waren bald die Bazaris auf ihn sauer. Welche iranische Hausfrau sollte da noch bei ihnen einkaufen, wenn sie ohnehin alles in einem Laden bekommen könnte? Das war zu viel. Daraufhin stellten sich die Händler auf die Seite der Mullahs, sprich finanzierten sie, und als das nichts half, legten sie mit einem Streik das Land lahm. Damit war es um den Schah endgültig geschehen. Dieses Zweckbündnis zwischen Mullahs und Bazaris hält übrigens bis heute. Wie man das merkt? Ganz einfach. Im ganzen Iran gibt es immer noch keinen einzigen Supermarkt wie bei uns, was die einen bedauern. Andere wiederum meinen, man müsse ja nicht ständig dem Westen alles nachmachen.

Die kleinen Läden und Märkte an allen Ecken und Enden sind so erhalten geblieben, genauso aber die Haftanstalten. Die übernahmen die Mullahs ebenfalls unverändert. Atmete einer nach dem Fall des Schahs auf, konnte er sich nicht lange freuen. Bevor er sich versah, landete er wegen irgendwelcher Vergehen gegen die neue, die islamische Staatsgewalt im Gefängnis, nur wurde er jetzt von den Helfern der Mullahs gefoltert. Es war also eins wie das andere, entweder man wurde vom Schah verhaftet oder später von den Mullahs. Die Foltermethoden stellten kein Problem dar, denn die Schergen des Schahs waren ohne lange Fragerei von den Mullahs übernommen worden. Nur folgten sie nun den Befehlen der neuen Machthaber. Leute, die früher auf den schwarzen Listen gestanden hatten, standen nun wieder darauf, falls man sie nicht inzwischen umgebracht hatte.

Eines weiß ich aus eigener Erfahrung genau: Mullahs können einem alles ermöglichen. Sie können Berge versetzen – wenn sie nur wollen. Genauso können sie einem den Aufenthalt vermiesen, wie es mir jüngst passierte. Am besten denke ich gar nicht erst darüber nach. Begonnen hatte es vielversprechend. Der Mullah war sehr nett, ein ausgesprochen freundlicher Mann. Da er keinen besonderen Einfluss hatte oder gar ein Geheimnisträger der Islamischen Republik war, schien es ausnahmsweise keinerlei Probleme zu geben, ihn zu befragen. Jedenfalls glaubte ich das. Ayatollahs und sonstige Würdenträger haben zu viel zu tun, um sich mit mir auseinanderzusetzen. Sie führen die Staatsgeschäfte. Sie sitzen in hohen Ministerien und nicht nur den ganzen lieben Tag in einer Moschee herum. Aber mein Mullah war das alles nicht. Allerdings besaß er angeblich besondere Heilkräfte, die uns interessierten. Zweimal in der Woche, während seiner Sprechstunde, tauchten Frauen mit ihren Sorgen bei ihm auf. Sie schilderten alles Mögliche. Ich habe keine Ahnung was, aber wohl so Sachen, wie dass die Kinder ständig ungehorsam seien oder der Ehemann fremdginge. Was dagegen wohl zu tun sei? Der Mullah hörte sich die Alltagssorgen an. Daraufhin nahm er den Koran zur Hand, schlug ihn auf und wo immer gerade sein Finger landete, wurde angeblich die Lösung des Problems in Form einer Koransure genauestens beschrieben.

Ich kenne jede Einzelheit, weil wir die Geschichte gut recherchiert hatten. Das braucht seine Zeit in der Islamischen Republik. Nichts geht von heute auf morgen. Da die Mullahs fromme Männer sind, beten sie mehrmals am Tag. Man muss also versuchen, sie in den Pausen dazwischen zu erwischen. Endlich erreichten wir ihn nach einigen Tagen, und da unser Übersetzer mit dem Mullah per Telefon alles ausgemacht hatte, schien dem

Dreh nichts mehr im Wege zu stehen. Er gab uns seine mündliche Zusicherung, und daraufhin baten wir wie üblich beim zuständigen Ministerium um eine Genehmigung, woraufhin uns mitgeteilt wurde, die würden wir für einen einfachen Mullah ja eh nicht brauchen. So weit, so gut.

Am Tag seiner Sprechstunde steht unser Übersetzer eine Zeit lang vergeblich vor der Wohnungstür des Mullah. Die ist fest verriegelt, denn der Mullah hat spontan beschlossen, einen Verwandten zu besuchen, also wird nichts aus unserer Verabredung. Danach ist ein islamischer Feiertag. Dann steht das Wochenende bevor, doch endlich erreicht der Übersetzer den Mullah wieder, der, wie könnte es anders sein, nach wie vor bereit ist, sich von uns filmen zu lassen. Ja, er fühle sich sogar geehrt. Am Ende gibt er jedoch zu bedenken, dass seine Patientinnen einfache Frauen seien. Halt etwas kamerascheu, deshalb schlage er vor, wir sollten ihn nicht während der Sprechstunde aufsuchen, sondern danach, denn dann wären wir ungestörter. Genau das wollen wir ja nicht. Wir wollen natürlich sehen, wie er die Leute heilt. Sobald wir ihm erklären, seine Patientinnen würden uns ebenfalls interessieren, fällt ihm etwas Neues ein: Noch klüger wäre es, meint er, sich an seinem Arbeitsplatz zu verabreden. Zu einem ersten Interview, vielleicht gleich am nächsten Morgen. Da würde man dann sehen, was sich zusätzlich machen ließe. Weil wir ohnehin keine Wahl hatten, stimmten wir zu. Um die Geschichte nicht unnötig in die Länge zu ziehen: Ausgerechnet in einem Ministerium hatte der Mullah seinen Nebenjob. In ein Ministerium hineinzugelangen, ist aber nicht so einfach.

Normalerweise werden arme Verwandte der Mullahs oder Leute mit religiösem Hintergrund angeheuert, um die zu bewachen. Entweder sie stehen diskret vor der Tür herum oder sie führen Leibesvisitationen durch. Das läuft folgendermaßen ab: Beim einen Eingang gehen die Männer hinein, beim anderen die Frauen. Beim Fraueneingang stehen normalerweise energische Damen in Umhängen und kontrollierten hinter einem zeltartigen Gerüst jedes weibliche Wesen vom Scheitel bis zur Sohle. Hat man Glück, leert die Wächterin nur den Inhalt der Handtasche auf den Tisch. Wimpertusche, die herauskullert, führt, je nach ideologischer Gesinnung der Wächterin, zu Spannungen. In diesem Fall muss man sein Schuhwerk ausziehen, die Uhr ablegen, das Kopftuch lüften und Ausweise herzeigen, wobei die meistens bereits schweres Stirnrunzeln hervorrufen. Mit kräftigen Handgriffen tastet daraufhin eine zweite Wächterin einen ab und wehe, man wagt zu protestieren. Ich kann davon nur abraten. Denn das führt zu wirklichen diplomatischen Zwischenfällen, vor allem, wenn man zusätzlich einen BH trägt. Aus unersichtlichen Gründen glauben die Hüterinnen der moralischen Ordnung in Irans Ministerien, das seien gut getarnte Radaranlagen.

Nachdem wir wegen des dichten Verkehrs später als ausgemacht da waren, war der Mullah bereits zum Mittagsgebet entschwunden. Auf seine Rückkehr konnten wir nicht warten. Also konnten wir das Treffen mit ihm an diesem Tag vergessen. Seither nimmt er den Telefonhörer nicht mehr ab.

Mullahs erschöpfen mich Tag für Tag aufs Neue. Obwohl ich sicher bin, dass sie es nicht absichtlich machen und schon gar nicht meinetwegen. Ich bin ihnen ziemlich egal, wobei das eines der Probleme ist. Journalismus hat für sie eine andere Bedeutung. Wie bei uns gibt es alle möglichen Zeitungen. Irans Reporter bemühen sich, so gut wie nur möglich zu recherchieren. Berichten Zeitungen jedoch wahrheitsgetreu, bleiben sie nicht lange auf dem Markt. Sie werden verboten und das Personal riskiert ein paar Jahre Knast.

Im Hauptberuf sind diese Mullahs also nicht Prediger, sondern waschechte Politiker. Sie verwalten Ministerien und Ämter eines bedeutenden Landes mit enormen Erdöl- und Erdgasvorkommen. Nachdem die Mullahs den Schah vertrieben hatten, verstaatlichten sie alle Rohstoffe und setzten ihre Leute auf die wichtigsten Posten. Das waren nicht immer Experten, sondern vor allem religiös Zuverlässige. Iraner, denen sie trauen konnten. Politisch korrekte Menschen, Linientreue. Das war wichtig, denn die Mullahs wollten nicht so weitermachen wie bisher.

Seit sie an der Macht sind, haben sie zusätzlich den Anspruch, eine neue Gesellschaft zu errichten. Sie sagen, der Islam sei das Gegenteil von der westlichen Welt, die ja moralisch so verdorben sei. Man wolle nicht nur eine saubere, sondern eine gerechtere Gesellschaft. Daher müsse man sich mehr um die Armen kümmern und das Geld aus den Öleinnahmen besser verteilen. Im Jahr 2005 waren das immerhin Einnahmen in Höhe von 44,6 Milliarden Dollar, eine beachtliche Summe. Damit werden Schulen und Universitäten gebaut, mehr jedenfalls als unter dem alten Herrscher, aber doch zu wenig. Immer noch mangelt es an allen Ecken und Enden. Schuld daran sind nach Aussagen der Mullahs aber wir, die Leute aus dem Westen. Wir würden ständig gegen die Islamische Republik intrigieren. Das hört jeder Iraner jeden Tag aufs Neue, schaltet er nur den Fernseher oder das Radio ein.

Wer sich unter dem Mullah-Staat rein gar nichts vorstellen kann, sollte an den ehemaligen Ostblock denken. Da war es so, wie es hier jetzt ist, nur dass es im Iran ein paar Grade wärmer ist als in der Sowjetunion oder in Polen. Und in Osteuropa regierte der Kommunismus, hier hingegen sind wir in der Heimat des Islam. Überall aber glaubten die Leute an das Gleichheitsprinzip. Gleich nach der Revolution gab es sogar hochstehende Ayatollahs, die redeten, als wären sie Kommunisten. Sie wetterten gegen die Reichen, Gleichheit war ihnen wichtiger als alles andere. Bald merkten die wohlhabenden Iraner, dass für sie da nichts zu holen war, und hauten ab. War einer ein Schah-Freund gewesen, floh er nach dessen Sturz sicherheitshalber ins Ausland, um den Häschern zu entwischen. Es hatte sich herumgesprochen, die Hausordnung der Mullahs war nicht ohne. Alle möglichen Fachleute verschwanden gleich mit. Keiner von denen wollte einen Kopf kürzer werden, was einem irgendwie einleuchtet.

Am Ende hatten die Mullahs viele Korane, aber keine Techniker. Zwar stehen im Koran religiöse Vorschriften, aber nicht, wie man ein Flugzeug repariert. Überall auf der Welt werden Reparaturen in Gebrauchsanweisungen erklärt, nicht in heiligen Büchern. Da steht nicht einmal drin, wie man alte Batterien entsorgt, geschweige denn, wie man ein Hochhaus baut. Hochhäuser gab es zu Zeiten des Propheten eben keine. Als die Mullahs die Macht übernahmen aber schon, denn der Schah hatte in seinem Modernisierungswahn viele gebaut. Als er mit seinen Lakaien überstürzt floh, blieben die Häuser leer. Ratlose Mullahs fragten sich: Was tun mit diesen Überbleibseln aus der Zeit des vertriebenen Herrschers? Abreißen? Nicht einmal dafür gab es die notwendigen Maschinen, denn in den Tagen der Islamischen Revolution war so manches geklaut worden. Also ließ man die Häuser einfach so, wie sie waren, und schickte Kamerateams dorthin, damit sie zeigen konnten, wie schlimm der Schah in seinem Größenwahn gewesen war. Bis ein Mullah feststellte, die Toiletten seien so gebaut worden, dass man bei einer der wichtigsten menschlichen Tätigkeiten in Richtung Mekka blickte. Es gibt nichts Heiligeres als Mekka für die Moslems. Dort lebte der Prophet Mohammed. Heute liegt der Ort in Saudi-Arabien, also weit weg von den Häusern. Trotzdem wurde den Leuten von diesem Augenblick an verboten, in diese Wohnungen zu ziehen.

Im Großen und Ganzen fehlt es genauso an praktischem Sachverstand wie an Fachleuten und Ingenieuren, kurz an allem, was ein moderner Staat braucht. Anfangs hatte das zur Folge, dass in der Republik der Mullahs nichts so richtig funktionierte. Da die Mullahs beim besten Willen nicht das fehlende Personal ersetzen konnten, vergeudeten sie die eine oder andere Milliarde aus den Öleinnahmen. Inzwischen wissen sie, dass man nicht alles neu erfinden muss, sondern Technologie importieren kann. Was die absurde Lage ergibt, dass sie zwar ständig über den Westen schimpfen, andererseits die Produkte des Feindes aber schätzen, um nicht zu sagen, brauchen.

Also importieren sie alles Mögliche aus dem Westen, von Flachbildschirmen bis zu Einbauküchen, um Leute wie Shala bei der Stange zu halten.

Ihr bleibt nichts anderes übrig, als sich mit der Lage abzufinden oder auszuwandern. Letzteres will sie nicht. Dazu ist sie zu sehr Patriotin. Also gibt sie offiziell vor, die Republik toll zu finden, aber hinter vorgehaltener Hand wird nicht nur von ihr über diese Mullahs ganz schön gelästert.

IRANISCHE INSTITUTIONEN

In der Islamischen Republik gibt es eine ganze Reihe von Basis-Institutionen. Neben den Sicherheitsorganen haben sie die Aufgabe, dafür zu sorgen, dass die Mullah-Republik auch in alle Zukunft erhalten bleibt.

DER REVOLUTIONSRAT

Ursprünglich setzte sich der Revolutionsrat aus sieben Mullahs, die Khomeini ausgewählt hatte, sieben nicht religiösen Oppositionellen und zwei treuen Generälen zusammen. Nachdem die Oppositionellen den Revolutionsrat verlassen hatten, ersetzte sie Khomeini durch loyale Persönlichkeiten. So bekam er schnell ein Instrument, das sich aus gleichgesinnten radikalen islamischen Geistlichen zusammensetzte.

DIE KOMITEES

Komitees waren Gruppen, die sich nach der Revolution bildeten. Manchmal gab es nur ein Dutzend, manchmal einige Hundert. Sie besetzten Ministerien oder nahmen Land in Besitz.

Allein in Teheran gab es ungefähr 1000 Komitees. Sie folgten meist einem lokalen Mullah und waren um eine Moschee herum organisiert. Sie nahmen das Gesetz in die eigene Hand, errichteten Straßensperren, verhafteten die »Feinde der Revolution« oder richteten jeden hin, der ihnen unislamisch erschien. Sie verboten zum Beispiel das Schachspiel, weil es als das Spiel des Monarchen, des Schahs, angesehen wurde. Komitees wurden von niemandem kontrolliert.

Vor einigen Jahren wurden sie von den sogenannten Bürgerpolizisten ersetzt. Die haben die Aufgabe, die Bevölkerung in der Ausübung des Islam zu kontrollieren.

ISLAMISCHE REVOLUTIONSWÄCHTER, PASDARAN

Die »Sepah e Pasdaran e Enqelab e Islami« (islamische Revolutionswächter) wurden im Mai 1979 von Khomeini gegründet, nachdem Anschläge gegen hohe Ayatollahs verübt worden waren. Linke Gruppen wurden für diese Attentate verantwortlich gemacht. Zuerst waren die Revolutionswächter nur ein paar Tausend, bald gab es 100000. Heute sollen sie ungefähr 250000 Mann umfassen.

Obwohl ihre wichtigste Aufgabe die Bekämpfung linker Gruppen war, wurden sie auch eingesetzt, um Unabhängigkeitsbewegungen der Kurden, der Turkomanen und der Baluschen niederzuwerfen. Doch erst im Iran-Irak-Krieg wurden sie zu einer treibenden Kraft der Islamischen Revolution. In diesen Jahren, zwischen 1980 und 1988, war auch der derzeitige Präsident Mahmud Ahmadinedschad Mitglied der Revolutionswächter.

Damals entwickelten sie sich immer mehr zu einer Gegenarmee. Die normale Armee galt stets als dem Schah nahestehend und proamerikanisch, also misstraute man ihr. Im Lauf der Jahre haben sich die Pasdaran zu einem wirtschaftlichen Staat im Staat herausgebildet, mit ihren eigenen Flughäfen für Importe. Sie kontrollieren einen

Teil der Wirtschaft, und wichtige Bauprojekte wie Tunnel und Brücken werden von ihnen durchgeführt, es geht dabei um Millionenaufträge.

Heute haben sie auch die Aufsicht über das Atomprogramm und das iranischen Raketenprogramm. Ihr Chef General Yahya Rahim Safavi ist ein konservativer Ideologe, er will keine Verhandlungen in der Atomfrage.

Denn die Atomwaffe, sagen Beobachter, wird nicht nur vom ihm als Überlebensgarantie betrachtet. Sprich: Die Führung der Islamischen Republik geht zu Recht davon aus, dass die USA sich eine Invasion der Nuklearmacht Iran zweimal überlegen würden.

BASIJ

Die »Haid e Basij e Mostazafan« (Kräfte für die Mobilisierung) wurden ebenfalls von Khomeini gegründet. Wie die Pasdaran sollten sie die Revolution verteidigen. Sie sind eine Art Reservearmee. Sowohl Frauen als auch Männer können Mitglied der Basij werden. Die Mitgliedschaft beginnt in jungen Jahren. Sie ist freiwillig und unbezahlt, zumindest theoretisch. Meistens bekommen die Basij aber Zuschüsse beziehungsweise werden bezahlt. Revolutionswächter überwachen und bilden sie aus. Die meisten hohen Würdenträger der Islamischen Republik Iran waren in ihrer Jugend Basij oder Pasdaran. Präsident Mahmud Ahmadinedschad war als Junge Mitglied der Basij, bevor er sich den Pasdaran anschloss. Es gibt mehrere Hunderttausend Basij im Iran. Es können auch mehr sein, ihr Zahl wird geheim gehalten.

Kapitel 4

Working Girl

»Wo ist Ihre Genehmigung?«

»Hier ist sie.«

»Gut, damit können Sie drehen.«

»Wir wollen diese Frau interviewen.«

»Dafür haben Sie aber keine Genehmigung.«

»Dann nehmen wir halt diesen Mann.«

*»Gut, doch bitte keine Fragen zu unserem
Präsidenten ...«*

GESPRÄCH ZWISCHEN ZWEI AUFPASSERN UND MIR
VOR DER MOSCHEE JAMKARAM, SÜDWESTLICH VON
TEHERAN, IM DEZEMBER 2006

Stress ist eine typische Berufskrankheit von Reportern, das gehört einfach dazu. In der Islamischen Republik bekomme ich immer eine Überdosis davon ab. Wie ein iranischer Bekannter leicht ironisch meinte, ein *working girl* hätte es hier ziemlich schwer, das sei sonnenklar. Zwar dürfe eine Frau in der Theorie arbeiten, die Wirklichkeit aber sehe anders aus. Abgesehen von ein paar Vorzeigefrauen wie weibliche Abgeordnete im Parlament, bekommen Iranerinnen höchstens einen unterbezahlten Job, wenn überhaupt, was dazu führt, dass sie sich ärgern und lieber daheim bleiben.

Damit haben die Mullahs erreicht, was sie wollten. Die Frau steht hinter dem Herd, hinter einem Bankschalter steht oder in einem Büro sitzt hingegen ein Mann.

Daheimhocken ist insofern einfacher, als das Berufsleben weitere Tücken hat. Ich kenne ein paar nette junge Mitarbeiterinnen in Teheraner Ministerien, fragen Sie nicht, wie traurig die dreinschauen. Müssen tagsüber diszipliniert sein, und schreit eine ihre Wut hinaus, kann sie gleich heimgehen. Redet eine zu laut, erntet sie ein paar scheele Blicke, nicht nur von den Männern, sondern genauso von eigenen Geschlechtsgenossinnen. In jedem Amt gibt es Aufpasserinnen. Man darf nur nicht glauben, Kleidervorschriften würden nur draußen auf der Straße gelten, keineswegs. Letztens wollte ich in einer Schule filmen. Kameramann und Übersetzer mussten vor der Türe warten, bis ich die Lehrerinnen informiert hatte, die Ankunft zweier männlicher Wesen stehe knapp bevor. Hatten alle ihre Tschadors bis zu den Augenbrauen gezogen, ging ich erst wieder hinaus und erklärte feierlich, die Luft sei rein. Es kommt schon vor, dass meine Kollegen völlig unerwünscht sind, da filme ich selber, was nicht die besten Aufnahmen ergibt, wie man sich vorstellen kann. Über Mangel an Stress kann ich mich also nicht beklagen. Es geht schon am Morgen los. Nach einigen schlechten Erfahrungen nehme ich mir immer genug Zeit, um ja korrekt angezogen zu sein und keine Fehler zu machen. Ich stehe früher auf als sonst. Schon am Vorabend lege ich Hose, Mantel und flache Schuhe zurecht und, zu guter Letzt, das Kopftuch. Damit ich keinesfalls vergesse, es umzubinden, was das eine oder andere Mal bereits vorgekommen ist, unabsichtlich. Es dauerte nicht lange, bis ich es merkte, denn der Türsteher in der Lobby sah drein, als hätte er einen Geist erblickt, als ich mit unbedeckten Haaren aus dem Lift stieg. Ich konnte mich des Eindrucks nicht erwehren, er sehe das nicht zum ersten Mal, weil er so professionell die rechte Augenbraue hob. Schleunigst kehrte ich aufs Zimmer zurück. Ordnungsgemäß verpackt tauchte ich wieder auf. Er sah hochzufrieden drein.

Manchmal hilft überhaupt nichts, nicht einmal eine anständige Kopfbedeckung. Der kleinste Türsteher kann mir den Zutritt in ein Amt verwehren, nur weil er findet, so wie ich darf man nicht angezogen sein. Wirklich unangenehm ist es, wenn hinter meinem Rücken geflüstert wird. Ich werde dann zunehmend unruhig. In meiner Panik stelle ich mir alles Mögliche vor, zum Beispiel könnten ja ein paar Haarsträhnen am Hinterkopf unterm Tuch herausschauen – so geschehen vor einiger Zeit, als ich nicht in ein Ministerium durfte. Da ziehe ich an einem Zipfel des Tuchs, dann an einem anderem, worauf vorne die Haare herausschauen.

Nein, bei dem Ministerium sind gar nicht die Haare schuld, sondern der Türsteher murmelt irgendetwas über meinen Mantel und verschwindet daraufhin trotz der Bitten des Übersetzers, uns doch hineinzulassen, seelenruhig zum Gebet. Da ist nichts mehr zu machen. Nach solchen missglückten Ministeriumsvisiten beschließe ich, auf meine Garderobe noch besser zu achten.

Das ist leichter gesagt als getan. Ideale Lösungen gibt es nicht, selbst nicht in der einfachen Welt der Kopftücher. Ich habe schon erwogen, mein Kopftuch zu bändigen, indem ich einen Hut auf das jeweilige Tuch obendrauf setze. Bei Regen ist das keine schlechte Lösung, aber sonst sieht es unheimlich lächerlich aus. Fazit: Eigentlich bin ich niemals richtig angezogen, andauernd mache ich etwas falsch, obwohl ich jetzt wahrscheinlich schon 15-mal in der Islamischen Republik war. Vielleicht auch schon öfter, die Jahre vergehen schnell.

Als Fernsehreporter braucht man Genehmigungen zum Filmen. Normalerweise stecke ich sie schon am Vorabend in die Tasche, damit ich sie ja nicht liegen lasse. Genehmigungen sind in der Islamischen Republik Gold wert. Kostbarer sogar als das gelbe Metall. Ohne die kann man gleich auf eine Polizeistation fahren und sich verhören lassen.

Will ich etwas filmen, ob ein Plakat an einer Autobahnkreuzung, ein Ereignis wie das Freitagsgebet an der Universität oder auch nur ein Pferd, brauche ich dafür einen iranischen Presseausweis, eine allgemeine Drehgenehmigung in Form einer schriftliche Erlaubnis und, wichtiger als alles andere, zusätzlich eine eigene Genehmigung für das entsprechende Ereignis – oder halt das Pferd. Ich bekomme jene, indem ich ein Ansuchen stelle. Da muss ich erklären, warum ich überhaupt das eine oder andere filmen möchte, je mehr Details man angibt, desto besser sind die Chancen. Automatisch wird keine Erlaubnis erteilt, man zittert jedes Mal. Bekomme ich den Zettel oder nicht? Die Genehmigungen werden vom »Ministerium für Information und islamische Führung« erteilt. Hat man sie nach einer Woche noch immer nicht oder bekommt man fadenscheinige Ausreden serviert, sollte man nicht darauf bestehen. Es ist besser, die ganze Sache zu vergessen. Hält man ein entsprechendes Papier in der Hand, muss man sofort kontrollieren, ob das richtige Datum draufsteht, sonst kann man wieder von vorne anfangen. Ist einer der Namen des Teams falsch geschrieben, genauso. Details sind wichtig. Zu guter Letzt begebe ich mich auf die Suche nach einem Kopiergerät und mache ein paar Fotokopien. Sie werden gleich erfahren, warum.

Erst so, mit einem Packen Genehmigungen und einem Packen Kopien, bin ich gerüstet für den ersten Drehtag. Wo immer ich auftauche, halte ich das entsprechende Papier hin, worauf dieses mehr oder weniger misstrauisch beäugt wird. Meistens können wir daraufhin trotzdem in aller Ruhe drehen, außer ich bin wie im Fall des Ministeriumsbesuchs nicht sittsam genug angezogen. Da hilft dann keine Erlaubnis.

Wie einen Schatz hüte ich diese Genehmigungen in meiner Handtasche und passe höllisch auf, diese Papiere niemals einem Unbefugten ganz zu überlassen. Nicht auszudenken, was geschehen würde, wenn ich sie nicht mehr zurückbekäme. Deshalb fertige ich die Fotokopien an. Sobald mir nämlich jemand die Erlaubnis abnehmen will, greife ich blitzschnell in meine Tasche, und schon hat er die Fotokopie in der Hand! Die wirkt wahre Wunder. Ich kann das nicht genug betonen. Selbst bei den Sicherheitsleuten, mit denen sonst nicht zu spaßen ist.

Bei dieser Gelegenheit will ich nur einmal die wichtigsten erwähnen: Da sind zuerst die Revolutionswächter, die Pasdaran, die, wie der Name schon sagt, Tag und Nacht auf die Revolution aufpassen, aber keine normalen Aufpasser sind, sondern Soldaten des Islam. Sozusagen Leute, die beten, kämpfen und alle anderen kontrollieren, Reporter wie mich eingeschlossen.

Bevor jemand Revolutionswächter wird, schließt er sich im zarten Alter den islamischen Jugendtruppen an, den Basij. Die sind eine Art islamische Pfadfinder, Jungs genauso wie Mädchen, die an den Wochenenden eingesetzt werden, um Frauen mit schlecht sitzenden Kopftüchern festzunehmen. Die normale Polizei, die Geheimpolizei, die Geheimpolizei der Armee und die des Innenministeriums muss ich nicht weiter vorstellen. Die gibt es überall. Eine sogenannte Bürgerpolizei wurde hingegen erst vor einem Jahr vom neuen Präsidenten ins Leben gerufen, als ob es nicht schon genug Sicherheitsorgane geben würde. Insgesamt sind es 18 verschiedene.

Diese Spitzel, Polizisten oder Wächter haben alle das Recht, um nicht zu sagen die Pflicht, zu schauen, ob meine Papiere in Ordnung sind. Ihnen zu entkommen ist ein Ding der Unmöglichkeit. Meistens haben wir die Kamera noch gar nicht ausgepackt, sind sie zur Stelle. Bevor sie uns überhaupt ausfragen können, werden wir oft von allen möglichen Neugierigen umringt, aus einem einfachen Grund: Weil das Regime seit Jahrzehnten isoliert ist, haben die meisten Iraner ihr Leben lang keinen Ausländer, geschweige denn einen westlichen Reporter, gesehen, dementsprechend neugierig sind sie. Sie bestaunen uns, als wären wir Mondmenschen. Der eine grinst freundlich, der andere beäugt unsere Kamera fachmännisch, als hätte er so ein Gerät selbst zu Hause, aber Unfreundlichkeit begegnet man, sieht man von den Spitzeln ab, selten.

Es dauert in den seltensten Fällen lange, da kommen die ersten Fragen: Sind Sie Ausländer? Wie heißen Sie? Plaudern wir so mithilfe unseres Übersetzers, mischen sich die Sicherheitskräfte ein. Sie drängen sich zwischen den Leuten durch, setzen ein ernstes Gesicht auf und verlangen eine Erlaubnis, selbst wenn wir nur einen Baumstamm filmen. Ich strecke also eine oder zwei Fotokopien hin, die dann aufmerksam studiert werden, aber wehe, es ist nicht die richtige.

Letztens wurden wir in einem Park stundenlang von vier verschiedenen Organen, der Parkpolizei, der Verkehrspolizei, einem Geheimdienstler und einem Pasdaran festgehalten, weil ich dummerweise ein falsches Papier eingesteckt hatte. Es war nichts zu machen, zuerst wollten sie unsere Kassetten sehen, danach uns auf die nächste Polizeistation bringen, bis ich schließlich erreichte, dass sie mich ins Hotel gehen ließen, wo die fehlende Genehmigung lag. In der Zwischenzeit versorgten die Parkbesucher den Kameramann und Übersetzer mit köstlichen Pistaziennüssen.

»Lassen Sie die Reporter in Frieden«, sagten die Leute zu den Polizisten. »Die machen doch nur ihre Arbeit!« Am Ende entschuldigten sich die Ordnungshüter und forderten uns regelrecht auf, alles zu filmen, was uns vor die Linse kam, uns war die Lust jedoch vergangen.

Ein anderes Mal wurde uns weit weg vom Zentrum, am Stadtrand, wo sich die Füchse Gute Nacht sagen, trotz unserer Erlaubnis verboten, einen Gemüsemarkt zu filmen. Keine Ahnung, was verrunzelte Tomaten an Staatsgeheimnissen verbergen könnten.

Meistens sind die Kontrollen schnell erledigt, vorausgesetzt, beim Kramen in der Handtasche ist mein Kopftuch nicht verrutscht oder etwas aus der Tasche gefallen. Bücke ich mich dann etwas ungeschickt und mein Mantel geht dabei auf, ist das Unglück schon geschehen. Schon beginnt das übliche Flüstern und Raunen, das ich als kein gutes Zeichen interpretiere. Und meistens habe ich leider recht.

Daraufhin wird, wenn wir Glück haben, meinem Übersetzer aufgetragen, dafür zu sorgen, dass meine Kleidung gefälligst in den ursprünglichen Zustand zurückkehre. Da beginnt schon die Schwierigkeit, weil eben bei mir nichts lange so sitzt, wie es soll. Spitzt sich die Lage zu, was oft der Fall ist, werden wir auf die nächste Polizeistation gebeten, da hilft uns dann kein einsichtiger Passant. Man wolle ja nur überprüfen, wer wir seien, heißt es da, wir sollten Platz nehmen. Einige Stunden später bin sogar ich überzeugt, eine gemeingefährliche Spionin zu sein.

Ausländer stehen in der Islamischen Republik pauschal im Verdacht, als Agenten eines feindlichen Geheimdienstes zu arbeiten. Klar, sonst würden sie das Land nicht besuchen. Es gäbe überhaupt keinen Grund dafür. Also hat ein Besucher aus dem Westen selbstverständlich irgendwo geheime Mikrofone eingebaut oder geschluckt. Er ist generell gefährlich, weil er entweder die geheimen Atomanlagen im Land ausspionieren oder, beinahe noch schlimmer, die Moral der Bevölkerung unterminieren will. Seit ich in den Iran fahre, habe ich mich irgendwelcher seltsamen Verbrechen schuldig gemacht, welche das waren, habe ich nie verstanden. Gegen Verschwörungstheorien lässt sich leider wenig machen.

Auf den jeweiligen Polizeistationen versuche ich den Beamten darzulegen, dass sie völlig falsch liegen. Natürlich drücke ich mich geschickter aus, indem ich erkläre, die amerikanischen Geheimdienste wären trotz des Irakkriegs nicht pleite und würden Spionagesatelliten im Weltraum besitzen, mit denen sie die Nummerntafel auf einem Auto entziffern können! Und auch die geheimen Atomanlagen der Mullahs aufspüren! Die würden mich also gar nicht brauchen. Keiner glaubt mir. Es steht jedem Einzelnen ins Gesicht geschrieben, Berichterstattung ist für sie keine Vollzeitbeschäftigung, irgendetwas muss ich nebenbei machen, um meine Tage im Iran auszufüllen. Während wir warten, wird alles genau überprüft. Nicht, dass ich den Sicherheitskräften die pingeligen Kontrollen verübeln würde. Sie befinden sich im permanenten Kriegszustand nicht nur mit dem Westen, sondern ebenso mit dem eigenen Volk. Da muss man höllisch aufpassen.

Keine Ahnung, ob es mit der Sicherheit zu tun hat, aber seit einigen Jahren muss ich zu allem Überdruss noch saftige Abgaben entrichten, sobald ich in Teheran nach Luft schnappe, wobei ich jetzt nur leicht übertreibe. Zum Einsammeln dieser Gebühren wurden vom zuständigen Ministerium eigene Agenturen gegründet mit dem Auftrag, mir bei meiner schweren Arbeit zu helfen, zum Beispiel Interviews zu organisieren – was sie logischerweise so wenig wie nur möglich tun. Hingegen nehmen sie mich nach Strich und Faden aus, ganz legal natürlich.

Alles zusammengenommen merkt man schnell, den Mullahs ist eigentlich nichts einerlei: Neben der Aufrechterhaltung der öffentlichen Moral, der Bekleidung, der Wirtschaft, der Presse und sonstigen öffentlichen Einrichtungen wollen sie zusätzlich kontrollieren, was die Welt so über sie denkt. Nur klappt das alles nicht immer so, wie sie es sich vorstellen. Klagte einmal ein Offizieller darüber, Reporter würden einem das Blaue von Himmel erzählen, nur um ein iranisches Visum zu ergattern. Einmal im Land würde ihre Berichterstattung in keinem Verhältnis zu dem stehen, was man als religiöser Staat an Achtung verdient hätte. Für einen Außenstehenden ist es oft schwer zu durchschauen. Ein Beispiel: War ich ein paar Monate nicht im Land, tauchen in den Ministerien frische Gesichter auf. Meistens Leute mit der Überzeugung, ihre Vorgänger wären viel zu milde mit uns umgegangen. Das muss nun schleunigst geändert werden, und man fängt ausgerechnet mit mir an. Dazu muss ich erklären, ich besaß eine Zeit lang eine Aufenthaltserlaubnis für den Iran. Allein die zu erhalten hatte mich zwei Jahre und zahllose Ansuchen gekostet. Es war ein langer Tanz gewesen. Die Neuen in den Ministerien erklären sie mit einem Federstrich für ungültig. Immerhin lässt man mir ausrichten, ich solle es nicht so schwernehmen und es in ein paar Wochen von Neuem versuchen. Ich müsse eben ein entsprechendes Ansuchen stellen, mit zwei Passfotos, und dürfe nicht vergessen, wenn ich fotografiert werde, ein Kopftuch fest umzubinden, sonst würde man das Ansuchen so nicht akzeptieren können, so leid es einem tue. Ja, und ich müsste noch eine feste Adresse in Teheran angeben, eine reine Formalität, das

BELIEBTE AUSSPRÜCHE IN DER
ISLAMISCHEN REPUBLIK

◆ No problem!

◆ Wir wollen gar keine Atombomben bauen!

◆ Danke, aber das ist zu wenig!

◆ Bei uns ist alles in Ordnung!

◆ Guten Tag, woher kommen Sie?

◆ Können Sie mir ein Visum für Amerika/Deutschland besorgen?

◆ Unsere Frauen tragen den Schleier gerne!

◆ Die spinnen, die Mullahs!

◆ Willkommen!

◆ Haben Sie eine Genehmigung?

◆ Wir wollen nur friedliche Atomkraft!

◆ Die Iraner fangen an zu verhandeln, nachdem der Vertrag unterschrieben ist.

◆ Mögen Sie den Iran?

◆ Kommen Sie mit auf die Polizeistation, da regeln wir alles!

gehöre dazu. Hoch und heilig verspricht man mir, man würde alles prüfen. Da ich keinerlei schlechtes Gewissen habe, und die Iraner, selbst die in den Ministerien, ausgesprochen höflich sind, reise ich arglos ab. Nach ein paar Wochen kehre ich zurück, merke jedoch schnell, alle Versprechen sind Schnee von gestern. Die Atmosphäre hat sich verändert, irgendwie ist man misstrauisch mir gegenüber: Warum ich denn schon wieder in die Islamische Republik käme, wo ich doch gerade abgefahren wäre? Hm. Das könne doch nicht mit rechten Dingen zugehen! Eine feste Adresse wolle ich haben, wozu denn eigentlich? Eingeschüchtert wage ich gerade noch einzuwerfen, man hätte mich doch gebeten, die anzugeben und nochmals einzureisen wegen dieser Aufenthaltserlaubnis! Kaum habe ich das heikle Wort ausgesprochen, herrscht Stille. Aufenthaltserlaubnis. Die will in Teheran wohnen! Ab diesem Zeitpunkt redet niemand mehr mit mir, bis man mir schließlich, ohne es direkt auszusprechen, ausrichten lässt, die Zeit sei sehr ungünstig, weil eben so viele seltsame Leute in den Iran kämen. Das würde ich ja wohl verstehen, nicht? Obwohl ich keine Ahnung habe, gehe ich davon aus, man verdächtigt mich, einen Spionagering aufbauen zu wollen, woraufhin ich nur eine Lösung sehe: abhauen. Dankend verzichte ich auf die Aufenthaltsgenehmigung, und damit sind alle glücklich, abgesehen von mir. Übrigens, keinen der Verantwortlichen habe ich jemals gesehen, weder den Beamten, der mir meine Aufenthaltsgenehmigung irgendwann erteilt hatte, noch den, der sie mir wieder entzogen hat. Wir Reporter werden von den unteren Chargen im wahrsten Sinne des Wortes abgefertigt.

So richtig weiß man nie, was sich die Mullahs gerade ausdenken. Es ist sozusagen eine Republik der allgemeinen Verunsicherung, um nicht zu sagen der Willkür. Von morgens bis abends muss man sich auf Überraschungen gefasst machen. Kein Gebiet, sei es noch so harmlos, ist davon ganz ausgeschlossen. So führten die Mullahs in einem Jahr die Sommerzeit ein, im nächsten schafften sie sie wieder ab. Zusätzliche Feiertage werden plötzlich in den Fernsehnachrichten verkündet, was bedeutet, alle Staatsbeamten bekommen frei, woraufhin Ministerien und Banken geschlossen bleiben. Weil die Feiertage jedoch genau auf das Monatsende fallen, kann keiner seine fälligen Rechnungen bezahlen, wie etwa Stromrechnungen. Daraufhin wird einigen der Strom abgeschaltet. Was sind die Leute sauer auf die Mullahs …

Fast wird einem Angst und Bange, wenn einmal wider Erwarten nichts geändert wird. Da fragt man sich sofort voller Panik: Was ist los? Warum ist alles beim Alten geblieben? Wieso hat dieser Mann seit Jahren seinen Posten, da kann etwas doch nicht mit rechten Dingen zugehen! Außerdem, warum funktioniert das Handy heute doch, wo es normalerweise jeden dritten Tag ausfällt?

In der Islamischen Republik ist alles Schall und Rauch, bloß die Mullahs nicht. Die halten sich in alter Frische – trotz der wiederholten Voraussagen von Shala. Wie also überleben Leute wie meine Bekannte? Wie Hindernisse überwinden, denen man tagtäglich begegnet in der Mullah-Bürokratie?

Ganz einfach, draußen, am Arbeitsplatz oder beim Zahnarzt, gibt man sich so, wie es die oben gerne hätten. Anständig und zurückhaltend, halt gemäß der Regel, alles ist besser als auffallen. Ist man außerhalb ihrer Sichtweite, fällt man flugs in sein eigentliches Verhalten zurück, mit anderen Worten, man lässt die Schultern hängen, entspannt sich und lässt sich gehen, was nichts anderes heißt als: Man führt ein Doppelleben.

Kapitel 5

Doppelleben

SUSHI FÜR IHRE PARTY!

ANNONCE EINER CATERING-FIRMA IN DER
TEHERAN TIMES VOM 10. MAI 2007

Wer je ein Doppelleben geführt hat – auch nur vorübergehend –, wird mir bestätigen, es ist nicht leicht. Man
muss in einem fort an mehrere Dinge gleichzeitig denken.
Nehmen wir ein ganz konkretes Beispiel: Es ist Donnerstag, Beginn des islamischen Wochenendes, also in Teheran
ein anstrengender Tag, denn wie beinahe jeden Donners-
tagabend bin ich zu einer flotten Party eingeladen. Mal
wird dort viel gegessen, mal weniger, feuchtfröhlich geht
es beinahe immer zu. Obwohl ich kaum Alkohol vertrage,
wäre es angebracht, eine gute Flasche als Gastgeschenk
mitzubringen. Also bitte ich einen Bekannten, die zu besorgen. Er kommt zurück mit einer schlechten Nachricht:
Sein persönlicher Alkoholschmuggler hätte keinen Trop-
fen mehr, schon Donnerstagmorgen wären in der ganzen
Stadt alle Reserven aufgebraucht gewesen. Also werde ich
auf dem Weg zum Fest einen Blumenstrauß besorgen.

Damit entledige ich mich einer anderen Sorge: Denn was würde geschehen, wenn ich auf dem Weg zur Party von einer islamischen Jugendhorde kontrolliert würde und sie die Flasche entdeckten? Nächste Frage: Sind Blumensträuße erlaubt oder gelten sie als Ausdruck westlicher Dekadenz?

All das niemals zu vergessen, ist die Grundregel eines erfolgreichen Doppellebens. Das heißt auf festliches Make-up zu verzichten, sein Schminkzeug einzupacken und genauso wie hochhackige Schuhe oder Röcke in einem Plastiksack versteckt zur Party mitzunehmen. Nicht auszudenken, wenn ich geschminkt durch die Hotellobby am Portier vorbeistolzieren würde, obwohl Portiers normalerweise an einiges gewöhnt sind, nicht nur von mir. Nicht in meinem, aber in anderen Hotels besorgen sie einem eine gute Flasche Wein, verpfeifen Gäste aber genauso gerne, wenn das Trinkgeld nicht so ist, wie es sein sollte. Das nennt man Doppelleben pur.

Meines geht schon am Morgen los. Öffne ich die Augen, will ich mich selbstverständlich nicht sofort in meine übliche Kluft werfen, sondern zuerst in aller Ruhe frühstücken, ohne umgebundenes Kopftuch. So rufe ich den Zimmerservice an. Falls das Telefon funktioniert, bestelle ich eine Kanne Kaffee, ein paar Fladen Brot sowie Butter und Konfitüre. Sobald ich den Hörer aufgelegt habe, beginnt mein Hürdenlauf gegen die Uhr, denn es könnte schon in wenigen Minuten an der Tür klopfen, und dann darf ich alles, außer im Nachthemd dastehen. Schlafrock genügt nicht. Ich muss ordnungsgemäß angezogen sein, mit Kopftuch, sonst bringe ich den Kellner in moralische Bedrängnis. Und mich genauso.

Inzwischen kenne ich ihn gut, den jungen Mann um die 20, der vom Land stammt wie so viele. Seit den Fünfzigerjahren schon kommen sie in Massen in die Hauptstadt, um Arbeit zu finden, wie eben der Kellner. Meistens legt er eine Banane oder einen Apfel auf das Tablett, um mir eine Freude zu machen, aber auch, um ein kleines Trinkgeld zu bekommen. Trinkgeld geben gehört einfach dazu, nicht viel, nur ein oder zwei Euro. Wichtiger als Geld ist jedoch die Wahrung der Konventionen. Selbst wenn der Kellner ein mürrischer Hundertjähriger wäre, könnte ich ihm nicht ohne Kopfbedeckung entgegentreten, denn die meisten Dorfbewohner sehen zeit ihres Lebens keine unverhüllte Frau außer ihre eigene, die Mutter, Großmutter und gegebenenfalls ihre minderjährigen Schwestern. Auf keinen Fall eine Ausländerin. Es gibt keinen Zweifel, mein Anblick würde den Armen mehr als schockieren. So kleide ich mich in Rekordgeschwindigkeit an. Eine gewisse Geschicklichkeit habe ich mir immerhin schon angeeignet. Komischerweise setze ich, wenn ich es eilig habe, als Erstes stets das Kopftuch auf, ziehe mir daraufhin den Mantel über und passe auf, dass der Saum des Nachthemdes nicht darunter hervorlugt. Schließlich schlüpfe ich die Schuhe, da klopft es schon an der Tür. Hello! Your breakfast!

Im Winter bin ich dann noch lange nicht fertig. In diesem Augenblick ziehe ich mir gerade die pelzgefütterten Schuhe oder die Stiefel an. Das braucht seine Zeit. So wartet der nette Kellner vor der Tür. Er hat sich noch nie beklagt. Einmal ganz angezogen, bitte ich ihn herein, woraufhin er mit freundlichem Gesicht das Tablett auf den Tisch stellt. Falls mein Kopftuch nicht so richtig sitzt, senkt er schamhaft die Augen. Er tut so, als würde er den Teppichboden inspizieren.

Einfacher wäre mein Frühstück, wenn die Etagenkellner Frauen wären. Mein morgendlicher Bekleidungsstress wäre erledigt. Doch dadurch würden sich andere Probleme, viel heiklere, ergeben. Der Grund ist schnell erklärt: Da es nicht nur weibliche Hotelgäste gibt, würden Kellnerinnen mit männlichen Gästen in Kontakt kommen. Ausländische Männer und inländische Frauen würden einander begegnen, was weder erwünscht noch erlaubt ist. Also dürfen Frauen zwar am Empfang arbeiten, im Zimmerservice jedoch nicht. Daher sind in meinem Hotel sogar als Stubenmädchen junge Männer beschäftigt. Ganz nebenbei frage ich mich, was sich so abspielt, wenn die männliche Putzkolonne durch die Zimmer zieht. Was die sich denken beim Anblick von Schminkzeug, westlichen Zeitschriften oder gar so ungewöhnlichen Sachen wie Spitzenunterwäsche? Nebenbei sei erwähnt, dass so was in der Islamischen Republik nicht anrüchig ist, sondern gemäßigte Variationen von Reizwäsche im Teheraner Bazar sogar gut sichtbar angeboten werden.

Über Feinheiten wollen sich die Mullahs nicht den Kopf zerbrechen, solange das Wichtigste, die Trennung der Geschlechter, grob eingehalten wird. Überall, auf Flughäfen, in Restaurants, sitzen Frauen in der einen Ecke, die Männer in der anderen, das ist in der Zwischenzeit schon allen in Fleisch und Blut übergegangen. Selbst ich suche mir einen Platz so weit wie möglich entfernt vom nächsten Mann aus, um nicht meinen guten Ruf zu schädigen.

In den ersten Jahren nach der Revolution war diesbezüglich alles noch strenger, um nicht zu sagen absurd. Da wurde mir kein Mann, sondern eine weibliche Übersetzerin zugewiesen. Unter ihrem Tschador war sie den ganzen Tag über darauf bedacht, dass meiner richtig saß. Unentwegt zupfte sie an mir herum. Hatten wir eine halbe Stunde Drehpause, begleitete sie mich auf mein Zimmer. Kaum war die Tür hinter uns zu, warf sie den Umhang ab und versuchte, mich zum Islam zu bekehren. Da ich so schon genug um die Ohren hatte, hörte ich nur halb zu. Woraufhin sie offenbar meinte, es liege an ihrem mangelnden Eifer. Bald redete sie den ganzen Tag über nichts anderes als über Religion. Sie passte sowohl auf meine Bekleidung als auch auf meine Gesten auf, was mich nicht weiter störte, solange sie mich die Interviews in Ruhe machen ließ. Doch da mischte sie sich dann am Ende genauso ein. Frauensolidarität schien mir seither nicht unbedingt die Lösung meiner Probleme in der Islamischen Republik.

Zurück zu meinem Hotelleben – und Doppelleben heute: Wegen der Geschlechtertrennung dürfen weder Kameramann Jean-Jacques noch der Übersetzer zu mir aufs Zimmer. Wollen wir uns treffen, müssen wir das im Kaffeehaus im ersten Stock tun. Da halten wir aus praktischen Überlegungen unsere tägliche Konferenz ab. Wir besprechen bei einer Tasse Kaffee, was wir so filmen würden, wenn wir eine Genehmigung dafür hätten, Tagträumen also. Von Zeit zu Zeit, gebe ich hier offen zu, brechen wir alle nur erdenklichen Regeln. Wenn Jean Jacques nachts unter Kopfschmerzen leidet, verabreden wir uns nicht im Kaffeehaus, sondern ich laufe schnell über den Gang und strecke ihm die Tablette durch den Türspalt hin. Umgekehrt ist es genauso. Habe ich die Grippe, holt mir Jean-Jacques was aus der Apotheke. Brauche ich seine Hilfe, weil mein Computer spinnt, schreie ich über den Gang, da das Haustelefon oft seinen Geist aufgibt. Andernfalls würde man zu viel Zeit verlieren, denn ich müsste mich nach allen Regeln der Kunst anziehen und später wieder ausziehen, da ich normalerweise nicht mit Mantel und Kopftuch in meinem Zimmer herumlungere. Nach neun Uhr abends hat das Kaffeehaus ohnehin geschlossen.

Von unseren harmlosen Abenteuern kann ich niemandem erzählen, wem denn auch? Soll ich die zuvorkommenden Mädchen hinter dem Empfangstisch in Verlegenheit bringen, indem ich berichte, wie ich des Nachts halb ausgezogen über die Korridore sause? Nein, ich möchte niemandem zu nahetreten, also sage ich an der Rezeption, es sei alles in Ordnung. Kopfweh gibt's in unserem Team nicht. Wir sind niemals unzufrieden und finden alles prima. Echt cool. Zwischendurch versorgen wir einander heimlich mit Tabletten, alten mitgebrachten Zeitschriften oder DVDs, in der Hoffnung, niemand erwischt uns bei der Ausübung unseres Doppellebens.

Das der einheimischen Bevölkerung ist noch komplizierter als meines. Da geht es nicht nur um die gegenseitige Versorgung mit allen möglichen Medikamenten, da wird das Gegenteil gemacht, gefeiert, bis einem der Kopf zu zerplatzen droht. Ich kenne einen Partylöwen namens Ali. Er feiert ohne jeden Anlass. Montags, dienstags, wenn möglich jeden Tag der Woche. Weil bei seinen Festen Musik nicht fehlen darf, regen sich die Nachbarn über ihn auf, keineswegs, weil er gemischte Partys abhält, sondern weil sie nachts nicht schlafen können. Ali lässt sich nicht beirren. Werden die Nachbarn zu lästig, zieht er um, freilich hat er bald seine neuen Nachbarn gegen sich. Wieder wird ein Umzug organisiert.

Seine Freunde bleiben ihm treu, wohin er auch zieht. In Scharen treffen sich Teherans gesammelte Partygänger bei ihm oder jemand anderem. Abend für Abend wird getrunken, Haschisch und sonstiges Verbotenes geraucht, so als würde die Welt der Mullahs am nächsten Morgen ohnehin untergehen. Tut sie natürlich nicht.

Als Ausländer wird man zu den Festen eingeladen, dort mit der iranischen Küche verköstigt und erfährt so manches, was nicht in den Zeitungen steht. Immerhin, höre ich da erstaunt, gibt es sogar unter den Regimefreunden mehr Leute mit einem doppelten Dasein, als man glauben würde. Ja, beinahe könnte man sagen, es ist ganz schön weitverbreitet.

Bedenkt man, dass sogar Lächeln in der Islamischen Republik verboten ist, geschweige denn Feste zu feiern, und Spitzel überall herumstehen, fragt man sich, wie können diese Feiern überhaupt stattfinden? Ganz einfach: Revolutions- und sonstige Wächter lassen sich von Ali und anderen Gleichgesinnten bezahlen. Banaler ausgedrückt: Ein guter Teil der verschiedenen Sicherheitsorgane in Teheran wie die Basij, die gerne auf Honda-Motorrädern nach Feinden Ausschau halten, ist korrupt. Merken sie auf ihren Rundfahrten durch die Stadt, irgendwo ist eine Party im Gange, parken sie sich ein. Nicht um jemanden zu verhaften, sondern um abzukassieren. Tarif für eine Party: normalerweise nicht mehr als zehn Dollar.

Ein Bekannter erzählte mir nach einem Fest, zu dem er mich eingeladen hatte (nur war ich noch nicht in Teheran), es wäre ganz schön zugegangen. Wie üblich sei ein Basij angetanzt. Mit zehn Dollar in der Tasche verschwand er so schnell wie er gekommen war. Nur sei der später in der Nacht nochmals zurückgekehrt, behauptend, ein anderer Basij sei aufgetaucht und wolle ebenfalls Geld. Mit weiteren zehn Dollar war die Sache schließlich endgültig erledigt.

So billig ist es nicht immer: Es feierten ein paar Geschäftsleute in einem luxuriösen Landhaus im Norden von Teheran vor einigen Monaten eine der üblichen Partys. Obwohl das Haus inmitten eines Gartens liegt, mit einer hohen Mauer drum herum, also isoliert, standen unvermittelt einige bärtige Gestalten vor dem Tor. Wie so üblich bei den Ritualen, verlangten sie zuerst die Ausweise aller Gäste, so konnten sie herausfinden, wer verheiratet war und wer nicht. Laut Gesetz dürfen sich unverheiratete Männer und Frauen nicht im selben Raum aufhalten, jedenfalls nicht bei einem Fest. Der Gastgeber bot ihnen die übliche Summe an. Davon wollten die Männer aber nichts hören. Wenn schon, ließen sie erkennen, müssten mindestens 100 Dollar herausschauen, was dem Gastgeber bei allem Verständnis zu viel war. Man begann, wie könnte es im Orient anders sein, zu verhandeln. Da keine Seite nachgeben wollte, flüchteten sicherheitshalber einige junge Frauen in den Garten. Als die Typen stur blieben, sprangen die Ersten über die Gartenmauer und brachten sich in Sicherheit.

Bald ging es drunter und drüber. Noch mehr Mitglieder der Basij tauchten auf, noch mehr Geld wurde gefordert. Weitere beunruhigte Gäste zogen es daraufhin vor, sich mit einem Sprung über die Mauer den islamischen Schergen zu entziehen.

Schließlich einigte man sich auf den halben Preis, auf 50 Dollar. Das Fest war jedoch längst im Eimer und alles nur wegen des lieben Geldes. Die Moral der Geschichte, falls es eine gibt: Die Anhänger des Regimes sind nicht nur bestechlich, sondern kennen auch die Preise für Partys in den vornehmen Villen genau.

Zahlen kann man genauso, wenn man zu einer Auspeitschung verurteilt wurde. Dann wird weniger fest zugeschlagen. Landet man nach einer Kontrolle wegen falscher Bekleidung auf der Polizeistation, kann einem der Vater leicht helfen, indem er mit seiner Geldbörse auftaucht und großzügig Scheine verteilt. Vorausgesetzt, man hat sie. Die Reichen leben in Nordteheran, folglich sind da die Preise höher. Und die Bestechung weitverbreitet.

Nachdem ich das Vertrauen eines Geschäftsinhabers errungen hatte, hörte ich die folgende Geschichte: Selbst Mullahs seien nicht so selbstlos, wie sie täten, und würden ganz schön abkassieren, wo immer es möglich wäre, sprich in Geschäften, wo es was zu holen gäbe. Teheraner nennen das den Mullah-Lohn. Er wird weder offiziell ausgezahlt noch gibt es eine schriftliche Bestätigung dafür.

Immer zu Monatsanfang kommen einige Mullahs in die Läden, plaudern unverbindlich mit den Angestellten oder lassen sich die eine oder andere Ware zeigen. Sie begutachten Kleiderballen, Einrichtungsgegenstände in Möbelläden oder die jeweiligen Schmuckstücke in einem Juwelierladen. Und warten. Sollten sie aus irgendeinem Grund »ihren« Lohn nicht bekommen, wird dem Geschäft die Lizenz entzogen.

Sie abzuweisen macht dementsprechend wenig Sinn, also muss man so tun, als würde man ihnen ein freiwilliges Geschenk machen.

Mit eigenen Augen habe ich noch nie gesehen, wie das abläuft. Selbst wenn ich in einem Laden direkt neben einem Mullah stehen würde, viel merken würde ich nicht. Einheimische aber haben einen sechsten Sinn dafür. Wie eine Bekannte von mir, die stinksauer auf die geldgierigen Mullahs ist. Denn ihrer will ständig mehr Geld, und bis man ihm noch ein paar zusätzliche Scheine in die Hand drückt, rührt er sich nicht vom Fleck. Hat er, was sein Herz begehrte, dankt er Allah für dessen Großzügigkeit.

Daraus sollte man nicht schließen, alle Mullahs seien korrupt. Es gibt solche und solche. Fromme Iraner, von denen es eine Menge gibt, zahlen den Mullahs freiwillig Geld. Sie finden, das gehöre sich für einen gläubigen Moslem, und dagegen ist nichts einzuwenden. Jeder soll mit seinem Geld tun und lassen, was er will.

In der Zwischenzeit haben Teenager, ob reich oder arm, mit dem Regime so wenig am Hut, dass sie auf alles nur so pfeifen. Sprich, ein Doppelleben kommt für sie gar nicht mehr infrage. So schminken sich die Mädchen, bis sie aussehen wie Sophia Loren in ihren besten Jahren. Tauchen Ordnungshüter auf, denken die Gören gar nicht daran, sie zu bestechen, sondern geben ihnen freche Antworten. Ich sah eine, die ließ ihren Walkman auf, als ein »Fatim-Kommando« sich näherte. Es war ihr einfach schnuppe. Je mehr die Kommandos in der Stadt herumschleichen wie jetzt unter Ahmadinedschad, desto weniger fürchtet man sich natürlich. Man bleibt eben zu Hause oder weicht ins Internet aus und faselt sich in einem Blog seinen Frust über die Kommandos draußen von der Seele. Die wiederum brauchen nicht lange, um ihre Gegner auszuspüren. Weil die Mullahs alles kontrollieren wollen, sperren sie auch die populärsten Blogs, woraufhin sofort neue entstehen. Das nennt man überall, auch in der Islamischen Republik, ein Katz-und-Maus-Spiel.

Dass hier ein jeder ein Doppelleben führt, wäre übertrieben zu behaupten. Überzeugte muss man aus dieser Rechnung ausschließen. Ein Doppelleben wäre für sie absurd, denn sie glauben fest an alles, was sie so den ganzen lieben langen Tag und die ganze Nacht über tun. Sie sind die Stützen des Regimes. Einem jeden so mir nichts, dir nichts einen Geldschein zuzustecken, kann deshalb richtig ins Auge gehen. Wie damals, vor einigen Jahren, als ich mit einem jungen Kameramann und unserem Übersetzer eines Abends in einem Eissalon in Nordteheran ein Eis aß. Eine junge Frau mit einem buntem Tuch, locker gebunden, hatte am Nebentisch gerade Platz genommen. Ihr gegenüber saß ein Mann. Gerade, als die Frau ihren Eisbecher serviert bekommen hatte, tauchten ein paar Geheimpolizisten in Zivilkleidung auf, Walkie-Talkies am Mund, und die beiden wurden vor unseren Augen abgeführt. Der Mann bekam einen Schlag, als er sich wehren wollte. Die Frau, blass geworden, leistete keinerlei Widerstand. Daraufhin wurden wir von den Männern mit eindeutigen Handbewegungen ange-

TEHERAN

Neben den Städten Kairo und Istanbul ist Teheran eine
der drei Metropolen im Nahen Osten (...) Es hat heute
ungefähr 12 Millionen Einwohner und erstreckt sich über
eine 40 Kilometer lange Nord-Süd-Achse, die Achse Ost-
West ist sogar 60 Kilometer lang.
In einer Höhe von 1300 Metern liegt die Stadt am El-
bursgebirge, von da aus führen die wichtigsten Wege in
den Zentraliran und ans Kaspische Meer.
Die Nord-Süd-Achse teilt Teheran auch sozial. Im höher
gelegenen Norden der Stadt (balay-é-shahr) liegen die
Villenviertel, die bis an den Fuß des Gebirges reichen.
Dort leben die Bessergestellten.
Der Süden, tiefer gelegen (payin-é-shahr), ist den är-
meren Gruppen der Bevölkerung vorbehalten.
Schon in den Dreißigerjahren hat Reza Schah die ersten
Stadtplanungen angeordnet, die großen Boulevards anlegen und Verwaltungsgebäude errichten lassen.
In den Siebzigerjahren begann mit der Entwicklung von
Großteheran ein neues Kapitel. Vororte und Satelliten-
städte entstanden. Um den Bazar herum entstand das Zentrum, die Verwaltung siedelte sich an und etwas weiter
nördlich neue Einkaufszentren.
Im Zentrum leben inzwischen kaum mehr Menschen. Seit
1979, dem Jahr der Revolution, hat sich die Bevölkerung
mehr als verdoppelt, mit den entsprechenden Verkehrs-
problemen, eine U-Bahn besteht nur in Ansätzen (...)
Alle Teheraner beklagen sich über die Schwierigkeiten,

hier zu leben, den Lärm, die Umweltverschmutzung. An Tagen, an denen der Wind durch die Straßen weht und der Himmel wolkenfrei ist, sieht man das Elbursgebirge. Die Stadt verwandelt sich in ein grandioses Schauspiel (...)

Obwohl seit über 40 Jahren an der Dezentralisierung gearbeitet wird, bleibt der Iran ein extrem zentralisiertes Land. Teheran ist nicht nur aus administrativen, wirtschaftlichen und kulturellen Gründen wichtig, sondern auch aus politischen. Hier entscheidet sich die Politik.

Aus Mohammed-Reza Djalili: *Géopolitique de l'Iran*,
Brüssel 2005 (Übers. d. Autorin)

wiesen, so schnell wie möglich zu verschwinden. Als ich fragen wollte, was denn das Ganze solle, wurde ich mit einem eiskalten Blick bedacht. Der Lokalbesitzer erzählte uns später hinter vorgehaltener Hand, er bezahle die Polizei seines Viertels normalerweise, damit so etwas nicht geschehe. Aus irgendeinem Grund sei eine Patrouille aus Südteheran herauf in den Norden gekommen. Hardliner, wie sie im Buche stehen. Unbestechlich bis auf die Knochen, waren ihnen unverheiratete Paare ein Dorn im Auge. Genauso blass wie die junge Frau folgte mir der Kameramann, so etwas hatte er noch nie in seinem Leben gesehen, eine Frau wird verhaftet, nur weil sie mit jemandem, der nicht ihr Ehemann ist, ein Eis genießen will. Für den Kameramann war damit das Fass voll. Er wollte am liebsten nach Hause und fuhr nach seiner Rückkehr überallhin, nur nicht in die Islamische Republik. Ein Doppelleben ist nicht jedermanns Sache.

Verbringt man eine Zeit lang hier, kommt man bald darauf, dass doch auch fromme Iraner nicht vor einem Doppelleben gefeit sind. Nur ist es bei denen umgekehrt: Täuschen Leute wie Ali in der Öffentlichkeit vor, sie seien hochanständige Mitglieder der Islamischen Republik, machen die Frommen das Gegenteil. Sie zeigen nicht, wie religiös sie eigentlich sind, ob aus Misstrauen oder einem anderen Grund, kann ich nicht beurteilen. Jedenfalls war da ein junger iranischer Reporter. Mit dem saß ich eines schönen Nachmittags einen Tee schlürfend im ersten Stock meines Hotels, an meinem üblichen Treffpunkt. Wir plauderten über dies und das, als er plötzlich fragte, ob ich nicht Lust hätte, seine Redaktion zu besichtigen. Einfach so, unverbindlich. Hätte ich in zwei Tagen Zeit oder nicht? Ja, also gegen 14 Uhr? Er würde mich abholen und alles organisieren.

Die Redaktion lag in einem unscheinbaren Haus, doch sobald ich drinnen war, sah ich ein tief verhülltes Empfangskomitee aus drei Frauen auftauchen. Einmal vorgestellt, bekam ich Süßigkeiten serviert, daraufhin stellte man mir ein Teeglas hin. Die Chefin der Zeitung war äußerst freundlich, so sehr, dass wir nach ein paar Minuten schon über alles Mögliche plauderten. Nichts Aufregendes, über das Wetter und Zeitungen im Iran und bei uns, bis wir bei der Kopfbedeckung landeten. Das Thema war insofern naheliegend, als ich ein Kopftuch trug, die Frauen zwar keinen Tschador, aber etwas Ähnliches. Jedenfalls sah man kein einziges Haar hervorlugen, was man bei mir nicht so ohne Weiteres behaupten konnte. Da wurde ich gefragt, warum denn in Europa moslemische Frauen nicht das Kopftuch tragen dürften und überhaupt Moslems diskriminiert würden. Also erklärte ich, wie es so bei uns zuginge, erntete eine Mischung aus ungläubigem Erstaunen und verhohlenem Misstrauen, bis mir auffiel, da kritzelte einer unentwegt in einen Notizblock. Ein anderer knipste mich, als wäre ich ein bedeutender Staatsbesuch. Nun streckte mir die Chefin einen Plastiksack voller religiöser Broschüren hin, woraufhin ein Gruppenfoto geschossen wurde. Alle stellten sich dabei im Halbkreis um mich herum und schauten ernst drein. Zu spät merkte ich, dass mein Kopftuch nach hinten gerutscht war, aber der Fotograf hatte längst abgedrückt. Ob ich denn mit ein oder zwei Sätzen erklären könne, was ich von der Zeitung halten würde sowie von der Islamischen Republik, fragte mich eine. Abgesehen davon, dass die Zeitung auf Persisch erschien, dessen ich nicht im Entferntesten mächtig bin, war es mir unmöglich, mich beim Thema Islamische Republik kurzzufassen. Ich brachte gerade noch ein paar Belanglosigkeiten heraus, woraufhin der Notizblock nochmals gezückt wurde und der Schreiber salbungsvoll nickte. Dann begleitete man mich zur Tür, nicht ohne anzukündigen, dass der Artikel über meinen hochinteressanten Besuch in spätestens zwei Wochen auf dem Markt sein werde. Ich brauche mir keinerlei Sorgen zu machen, er werde ausführlich sein, das könne man mir garantieren. Eine Doppelseite würde es wohl werden, natürlich mit Interview. Ob ich beim Erscheinungstermin noch da sei?

Schweißgebadet kam ich ins Hotel zurück. Die Vorstellung, meine Plaudereien würden abgedruckt werden, bedrückte mich eine Zeit lang. Zum Glück verließ ich Teheran vor Erscheinen des Artikels.

Gerade noch rechtzeitig hatte ich hingegen zwei Typen vom iranischen Staatsfernsehen höflich, aber bestimmt abgewehrt. Die beiden hatten mich mehrmals angerufen, um sich mit mir im Hotelrestaurant zu treffen. Solche Treffen zwischen Angestellten des staatlichen Fernsehens und ausländischen Reportern sind ungewöhnlich, schon allein deshalb, weil man sich gegenseitig misstraut. Regimeleute glauben, ich sei eine Spionin. Umgekehrt ist es leider nicht viel besser. Sobald ein iranischer Offizieller etwas von mir will, bin ich überzeugt, in eine Falle zu tapsen. Man wolle irgendwelche zweideutigen Fotos von mir schießen oder so was Ähnliches. Jedenfalls läuten bei mir alle Alarmglocken.

Offenbar geht es allen so. Mittagessen zwischen, sagen wir, einem Mitarbeiter des Informationsministeriums und einem westlichen Journalisten gibt es kaum. Kontakte werden auf ein notwendiges Minimum beschränkt, außer, man braucht etwas vom anderen, wie die beiden vom Staatsfernsehen. Was sie wollten, erzählten sie mir am Telefon jedoch nicht. Um mein Entgegenkommen zu demonstrieren, lud ich sie zum Essen ins Hotelrestaurant ein. Sobald sie da waren, tauschten wir die üblichen Höflichkeiten aus, bis einer eine Mappe auf den Tisch knallte. Daraufhin ging's los. Sie hätten ein hochinteressantes Projekt in Vorbereitung, eine ziemlich aufwendige Dokumentation über die Amerikaner. Dabei hätte man die Idee gehabt, westliche Reporter wie mich zu befragen. Was ich denn von der amerikanischen Politik hielte, ich sei doch wohl dagegen, oder? Das könnte ich doch deutlich in einem Gespräch erklären, wenn möglich sofort. Schon packte einer die Kamera aus.

Noch völlig unter dem Eindruck meines Besuchs in der Zeitung tat ich so, als hätte ich nichts kapiert. Da der Kellner mit meinem Essen daherkam, hatte ich etwas Zeit, zu überlegen. Die ganze Sache schien mir merkwürdig. Während ich hingebungsvoll löffelte, beschloss ich, am besten gar nichts zu sagen. Daher nicke ich nur zwischendurch vielsagend, wie man das eben so macht, wenn man angespannt ist. Und löffelte weiter. Weil die beiden darauf bestanden, eine Antwort zu bekommen, packte mich beinahe die Panik, ich sah mich schon zwischen zwei Mullah-Predigten im iranischen Fernsehen herumstottern. Nicht auszudenken, wie das aussehen würde. Es reichte, dass ich mit einem halb verrutschten Tuch in einer Zeitung abgebildet werden sollte. Jetzt das noch! Vielleicht würden sie mich fragen, was ich denn vom Tschador halten würde? Oder gar von Hinrichtungen? Ob ich bestätigen könne, im Westen würden Frauen ständig geprügelt werden?

Dann geschah etwas Seltsames. Die beiden schauten mich mitleidig an, und schon bald verabschiedeten sie sich. Man konnte ihnen ansehen, was sie von mir hielten, nämlich ziemlich wenig. Sie meldeten sich nie wieder.

Um mich zu erholen und weil ich noch Hunger hatte, ging ich in die Imbissstube nicht weit vom Hotel entfernt. Obwohl ich daheim selten zu McDonald's gehe, packt mich in Teheran hin und wieder eine unstillbare Lust darauf, als würde man mit dem alleinigen Genuss eines Hamburgers ausbrechen können aus dem grauen Alltag. Apropos grau: Teherans Hamburgerbuden sind bunt. Mit Wänden, die rot-gelb gestrichen sind, die Plastikstühle sehen aus, als kämen sie direkt aus einem Kindergarten. Kurz, um junge Kunden anzulocken, sind sie Imitationen von westlichen Schnellimbissen à la McDonald's. Spaziert ein strenger Mullah daran vorbei, wird der eine oder andere Laden verboten, nur um ein paar Monate später ein paar 100 Meter weiter neu eröffnet zu werden. Sicherheitsdiensten sind diese Imbisse mehr als suspekt, deshalb kann man davon ausgehen, dass dort ein paar Wanzen angebracht sind, genauso wie überall, wo sich Jugendliche treffen. Ich kenne ein Kaffeehaus, in dem sich jahrelang kritische Geister zu einem Nachmittagskaffee zusammenfanden, bis die Polizei auftauchte und alles schließen wollte. Genehmigungen waren jedoch vorhanden. Was also tat die Polizei? Sie beschlagnahmte die Kaffeemaschine. Seitdem wird über einer Tasse Tee gegen das Regime intrigiert.

Mein Schnellimbiss ist offen. Die jungen Leute hinter der Theke kenne ich bereits, Studenten und Studentinnen, die sich nebenbei was dazuverdienen. Jedes Mal wollen sie etwas anderes von mir wissen, einmal woher ich denn komme, beim nächsten Mal, ob es bei uns die TV-Serie »Desperate Housewives« geben würde, oder müsste man sie wie hier im Internet mühselig herunterladen? Kurz darauf reden wir über das eine und das andere, über Fußballspieler wie David Beckham oder Beckenbauer. Die Deutschen seien eben nicht nur die besten Fußballer, meint einer, sondern lebten überhaupt in einem großartigen Land! Worauf ich erwidere, der Iran sei nicht so schlecht, wie man glauben würde, sieht man einmal von ein paar Kleinigkeiten ab. Daraufhin sagt eine, es tue ihr leid, was mir so alles im Iran zugemutet würde. Die Wanzen im Hinterkopf, sehen wir einander vielsagend an.

Während ich auf mein Essen warte, fragen sie mich, wie viele Kinder ich hätte, und blicken erstaunt, als ich keine vorweisen kann. So geht das eine Weile, bis ich aus lauter Sympathie mit dem Personal einen zweiten Hamburger bestelle. Beim genüsslichen Verdrücken fallen mir Shalas Sorgen mit ihrer Figur wieder ein, trotzdem esse ich alles bis auf den letzten Bissen auf.

Erst auf dem Rückweg ins Hotel befällt mich das schlechte Gewissen, nein, nicht wegen des zweiten Hamburgers. Was ist, wenn ich mich zu sehr vorgewagt habe? Zu viel geplaudert habe? Könnte nicht allein mein guter Appetit als regimefeindlicher Akt ausgelegt werden, gar als Akt der Spionage? Und was ist, wenn die hilfsbereite Studentin hinter der Theke heimlich für den Geheimdienst arbeitet? Also ein Doppelleben führt wie ein jeder normale Mensch in einer Diktatur? Brauchen die doch jede Menge Mitarbeiter, um eine wie mich rund um die Uhr zu überwachen.

Im Hotel angelangt bin ich mir schon relativ sicher, alles falsch gemacht zu haben. Da bekomme ich zwar keinen Schweißausbruch, aber beinahe.

Kapitel 6

Aus Neu mach Alt

Mein Hotelzimmer ist keinesfalls so eine Bruchbude, wie Sie vielleicht vermuten, nein, es ist wirklich einladend. Da steht ein Riesenbett, eine iranische Großfamilie könnte darin bequem übernachten. Zusätzlich habe ich eine Couch aus weißen Skai-Leder zur Verfügung, das ist so eine wie in den Hollywood-Schinken, auf denen sich eine Filmdiva räkelt. Möbelstücke wie das Sofa können einen beeindrucken, nehmen aber viel Platz weg. Ich versuche mit allen möglichen Verrenkungen, auf dem Holzrahmen unten zu lesen, woher das Ding stammt. Endlich finde ich ein verwaschenes Etikett, und was steht da? *Made in Italy* – demnach kommt es aus dem feindlichen Ausland. Die Armaturen für die Dusche im Badezimmer wurden hingegen aus den Niederlanden importiert, die Lampe von skandinavischen Designern entworfen, wobei der Schirm aussieht wie eine Raumstation. Kurz, an der Gestaltung meines Hotelzimmers haben viele Firmen aus dem Westen mitgearbeitet.

Da kann man eine Spur Enttäuschung nicht verhehlen. Wir stellen uns den Iran als ein Land voller orientalischer Pracht vor. Perserteppiche, so weit das Auge reicht! Orientalische Öllampen wie aus Tausendundeiner Nacht!

Männer sehen eine Schönheit jeden Morgen eine Tasse Tee untertänigst an ihr Pascha-Bett bringen. Frauen erwarten mindestens eine Charmeoffensive pro Tag. Das Morgenland! Doch die Wirklichkeit ist ernüchternd, bedauerlicherweise. Iraner bewohnen meist keine Paläste, weil es die in Teheran gar nicht mehr so gibt. Wenn sie nicht gerade reich sind, hausen sie in Wohnungen von durchschnittlich 60 bis 80 Quadratmetern, Ehepaare mit zwei bis drei Kindern, manchmal samt Großeltern und einer Tante. Durchschnittsiraner leiden genauso unter Rückenschmerzen wie wir, hocken sie zu lange im Kreuzsitz auf einem Teppich. Daher der Wunsch nach praktischen Möbeln aus Europa.

Im meinem Hotel jedenfalls ist alles modern, sauber und aus dem Westen, von der Kaffeetasse, die mir der Kellner morgens bringt, bis zu den Abhöranlagen. Da weiß ich es nicht hundertprozentig, aber ich nehme an, die Wanzen in meinem Zimmer wurden von einer westlichen Firma an die Mullahs verkauft. Man muss also ernsthaft davon ausgehen, dass sie funktionieren. Obwohl, all die Bemühungen unseres kleinen Teams, irgendwelche Abhöranlagen zu orten, blieben erfolglos.

Ganz allgemein ist Modernität hier »in«, was in einer Islamischen Republik nicht so leicht nachzuvollziehen ist.

Schaue ich aus dem Hotelfenster, sehe ich nichts als die guten und schlechten Seiten einer hypermodernen Stadt. Sprich einen Verkehrsstau, der sich gewaschen hat. Iraner in jedem Alter wollen unbedingt ein Auto, am besten eines, das schneller ist als das des Nachbarn. So kommt die Autoindustrie gar nicht nach, obwohl ihre Produkte alles andere als flott aussehen und es genauso wenig sind. Sie gleichen eher Modellen aus der ehemaligen DDR, wenn Sie verstehen, was ich meine. Trotzdem, Iraner wie unser Fahrer kompensieren insofern, als sie fahren, als würden sie am Lenkrad eines Ferraris sitzen. Da für solche Piloten der Straße keine Verkehrsregel gut genug ist, überholt jeder den anderen in jeder möglichen und unmöglichen Kurve. Millionen Fahrzeuge rasen dahin, als würden Luftverschmutzung und sonstige Nachteile eines solchen Straßenverkehrs nichts als böse Erfindungen des Westens sein, nicht wert, darüber auch nur einen Gedanken zu verlieren. Bedenkt man jetzt noch, dass das Verkehrsnetz von Teheran bereits vor langer Zeit erbaut wurde, nämlich zu Schah-Zeiten, kann man nur noch die Hände über dem Kopf zusammenschlagen. Was für ein Jammer! Noch dazu hatte der Herrscher aller Herrscher damals ein Faible für weitläufige Autobahnsysteme wie die von Los Angeles, daher ließ er einen entsprechenden Architekten einfliegen und beauftragte ihn mit der Errichtung einer Stadt nach Maß. Alte Herrenhäuser, ja Paläste mussten Hochhäusern Platz machen. Neu gebaute Stadtteile wurden mit mehrspurigen Autobahnen verbunden. Damit kam die Liebe zu den Autos. Nicht einmal den Mullahs gelang es, den Iranern das auszutreiben. Da war es schon leichter, ihnen die Verschleierung ihrer Frauen abzuringen.

Überleben konnte die Schah-Zeit hingegen in aller Ruhe in den Verliesen der Nationalbank, wo man in Glasvitrinen Diamanten, Brillanten und den Pfauenthron gegen Eintrittsgeld bewundern kann. Da sieht es genauso aus, wie sich der typische Europäer das so vorstellt, weil er es in den Sechzigerjahren in den bunten

Illustrierten gesehen hat. Wäre da nicht ein bärtiger Aufpasser, würde man sich tatsächlich in die Vergangenheit zurückversetzt fühlen. Natürlich sind einige stolz darauf, obwohl es keiner offen hinausposaunt, außer er ist lebensmüde. Also wird um den Brei herumgeredet, gesagt, *früher war das so und so*, wenn über die Schah-Zeit geredet wird. Dann weiß ohnehin jeder, was gemeint ist. Damals, als der Iran eines der westlichsten Regime in der ganzen Region war, um nicht zu sagen das modernste. Frauen wie Shala studierten im Ausland, kehrten mit Miniröcken in den Koffern zurück, feierten in Diskotheken und genossen das Leben, was damals bedeutete, keine Steuern zu zahlen und so viel Geld auszugeben wie nur möglich. Man nannte die wichtigsten Profiteure um den Schah »seine tausend Familien«. Auch wenn es nur eine kleine Schicht in einem Meer von Armut war, prägte das die Gesellschaft. Der Modernisierungswahn des Schah überlebte und mit ihm die nostalgische Sehnsucht nach dem Westen. Selbst das geschmacklose Skai-Sofa in meinem Hotelzimmer ist nicht anders zu erklären.

Die Mullahs sind nicht auf den Kopf gefallen. Längst haben sie verstanden, dass sich vieles der Bevölkerung nicht vom einen Tag auf den anderen austreiben lässt. Folglich begannen sie vor Jahren, das eine oder andere Ventil zu öffnen, etwa Läden zu privatisieren, damit die Frauen shoppen konnten, anstatt daheim herumzunörgeln. Einige Iraner, früher als Konterrevolutionäre verschrien und verjagt, wurden auf Händen und Knien gebeten, wieder heimzukehren. Und eben nicht die Heimat im Stich zu lassen, wo sie doch alles so notwendig brau-

INTERNET AUF RATEN

Obwohl die Mullahs den technologischen Fortschritt preisen – siehe ihr Atomprogramm –, wollen sie ihre Bevölkerung nicht zu sehr damit belasten. Also haben die Mullahs entschieden, alle Internetverbindungen auf 128 KB/Sek. zu begrenzen, das heißt also fünfmal langsamer als in Europa heute üblich. Kritiker behaupten, damit sollen die Arbeit der Opposition erschwert beziehungsweise verhindert und zugleich ausländische Websites blockiert werden.

In ihrer immensen Weisheit haben die Mullahs ein hochentwickeltes Filtersystem amerikanischer Fabrikation installiert. Damit steht der Iran an zweiter Stelle hinter der Volksrepublik China, was die Internetzensur betrifft.

Zugleich genießt neben anderen Präsident Ahmadinedschad die Vorzüge des World Wide Web. Das Staatsoberhaupt besitzt seine eigene Seite. Und die Ausbildung von 300 jungen Studenten des Islam, zukünftige Mullahs, als nebenberufliche Internetexperten ist in vollem Gange.

Aus www.bakchich.info/article378.html
(Bakchich Nr. 5 vom 20. 10. 2006)
(Übers. d. Autorin)

che, eingeschlossen Fachkräfte. So manches Vermögen wechselte da seinen Besitzer und kehrte wieder zum ursprünglichen zurück. Bloß musste der Heimkehrer eine sogenannte Revolutionssteuer abführen, womit ein für alle Mal seine alten Sünden gelöscht wurden. Bei den Reichen waren es Millionenbeträge. Im Handstreich wurden sie so zu den besten Freunden der Mullahs.

Bald folgte der nächste Streich: Importe von Musik-CDs wurden gestattet, was die Jugend begrenzt erfreute, bekam sie auf dem Schwarzmarkt ohnehin alles nur Erdenkliche. Die Mullahs sprangen damit beinahe über ihren eigenen Schatten. So etwas war für sie nicht selbstverständlich. Jahrelang galt Rockmusik als verboten. Saß man am Wochenende im Auto, konnte es leicht vorkommen, dass man von der Moralpolizei angehalten wurde. Die suchte nach verbotenen Musikkassetten. Fand sie welche, wurden die eingezogen. Selbstverständlich hörte jeder Iraner im Auto Musik, bloß hatte er einen Plastiksack bei der Hand. Tauchten die Uniformierten in der Ferne auf, verschwanden die Kassetten im Sack unter dem Sitz. Noch besser war es, wenn sich eine Frau im Auto befand. Die ließ alle Kassetten in ihre Manteltaschen gleiten, denn kein anständiger Ordnungshüter wagte es, ein weibliches Wesen mitten auf der Straße abzutasten, was hieß, man schlug die Mullahs mit ihren eigenen Waffen.

Gingen die nicht mit der Zeit, mussten sie fürchten, eines Tages wütend von der Macht verjagt zu werden. Also modernisierten, privatisierten und reformierten sie ihre Islamische Republik. Alles natürlich im entsprechenden Rahmen. Der Einsicht der Mullahs verdanke ich jedoch die Existenz meines kleinen Privathotels mit dem übergroßen Bett. So etwas gab es früher nicht.

Inzwischen wird alles importiert, was nur irgendwie an den Mann zu bringen ist. Ob Fitnessausrüstungen oder Nagellack, Rucksäcke zum Wandern im Elbursgebirge oder Tiefkühltruhen, man bekommt, was das Herz begehrt. Firmenvertreter aus dem Ausland geben sich die Klinke in die Hand, wobei sie in den staatlichen Hotels absteigen. In den Lobbys finden die Verhandlungen statt. Da wird um Prozente gefeilscht. Bekanntlich sind die Iraner schlaue Geschäftsleute, westliche Vertreter sind genauso wenig auf den Kopf gefallen. Die wissen genau, die Mullahs sind auf ihre Waren angewiesen. Ziemlich egal was. Kaum sitzt die iranische Delegation, schon haben die Ausländer ihr alles nur Denkbare angedreht. Fabriken zur Erzeugung von Mineralwasser. Die Mullahs zahlen, ohne jemals nur eine Flasche Mineralwasser zu sehen. Quadratmeter von Teppichböden, in den schlimmsten Farben. Eigentlich brauchen sie die nicht. Teppichböden liegen ja schon an allen möglichen und unmöglichen Stellen. Was damit tun? Die werden dann in diesen Staatshotels ausgelegt, und die Geschäftsleute haben das Nachsehen – sie müssen ja dort wohnen.

Weil Hotelzimmer schwerer zu kriegen sind als man glaubt, wagt niemand, sich zu beklagen, und findet sich mit allem ab, steigende Korruption inklusive. Schiebt ein Gast keinen Dollarschein über den Rezeptionstisch, ist ohnehin alles ausgebucht, oder, wie mir einmal geschehen, es wird einem eine sündteure Suite für 300 Dollar pro Nacht zugewiesen, obwohl ich nur ein simples Einzelzimmer reserviert hatte. Ich hatte eine Bestätigung dafür. War egal, ich bekam das Einzelzimmer nicht.

Ich merkte schnell, wie der Hase lief. Ich saß in der Lobby und sah, wie Gäste eintrafen, aber anstatt sie wegzuschicken oder auf eine Suite zu verweisen, bekamen sie ein Einzelzimmer. Zermürbt ging ich an die Rezeption, ließ diskret was springen. Das Wunder geschah: Ein freies Einzelzimmer wurde zufällig entdeckt. Die Moral von der Geschichte: Wer gleich zahlt, ist viel besser dran. Sonst muss ihm das Personal einen Anreiz verschaffen, indem es ihn zuerst nicht in einem Einzelzimmer unterbringt. Seither wohne ich lieber in meinem Privathotel.

Romantisch ist es weder da noch dort. Das ist nur der große Bazar. Wollen wie so wirklich schöne Bilder drehen, fahren wir mit unserem Fahrer kreuz und quer durch Teheran dorthin, bis wir an den alten Torbögen landen, wo der Kameramann mit Lust und Freude zu arbeiten beginnt. Da gibt's noch was für Auge! Nicht nur Betonklötze und überfüllte Autobahnen wie im Rest der Stadt. An Ständen werden Fläschchen mit selbst gemachten Parfums angeboten, die riechen nur ein wenig komischer als bei uns. Gestickte Polster bekommt man daneben, Besteck, Haarspangen, Unterwäsche, echtes Gold und falsche Zähne. Und jede Menge Teppiche. In den Arkaden, wo die hergestellt, angepriesen und manchmal noch verkauft werden, ist die Stimmung nicht so besonders. Teppiche! Das war einmal, wer kauft die heute noch? Jedenfalls klagen alle über den Preisverfall und machen diese scheußlichen Fertigteppiche für ihr Unglück verantwortlich. Sogar Einheimische würden die vorziehen, nur weil sie billiger seien, alles schlechteste Qualität, aus China und Südkorea importiert.

Obwohl die Händler im Bazar als die Mullah-Macher gelten – sie haben ja mitgeholfen, damals den Schah zu stürzen –, sind einige heute längst nicht mehr so begeistert von den Religiösen.

Der eine klagt über die hohe Inflation, der andere über den hohen Dollarkurs. »Sagen Sie mir, wie soll man da noch seine Kinder zum Studieren ins Ausland schicken können?«, fragt einer. Sicherheitshalber gibt er sich gleich selbst die Antwort: »Ist alles nicht so wie früher!«

Da drängt sich ein Alter vor, der hört überhaupt nicht mehr auf zu reden. »Haben Sie eine Ahnung«, sprudelt er dahin, »was das früher für ein Markt war, es gab keine einzige Hausfrau in der ganzen Stadt, die nicht bei uns einkaufte, keine einzige, ja, und sehen Sie sich das heute an. Gut, wir sind immer noch die Bazaris. Sie wissen ja wohl, was ich meine.«

Mir wird beinahe schwindelig, so redet er auf mich ein, wie auf ein krankes Pferd. Aus rein diplomatischen Gründen höre ich ihm zu, obwohl, je mehr einer in der Islamischen Republik Iran mit mir redet, desto weniger Macht hat er. Wahre Herren denken nicht im Traum daran, sich mit irgendeinem dahergelaufenen Reporter zu unterhalten. Wäre unwahrscheinlich, dass Kommandanten der Revolutionswächter, hohe Mullahs, Söhne von diesen oder ihre Geschäftspartner, kurz all diese Geheimnistuer bei mir beichten, wo sie nicht einmal der eigenen Bevölkerung offenlegen, was sie so alles treiben. Wem diese neuen Firmen so gehören, wo das Geld bleibt.

Frage ich normale Iraner, wer denn diese Leute da oben eigentlich sind, sind das Mullahs oder wer oder was, bekomme ich oft ein und dieselbe Antwort, begleitet von einem Achselzucken: Mafia.

Das Wort ist leicht zu verstehen, denn es bedeutet dasselbe wie bei uns.

Kapitel 7

Wenn das der Oberste Führer wüsste ...

*»Zum Glück herrscht zwischen den Würdenträgern
der Islamischen Republik Einheit und tiefe Harmo-
nie. Das ist nicht hoch genug zu schätzen ...«*

AUS EINER REDE DES OBERSTEN FÜHRERS AYATOL-
LAH ALI KHAMENEI VOM 9. JANUAR 2006

Offiziell gibt es Wichtigeres, als Sofas oder Lampen-
schirme zu importieren. Es gilt den Islam zu fördern,
wenn möglich, bei jeder Gelegenheit. Das ist in einer
Republik, die sich islamisch nennt, nicht nur so eine
Flause, vielmehr ein todernstes Unterfangen. Darüber
zerbrechen sich alle Gelehrten den Kopf. Wir kann der
Islam gestärkt werden? Was können wir noch tun, um
die Leute an uns zu binden, selbst wenn nicht alle Iraner von uns ganz überzeugt sind? Mullahs, ja Ayatollahs
sind Tag und Nacht mit solchen Fragen beschäftigt,
Khomeini das Wasser reichen kann aber keiner. Von Anfang an wusste der am besten, was er wollte und was
nicht. Unter einer hundertprozentigen Islamischen Republik wollte er es nicht machen, auch wenn sich andere

Länder so nennen, sein Modell ist einmalig auf der Welt: Es ist eine Republik der Rechtsgelehrten, eine »velayat-e faqih«, anders gesagt, ein echter Gottesstaat.

Gleich nach seiner Rückkehr aus dem Exil ging er an die Arbeit. Das Prinzip seiner Republik, so kompliziert sie auch erscheint, ist einfach. Es beruht auf der strikten Organisation der Bevölkerung. Von Kindesbeinen an werden also Iraner aus den unteren Bevölkerungsschichten in verschiedenen Organisationen wie den Basij aufgenommen, mehr oder weniger freiwillig. Da wird dann gemeinsam gesungen, gebetet, der Koran studiert oder kleinere Wehrübungen abgehalten. Als Anreiz gibt es Vorteile wie Gratis-Busfahrten zu Pilgerstätten, Ansehen in der Gesellschaft und die eine oder andere Machtposition, etwa durch die Bespitzelung von anderen. Als besonders förderungswürdig gelten Kinder mit gutem Gedächtnis. Lernt einer den Koran früh auswendig, kann er es zu nationalen Ehren bringen. Die meisten bleiben einfache Mitglieder der Basij und stoßen, beinahe automatisch nach einigen Jahren, zu den Revolutionswächtern, wenn nicht, werden sie in Ministerien oder sonst wo untergebracht.

Wer weiter unten in der Hierarchie stecken bleibt, verrichtet das kleine Tagesgeschäft wie Pilgerreisen organisieren, Treffen von Märtyrern, Moschee- und Koranschulenbesuche. Dafür gibt es ebenfalls ein Gehalt, und die meisten sind ihrer Aufgabe mit Feuereifer ergeben, das kann jeder bestätigen, der mit ihnen schon einmal Schwierigkeiten hatte.

Jobmäßig sind linientreue Iraner viel besser dran als andere, was erklärt, dass der eine oder andere vielleicht nur Frömmigkeit vortäuscht, in einem Land mit vielen Arbeitslosen verzeihlich. Selbst Basij werden für die niedrigsten Dienste ja entlohnt, sogar vergleichsweise gut. Sie bekommen um die 100 Euro pro Monat.

Mädchen und Jungs dürfen zu den Basij. Sind sie einmal erwachsen, heiraten die Frauen, während die Männer ihre jeweiligen Karrieren weiterverfolgen. Den Frommen steht praktisch jede Tür offen.

Will einer von ihnen auf die Universität, wird er bevorzugt behandelt. Er braucht sich also nicht zu sehr anzustrengen, einem Basij darf ein Professor nicht mit einer schlechten Note die Karriere vermiesen. Trotzdem gibt es Eliteschulen, wohin nur die Besten der Besten kommen, um zu echten Kadern ausgebildet zu werden.

Schafft es einer dann noch, in den engsten Kreis der Macht vorzudringen, umso besser. Da ist er dann entweder General oder Befehlshaber der Revolutionswächter. Von den Revolutionswächtern wagt man nur hinter vorgehaltener Hand schlecht zu reden, denn mit ihnen legt man sich besser nicht an.

Entkommen kann der Islamischen Republik aber keiner. An Mauern, Zäunen und Denkmälern im Land sind Koransprüche, Märtyrerslogans, Riesenfotos von Khomeini oder moralische Ermunterungen angebracht. Selbst uns Ausländer haben die Mullahs nicht vergessen, denn einige Poster sind dankenswerterweise ins Englische übersetzt, so verstehe ich sie leicht.

Wie überall auf der Welt gibt es keine Einigkeit darüber, wie man die Islamische Republik am besten fördern kann, sie gegen innere und äußere Feinde verteidigt und am positivsten darstellt. Wie das Ganze angehen?

Vereinfacht dargestellt gibt es zwei Sorten von Mullahs. Die mit einem Hang zum Extremismus nennt man die Radikalen. In ihren Augen sollten Iranerinnen so herumlaufen wie jetzt, nur noch besser verhüllt. Zusätzlich Handschuhe zu tragen wäre ideal. Sie würden einführen, dass im Sommer dicke Wollstrümpfe zur Grundkleidung gehörten. Weil nur die undurchsichtig sind. So würde kein anständiger Iraner von irgendwelchen durchscheinenden Knöcheln in Versuchung geführt.

Obwohl die Radikalen ohne Weiteres ihre Ideen per Internet verbreiten oder CDs mit frommen Gesängen pressen, sind sie gegen jede Art von Modernität und Zugeständnissen an den Westen. Ihnen ist der Westen, obwohl Khomeini da schon Beachtliches an Propaganda geleistet hat, immer noch zu mächtig. Die Radikalen glauben, sie könnten sich vor dem Westen nur schützen, wenn sie zum Beispiel Atombomben besitzen.

Daneben gibt es die Reformer, die Mullahs mit den sanften Stimmen, die im Prinzip nichts gegen ein schlampig aufgesetztes Kopftuch haben. Sie sind daher längst nicht so steif wie die Radikalen. Was sie vom Westen halten? Mit dem muss man eben leben, warum dann nicht gleich zusammenarbeiten, soweit es geht? Gemäßigte sind keine Eiferer. Sitzt man mit ihnen zusammen, wird man schon mal zum Essen eingeladen, was mir bereits passiert ist. Ich habe mit Reformer-Mullahs nicht nur gegessen, sondern einem saß ich auch die ganze Zeit ohne Kopfbedeckung gegenüber. Beinahe fühlte ich mich nicht richtig angezogen, aber schließlich und endlich hatte er mich dazu aufgefordert. Da wollte ich nicht unhöflich sein. Am Ende des Mahls gab es als Draufgabe einen netten Witz, nur fällt er mir jetzt nicht mehr ein. Das Treffen ist lange her, einige Jahre. So sehr ich mich anstrenge, an eine Einladung der Radikalen kann ich mich nicht erinnern. Die misstrauen selbst den Gemäßigten, von mir ganz zu schweigen.

Und dann gibt es noch ganz andere Mullahs. Einige haben starke Zweifel, ob das alles in Ordnung ist, was Khomeini so konstruiert hat. Ein islamischer Geistlicher, der solche Kritik öffentlich vorbringt, wird wie jeder andere Sterbliche verhaftet, vor Gericht gestellt oder landet für ein paar Jahre unter Hausarrest wie ein gewisser Ayatollah Montazeri. Ihm kann niemand mehr helfen. Und das alles, weil er kein Blatt vor den Mund nahm und klar sagte, eine solche Mullah-Republik sei, wenn man es genau nehme, mit dem Koran gar nicht vereinbar. Stünde nirgends so geschrieben, meinte er.

Es gibt also viele Arten von Mullahs in der Islamischen Republik, ja, die islamischen Geistlichen weisen einen sogar darauf hin, dass sie keinesfalls ein so einheitlicher Block seien, wie viele glauben würden. Vielmehr gebe es verschiedene Meinungen, Interpretationen und Strömungen.

Es muss jedoch nicht unbedingt zimperlich zugehen, wenn sich islamische Geistliche uneins sind. Landet ein Extremist hinter Gittern, versuchen ihn seine Gesinnungsgenossen mit allen möglichen Mitteln freizubekommen.

Scheint so, als würden die Mullahs über ungeahnte Energien verfügen. Um nicht zu sagen, es fliegen zwischen ihnen die Fetzen, was jedenfalls ein guter iranischer Bekannter behauptet, der es wissen muss. Er ist der

Sohn eines angesehenen Ayatollah, wobei seine Familie nicht zu den Radikalen gehört. Ich verabrede mich mit ihm von Zeit zu Zeit zum Mittagessen. Er isst für sein Leben gerne und nimmt meine Einladungen daher freudig an. Oft kommt er dabei direkt von einem Treffen mit hohen Würdenträgern. Sind die unzufrieden, ziehen sie über andere her. So erfährt der Ayatollah-Sohn alles Mögliche, was unsereins bis ans Ende aller Tage verborgen bleiben würde. Da er selbst gern redet, erzählt er mir zwischen zwei Bissen von den jüngsten Intrigen an der Machtspitze, doch dazu später.

Möglicherweise wäre das Land längst in alle möglichen Mullah-Richtungen explodiert, gäbe es nicht einen, der das Ganze zusammenhält. Diesen schwierigen Job hat Ayatollah Ali Khamenei inne, der Oberste Führer. Obwohl sein Name so ähnlich klingt wie der des strengen Khomeini, ist er mit ihm weder verwandt noch verschwägert. Khomeini ist tot. Er starb vor vielen Jahren. Er wird noch verehrt wie ein Heiliger, bewirken kann er von seinem Mausoleum nahe der heiligen Stadt Qom aus wenig. Bevor er ins Jenseits gerufen wurde, schuf er jedoch das Amt eines Obersten Führers in der weisen Voraussicht, dass man einen Richter zwischen den Mullahs brauchen würde. Damit das hohe Amt nicht beim erstbesten Kleinkrieg weggeblasen würde, wurde Khamenei ausgestattet mit einer eigenen Kasse, gefüllt mit beachtlichen Summen aus den Öleinnahmen, so ungefähr eine Milliarde Dollar muss der Oberste Führer pro Jahr zur persönlichen Verfügung haben. Das ist zwar nur ein Bruchteil der Öleinnahmen, doch immerhin.

Wo diese immense Summe bleibt, wie Khamenei sie ausgibt, ist eines der bestgehüteten Geheimnisse der Islamischen Republik. Ein Teil davon wird in Fernsehen und Radio investiert, beide dem Führer unterstellt, genauso wie in die Sicherheitsorgane, von der Armee bis zu den Revolutionswächtern. Niemand anderer als der Oberste Führer ist im Kriegsfall der Oberbefehlshaber. Da sich die Islamische Republik ständig bedroht fühlt, wird der eine oder andere Dollar an Eiferer im In- und Ausland überwiesen, damit sie in aller Welt die Ideen des Islam verteidigten. Werden so Terroraktionen finanziert? Regimegegner ermordet, was nicht selten passiert ist? Kritiker behaupten das. Das eine oder andere Gericht hat so seine Beweise gesammelt. Iranische Offizielle würden so etwas vehement bestreiten.

Wie auch immer, die Position des Obersten Führers könnte nicht besser sein. Ein Arbeitsplatz, um den ihn ein jeder beneiden würde.

Als Normalsterblicher kann man sich an ihn wenden, falls man zum Tode verurteilt wurde, denn er kann einen als Einziger begnadigen. Khamenei ist Herr über Leben und Tod. Ein Mann, den man besser nicht mit anderen Iranern vergleicht, obwohl er einer von ihnen ist.

Dementsprechend respektvoll, um nicht zu sagen voller Angst reden die Leute über den Obersten Führer, wenn sie nicht gleich ganz verstummen, sobald die Sprache auf ihn kommt. So, als ob er alles hören und wissen würde. Als ob er überall seine Eingeweihten sitzen hätte, auf dem Bazar, in den Restaurants, wo mein Ayatollah-Sohn trotzdem alle möglichen Geschichten über das

Wirken des Führers verbreitet. Unlängst fiel mir auf: Egal, was er mir so zwischen zwei Bissen zu berichten hat, Khamenei erscheint niemals in schlechtem Licht. Daraus schließe ich: Kaum jemand traut sich, den Führer anzuschwärzen. Nicht einmal die Leute, die es besser wissen müssten.

Die furchterregende Allgegenwart des Führers ist offensichtlich, obwohl er auf den offiziellen Fotos freundlich aussieht, ein bärtiger alter Mann. Auf allen Bildern lächelt er. Wie einer, der keiner Fliege etwas zuleide tun könnte.

Letztes Mal, als ich auf dem Sofa in meinem Hotelzimmer sitzend in einer englischsprachigen Zeitung blätterte, las ich aber mit Erstaunen, der Chefredakteur eines iranischen Blattes sitze wegen Beleidigung des Obersten Führers seit ein paar Monaten hinter Gittern. In Kürze, stand da geschrieben, werde er von einem Revolutionsgericht verurteilt werden. Die Notiz war klein, kaum der Rede wert. Es stand nicht einmal da, was der Mann genau verbrochen hatte, Majestätsbeleidigung ist immerhin ein sehr dehnbarer Begriff. Darunter kann man alles verstehen oder gar nichts.

Jedenfalls ist keiner gut beraten, die Geschäfte des Regimes zu detailliert zu beschreiben, sonst wird der Paragraf der Majestätsbeleidigung aus der Schublade gezogen, und schon ist es um einen geschehen.

Die Aufgabe, Botschafter zu empfangen oder Nelkenausstellungen zu eröffnen, die dem Obersten Führer gleichfalls obliegt, ist um vieles weniger umstritten. Jeden Abend sieht man Khamenei in dieser Rolle in den Hauptnachrichten des iranischen Fernsehens. Da heißt es dann, der Oberste Führer hätte dies und jenes gemacht und würde alle zur Einheit aufrufen, falls es die nicht ohnehin schon gäbe.

Kann man zwischen die Zeilen lesen, weiß man, je mehr über Einheit geredet wird, desto schlimmer geht es hinter den Kulissen zu. Einzig Intrigen gegen den Obersten Führer sind relativ fruchtlos, hat er doch die Oberaufsicht über alle Geheim- und Sicherheitsdienste. Um dagegen anzutreten muss man schon ziemlich todesmutig sein.

Jüngst, bei einem Lammfleischgericht in einem Teheraner Restaurant, erfahre ich vom meinem Ayatollah-Sohn, die Mullahs würden ohnehin ihre Intrigen ruhen lassen, weil sie mit Wichtigerem beschäftigt wären, der Atombombe. Die mache ihnen Sorgen.

Obwohl das Büro des Obersten Führers eine Art Führerbunker ist, kann man in Teheran von jedem Treffen erfahren, egal wo es stattfindet, noch bevor es zu Ende gegangen ist. So erzählt mein Informant, eine Gruppe wichtiger Ayatollahs sei in der Residenz Khameneis aufgetaucht. Man hätte sich hingesetzt und, wie es die Höflichkeit verlangt, eine Zeit lang um den heißen Brei herumgeredet. Dazu muss man wissen, dieses besagte Treffen bei Khamenei fand einige Monate nach der Wahl von Präsident Ahmadinedschad statt. Seither hatte der wie kein Zweiter, innerhalb kürzester Zeit, mit allen möglichen Erklärungen die Welt gegen den Iran aufgebracht, indem er kein einziges heißes Eisen unerwähnt gelassen hatte, schon gar nicht die Atomfrage. Redete er über das Thema, betonte er immerfort, die Islamische Republik wolle keineswegs Atomwaffen, sondern höchstens Kernkraftwerke. Die besorgte Welt ließ sich nicht beruhigen.

So saßen die Ayatollahs beim Obersten Führer. Alle wollten nicht heraus mit ihren Sorgen, plauderten, wie gesagt, eine Zeit lang nur so herum. Endlich fasste sich einer ein Herz und sagte zum Obersten Führer, man sei zunehmend unzufrieden mit diesem Ahmadinedschad. Daraufhin gab es, laut meinem Gesprächspartner, eine lange Pause.

Ahmadinedschads Reden, seine Erklärungen, die Interviews, all das, fuhr der Ayatollah fort, sei doch wirklich lachhaft. Könne der Oberste Führer dem Präsidenten denn nicht den Mund verbieten? Als das Treffen beinahe zu Ende war, sagte ein anderer so ganz nebenbei vor sich hin: »Lasst uns doch lieber ruhig sein und die Bombe einfach in aller Stille bauen!«

Wenn sich die Oberen streiten, freut sich die Reporterin, weil sie zu guter Letzt erfährt, was nicht für ihre Ohren bestimmt ist.

Zusammenfassend kann man also sagen: Zwar sind die Mullahs anders angezogen als normale Politiker, ansonsten sind sie ihnen ähnlich, zumindest was den Ehrgeiz betrifft, sich das Ruder nicht aus der Hand nehmen zu lassen. Nur nicht dasselbe Schicksal erleiden wie der Schah! Er war ein mächtiger Mann und über Nacht war es aus und vorbei. Das wollen die Mullahs nicht. Aus dem Schah-Schicksal haben sie gelernt.

Volksnäher als ihr Vorgänger sind sie allemal. Wenn sie in den zahllosen Moscheen über soziale Gerechtigkeit predigen, verstehen die einfachen Leute sie. Besser jedenfalls als den Schah, der modern sein wollte.

Sprach nicht einmal anständig Persisch, weil er in Schweizer Schulen erzogen worden war. Nein, sagt sich der Iraner, der Mullah spricht meine Sprache. Umso besser, wenn er jetzt ganz oben sitzt. So habe ich zusätzlich jemanden, an den ich mich wenden kann, falls der blöde Nachbar wieder zu streiten beginnt. Selbst die Frömmsten haben sich nicht einmal im Traum vorgestellt, die Revolution würde so enden, mit Kopftuchzwang, mit einer Armee von verschiedenen Sicherheitsdiensten, selbst der bravste Bürger ist vor einer Verhaftung nicht gefeit. Irgendeinen Fehler macht ja jeder.

In der Islamischen Republik geht es heute zu wie in einem Polizeistaat. Jeder wird überwacht, und wenn nicht, glaubt er es zumindest, was auf dasselbe hinausläuft. Die Iraner haben Angst. »Wir werden uns vom Westen nicht in die Knie zwingen lassen«, verkünden hingegen die Mullahs bei jeder Gelegenheit. Klar träumt der Iran davon, mitzumischen in der Weltpolitik, die Atombombe zu besitzen, ja warum denn nicht, sagt der eine oder andere, wenn die Mikrofone nicht eingeschaltet sind.

Genauso gehören die kleinen Absurditäten dazu, die der Alltag hier zwangsläufig mit sich bringt. Die doppelte Moral ist am schwersten zu übersehen: Da werden die Kopftücher der Frauen vom Regime kontrolliert, Jugendliche mit Auspeitschungen bedroht. Lernt man einen Moralwächter besser kennen, merkt man, er hat ein schöneres Auto als alle anderen, woher wohl?

Die Spitzen der Revolutionswächter sind inzwischen mehr Geschäftsleute als irgendetwas anderes, weil sie die halbe Wirtschaft kontrollieren, vom Ölexport bis zum lukrativen Handy-Markt. Im Namen der Islami-schen Republik werden Zuweisungen an revolutionäre Gruppen von Zeit zu Zeit erhöht, als ob sie nicht schon genug Privilegien hätten.

Weil die Leute nirgends Vollidioten sind, haben sie längst gemerkt, dass in der besten aller Welten nicht alles mit rechten Dingen zugeht, sprich in der Islamischen Republik hat sich, wie könnte es anders sein, eine »Neue Klasse« à la Sowjetunion herausgebildet. Auch hier gibt es Typen mit flotten Schlitten, während der Durch-schnittsbürger erst nach einem Jahr eine Art Trabi gelie-fert bekommt, wenn er Glück hat.

Die »Neue Klasse« verteilt halt nicht alle Ölmilliarden großzügig unters Volk, sondern schafft hin und wieder ein Milliönchen für den eigenen Gebrauch beiseite – auf gut Deutsch, sie ist schwer korrupt.

Inzwischen macht das gemeine Volk es genauso: Wer-den oben die großen Summen verteilt, geht es ganz un-ten um ein »Toma«, die volkstümliche Bezeichnung für 1000 Rials, ungefähr ein Euro. Der kleinste Türsteher ver-langt einen Schein, will man nur einen Fuß in die Dreh-tür eines Amtes hineinkriegen. Ist man drinnen, will ein Beamter Geld für die Ausstellung eines Dokuments, das man unbedingt braucht.

Alltag in der Islamischen Republik ist ein ständiger Hindernislauf. Ja, sagen die Befürworter, es könnte noch schlimmer sein, es hungert ja niemand bei uns. Wieso also klagen?

Amir Taheri

VON WEM WIRD DER IRAN REGIERT?

Seit 1979 wird der Iran von einer okkulten Elite, einer
Oligarchie regiert – mit einem starken Gottesstaat-Ele-
ment. Diese Oligarchie sieht sich selbst als Träger einer
messianischen Revolution. Sie will das Land von den alten Staatsstrukturen vergangener Könige und Herrscher
»reinigen«. Die Oligarchie kontrolliert alle Schichten
der Macht und entscheidet. Die Fassade einer Regierung
wird beibehalten, um die »Revolution zu verteidigen«,
die, so die Oligarchen, immer noch von innen und außen
bedroht wird.

Im Zentrum befindet sich das Büro des Obersten Führers,
Ayatollah Ali Khamenei. Laut der Verfassung ist er der
Vertreter Allahs auf Erden und besitzt unumschränkte
Macht.

Im ersten Artikel der Khomeini-Verfassung von 1979 steht
klar, der Oberste Führer sei auch der Führer aller Moslems, ob denen das gefällt oder nicht. Zumindest theoretisch bedeutet dies, der Oberste Führer kann zu jeden
Zeitpunkt bestimmen, was Islam ist und was nicht.

Doch das ist nicht alles. In der Praxis zieht er die Fä-
den des iranischen Staates, einer der reichsten in der
moslemischen Welt (...)

Er bestimmt schlussendlich über das Budget, ist Oberbe-
fehlshaber der Armee und aller Sicherheitskräfte. Jede
Ernennung eines Ministers, eines Gouverneurs oder eines
Botschafters muss durch sein Büro gehen. Jährlich ste-

hen ihm 1,5 Milliarden Dollar persönlich zur Verfügung, damit kann er machen, was er will.

Die Macht zentriert sich im Bazar und in einem dichten Netz von Moscheen, die durch Stiftungen, Hilfsorganisationen, theologische Seminare und Vereine mit- und untereinander verknüpft sind.

Einige »revolutionäre Stiftungen« sind inzwischen Unternehmen von nationaler, manchmal internationaler Bedeutung. Die »Stiftung der Entrechteten« zum Beispiel kontrolliert Besitztümer im Wert von 80 Milliarden Dollar und hat jährlich einen Umsatz von 10 Milliarden. Neben der iranischen nationalen Ölgesellschaft ist sie das größte Unternehmen im Land. Sie besitzt Banken, Hotels, Fabriken und Immobilien in Europa und in den USA. Keine Bilanz wird veröffentlicht, nur dem Obersten Führer wird Rechenschaft abgelegt.

Alle Stiftungen stehen mit den Bazarhändlern in Verbindung, die ihr Geld mit Im- und Export verdienen, der wiederum durch den sogenannten Islamischen Koalitionsrat abgewickelt wird, er wird von Habiballah Asgar Oladi geleitet, einem Geschäftsfreund des Obersten Führers.

Basis dieses Geschäftsnetzes sind die zwischen 1979 und 1983 beschlagnahmten Besitztümer der »Reichen«. In den Jahren 1985 bis 1989 kam es zu einer zweiten Welle von Verstaatlichungen. 75 000 Häuser und Geschäfte wurden konfisziert. Zum Teil geht die Politik der Enteignung heute noch weiter (...)

In den vergangenen Jahren wurden 200 Staatsunternehmen aber wieder privatisiert, das heißt, sie wurden einer

kleinen Gruppe von Politikern und Mullahs, die dem Obersten Führer nahestehen, überlassen. Alte Khomeini-Ver-
bündete, eingeschlossen Khamenei und Rafsandschani, sind
Mitbesitzer von über 100 Firmen (...)

Zusätzlich sind rund 500 Mullahs mit politischen Posten Mitbesitzer von Firmen oder im Aufsichtsrat der »Revolutionären Geschäfts-Stiftungen«. Der Außenhandel ist
ebenfalls zwischen den Mitgliedern der Oligarchie auf-
geteilt.

Zum gesamten Netz des Regimes gehören ungefähr 1,5 bis
2 Millionen Iraner, loyal gegenüber dem Regime, die bes-
sere Bedingungen bei Krediten bekommen, um Häuser zu
kaufen und Läden zu eröffnen. Sie werden bei den jährlichen Pilgerfahrten nach Mekka bevorzugt, ihre Hochzeiten, Krankenhausaufenthalte und anderes werden vom
Regime bezahlt.

Der gesamte Artikel ist zugänglich auf
www.iran-press-service.com/articles_2004/who_rules_iran_29304.htm
(Übers. d. Autorin)

Kapitel 8

Eine kleine Ahmadinedschad-Psychologie

»Mein lieber Mahmud,
Dein Versuch, George Bush zum Islam zu
konvertieren, ist wahrlich bewundernswert ...
Glaubst Du wirklich, das Problem von Bush ist,
dass er kein Muslim ist? Wenn er einer wäre ... hätte
er, mit der Macht, die er hat, uns angegriffen und
über Nacht zerstört. Also bitte versuche ja nicht,
ihn zum Islam zu bekehren!«

DER IRANISCHE EXIL-SATIRIKER IBRAHIM NABAVI
NACH AHMADINEDSCHADS AUFFORDERUNG AN
US-PRÄSIDENT BUSH, ZUM ISLAM ZU KONVERTIEREN
(AUS www.memri.org, ÜBERS. D. AUTORIN)

Über Mahmud Ahmadinedschad etwas herauszukriegen ist eine Heidenarbeit. Beinahe scheint es unmöglich. Eine französische Kollegin hatte eine gute Idee. Sie reiste vor nicht langer Zeit in eine Provinzstadt, nach Rasht, nicht weit vom Kaspischen Meer entfernt, weil sie erfahren hatte, ein Besuch des Präsidenten stehe bevor.

Normalerweise erfährt ein Reporter das nicht so ohne Weiteres. Ahmadinedschads Reisepläne werden, wie vieles in der Islamischen Republik, gehütet wie Staatsgeheimnisse. Bevor der Präsident auftauchte, redete die Französin mit allen möglichen Leuten, hörte aber immer dasselbe. Nichts als Klagen über die in Teheran. Niemand nahm mehr ein Blatt vor dem Mund, so sauer waren die Leute auf die Bonzen, eben diese »Neue Klasse«. Sie fühlten sich von den Oberen verraten.

Und dann kam Ahmadinedschad. Kaum hatte er einen Fuß auf den Boden gesetzt, versprach er den Leuten von Rasht 3000 neue Arbeitsplätze, die Schaffung einer Fabrik, wo Ölderivate verarbeitet werden sollten, also weitere Jobs, dazu einen saftigen Zuschuss, um den bedrohten Fischbestand im Kaspischen Meer zu retten, und zu guter Letzt 60 Touristenanlagen. So sollte endlich der Fremdenverkehr in der liebreizenden Provinz angekurbelt werden. Obwohl der Präsident seit seiner Wahl im Juni 2005, also schon seit einer ganzen Weile, ständig Dinge verspricht, die nie erfüllt werden, hört man ihm aufmerksam zu. Einige sind schwer beeindruckt. Mit offenem Mund lauschen sie dem Präsidenten, wie er gegen die Korruption schimpft, nein, das habe nichts mit dem Islam zu tun, so etwas müsse bekämpft werden, und er werde das schon tun, da solle sich ja niemand was vormachen, dafür verbürge er sich! Dem einen oder anderen Iraner fällt da sicherlich ein, dass vor allem die da oben korrupt seien, warum also nicht bei denen anfangen? Mit solchen Einzelheiten hat sich der Präsident nicht aufgehalten, aber wer Ahmadinedschad schon jemals reden gehört hat, weiß, er ist einer der Begabten. Er kann Leute mitreißen wie schon lange keiner in der Islamischen Republik. Dass er kein Mullah ist, hilft ihm eher, denn die sind nicht nur bei meiner Freundin Shala unbeliebt. Der Präsident trägt keinen dieser langen Mäntel oder Turbane, bloß eine Windjacke. Aber Ahmadinedschad kann reden, besser als jeder Prediger am Freitag in der Moschee. Leidenschaft schwingt dabei mit, Idealismus – oder, wie seine Gegner sagen, ein ganz schöner Fanatiker ist dieser Ahmadinedschad. Niemand zweifelt daran, dass er glaubt, was er sagt, ob das jetzt in Rasht seine Tiraden gegen die Korruption sind oder woanders Hassreden gegen den Westen im Allgemeinen oder gegen Israel im Besonderen.

Wenn man ihm gegenübersteht, sieht er allerdings nicht aus wie ein gefährlicher Mensch, jedenfalls äußerlich nicht. Er hat so eine blässliche Gesichtsfarbe. Einer seiner Fans, den ich befragt habe, behauptet, der Präsident mache sich rein gar nichts aus Äußerlichkeiten, nicht einmal aus Essen, er hätte sich sogar jahrelang nur von Brotfladen und Joghurt ernährt, was seine schlanke Figur, nicht aber seine Politik erklärt.

Irgendwie wirkt er ohnehin nicht wie ein normaler Machtmensch. Eher wie ein Entrückter, wie einer, der fest überzeugt ist, die Last unserer Welt sei eben nicht so ohne Weiteres von Sterblichen zu tragen. Den Mann umgibt das Flair einer tragischen Figur, sieht man ihn, sagt man sich instinktiv, den besser nicht anstoßen, sonst passiert was Unvorhersehbares wie der Zusammenbruch der Welt. Auf den wartet Ahmadinedschad übrigens. Das Ende der Welt soll bald kommen. Daraufhin wird der Erlöser erscheinen und mit ihm werden paradiesische

Zustände anbrechen. Sein Leben ist also nichts anderes als ein langes Warten auf diesen Erlöser. Dessen Rückkehr ist übrigens in der Verfassung der Islamischen Republik schwarz auf weiß beschrieben, deshalb sollte man sich darüber nicht zu sehr wundern.

Der Erlöser wird im Iran Mahdi, oder von einfachen Leuten Imam Zaman genannt. Er ist eine wichtige religiöse Figur der Schiiten, wenn nicht sogar die wichtigste. Jedenfalls so wichtig, dass ihm im Iran ein eigener Feiertag geweiht ist, an dem sich seine glühendsten Anhänger treffen, um seine baldige Rückkehr zu erflehen. Laut Tradition ist der Erlöser im Jahre 878 nach Christus in der Stadt Samarra im zarten Kindesalter verschwunden. Er fiel in einen Brunnen. Daraufhin wurde er schon zu Lebzeiten eine Art Heiliger, genannt der zwölfte Imam, und seither hofft man, er würde eines Tages wiederkehren. Logischerweise gab es vor ihm bereits elf Imame, sonst wäre er nicht der zwölfte. Laut schiitischer Lehre sind alle direkte Nachkommen des Propheten.

Kommt der zwölfte aber eines Tages zurück, wird es keine unbemerkte Rückkehr sein. Zeichen und Wunder würden ihr vorauseilen. So würde es auf der Welt drunter und drüber gehen, sprich Kriege, Sintfluten und sonstige Katastrophen in jeder nur möglichen Form wären zu erwarten. Dann allerdings, wenn er einmal da ist, beginnt eine goldene Zeit. Verständlicherweise wird der Erlöser sehnsüchtig erwartet, allen voran von den Ultrareligiösen, die bekanntlich von irdischen Dingen ohnehin wenig halten, wie eben der Präsident.

In Teheran gibt es allerlei Gerüchte, die besagen, Mahmud Ahmadinedschad sei in jungen Jahren bei einer Sekte gewesen, den *Hojatieh*. Geheimnistuerei ist eine ihre Spezialitäten. Ihren Mitgliedern ist die Islamische Republik suspekt, denn die kann das erwartete Himmelreich auf keinen Fall würdig ersetzen. Ihr Fanatismus ging früher sogar Khomeini zu weit. Er ließ die *Hojatieh* verbieten. Ohne viel Aufsehen zu machen, bestanden sie im Untergrund weiter, beinahe vergessen, bis Ahmadinedschad gewählt wurde. Kaum übernahm er sein Amt, schon erklärte er, der wirkliche Herrscher des Iran wäre nicht er, sondern eben der zwölfte Imam. Seine Regierung hätte keine andere Aufgabe, als dessen Rückkehr zu beschleunigen, was klarerweise auch heißen würde, dass die Welt zuerst untergehen müsse, mit dem dazugehörigen Chaos.

Der Erlösermythos wurde also keineswegs von Ahmadinedschad erfunden, er war lange vor ihm da, manchmal in ganz sichtbarer Form: etwa als im Iran-Irak-Krieg vor jeder großen Schlacht von der damaligen Regierung Schauspieler engagiert wurden, um nachts auf einem Schimmel durch die Soldatenlager zu reiten – so wollte man die Moral der Truppen fördern, was offenbar gelang, denn die Iraner kämpften und starben wie die Löwen. Tausende und Abertausende opferten sich. Da Ahmadinedschad damals ebenfalls an der Front im Einsatz war, ist nicht auszuschließen, dass er dieses Schauspiel im Halbschlaf gesehen hat. Wir wissen es aber nicht.

Allein abzuwarten, bis der Erlöser sich bequemt, endlich aufzutauchen, reicht einigen nicht. Lieber wäre es ihnen, insofern dem Kommen des Messias nachzuhelfen, als man den einen oder anderen Krieg vom Zaun bricht. Nehmen die zu, kann der Erlöser nicht weit sein, sagen sie sich. Nach dieser Logik versteht man so manche

Rede des Präsidenten besser, etwa wenn er Israel von der Landkarte löschen will, sprich es beinahe auf einen Krieg anlegt. Oder wenn er von der Atomkraft redet, auf neudeutsch: von der Bombe.

Der Erlöserkult ist das Ein und Alles des Mahmud Ahmadinedschad. Schon als Bürgermeister von Teheran, vor Jahren, ließ er Pläne für eine neue Autobahn entwerfen. Die sollte gebaut, aber nicht benutzt werden, weil sie den Zweck hatte, dem Erlöser seine Rückkehr auf Erden zu erleichtern. Da könne er landen, ohne im üblichen Verkehrsstau in der Hauptstadt stecken zu bleiben.

Eines Tages, nicht lange nach seiner Amtseinführung als Präsident, tauchte eine Videoaufnahme auf. Man konnte sie als DVD auf dem Schwarzmarkt erstehen, sie kostete nicht einmal zehn Dollar. Ich schickte einen Mitarbeiter hin, um sie zu besorgen. Was er zurückbrachte, war nicht von bester Qualität, man sah trotzdem recht deutlich den Präsidenten während einer Höflichkeitsvisite bei einigen Mullahs. Er saß am Boden, auf einem Teppich, wie es eben so üblich ist in traditionellen Häusern. Während die Mullahs achtungsvoll zuhörten, erzählte ihnen der Präsident, er wäre vor Kurzem in den USA gewesen, genau gesagt in New York bei der jährlichen Vollversammlung der Vereinten Nationen, und da hätte sich Folgendes ereignet: Während er auf der Rednertribüne stand, bemerkte er plötzlich einen Lichtschein am Horizont, woraufhin der ganze Saal still wurde und ihm zuhörte. Mit den Händen beschreibt der Präsident dabei den Lichtschein in der Luft, ein Irrtum ist daher ziemlich sicher ausgeschlossen. Da blieb selbst den Mullahs der Mund offen vor Bewunderung. Sah ja ganz danach aus, als hätte den Präsidenten bei dem wichtigen Auftritt niemand Geringerer als der Erlöser mit seiner Anwesenheit unterstützt.

Und irgendjemand hatte die Erzählung des Präsidenten gefilmt und unter die Leute gebracht.

Später, als Ahmadinedschad nach Einzelheiten gefragt wurde, stritt er alles ab. Aufnahmen wie die seien nichts als eine Fälschung, mit der seine Feinde ihm und, noch verwerflicher, der Islamischen Republik schaden wollten. Je öfter der Präsident öffentlich klagte, er sei nur ein Opfer, desto besser verkauften sich die Aufnahmen. Erst als er sich gar nicht mehr dazu äußerte, schlief die Sache ein.

Selbstredend kann man nicht einfach einen Präsidenten um ein paar Erklärungen über den Erlöser bitten. Gibt der ein Interview, sagt er dabei genauso wenig wie seine treuen Mitarbeiter, Freunde oder solche, die sich aus reinem Opportunismus heute als seine Freunde bezeichnen. Wenigstens schaffte ich es, ihn einmal kurz zu erwischen. Es war am Ende einer Pressekonferenz. Da war ich vorgelaufen zum Podest, wo er sich gerade vom Sessel erhoben hatte. Beinahe war er schon weg. Natürlich verrutschte, während ich nach vorne stürzte, mein Kopftuch. In einem Anfall von Geistesgegenwart zupfte ich es zurecht, bevor ich den Präsidenten fragte, ob er mir denn ein Interview gewähren würde? Mit einen Lächeln auf den Lippen ließ er die Frage an sich abperlen. Ich kam gerade noch dazu, ihm nachzuschreien, wie denn der Erlöser im Detail ausgesehen hätte?

Da war der Präsident schon verschwunden. Vielleicht hatte er meine zweite Frage gar nicht mitbekommen.

Längst war da schon das nächste Gerücht aufgetaucht: Diesmal ging es um die Liste seiner Minister. Angeblich hatte Ahmadinedschad die dem Erlöser zur Begutachtung zukommen lassen. Folgendermaßen soll sich das abgespielt haben: Einmal gewählt, musste Ahmadinedschad dem Parlament eine Ministerliste vorschlagen. Bevor er das tat, soll er die Liste in aller Heimlichkeit in einen Brunnen nahe einer berühmten Moschee werfen haben lassen. Da der 12. Imam wie bereits erwähnt in einen Brunnen gefallen war, glaubt man, er habe sein Quartier dort aufgeschlagen, zumindest symbolisch.

Für Ahmadinedschad ist dieser Vorfall natürlich genauso schlichtweg erfunden wie alles anderes.

In der offiziellen Biografie, die jeder auf seiner Website nachlesen kann, erfährt man leider nur Irdisches, und selbst da ist die Auslese mager: Unter dem Titel »Biografie seiner Exzellenz, Dr. Ahmadinedschad, ehrenwerter Präsident der Islamischen Republik Iran« steht, er sei 1956 im Dorf Aradan geboren worden, bevor seine Familie nach Teheran umzog, wo er die Grundschule absolvierte und bald als einer der besten Studenten an der Universität den Beruf des Zivilingenieurs erlernte. Wie viele junge Iraner schloss er sich in den Siebzigerjahren einer islamischen Studentengruppe an, um gegen den Schah zu protestieren. Irgendwann wurde er Professor und zeichnete sich durch allerlei besondere Leistungen aus, etwa indem er die »iranische Tunnel-Gesellschaft« mitbegründete, doch da war schon sein Vorbild Khomeini an der Macht. Die Revolution war da. Der offizielle Lebenslauf wird leicht undurchsichtig. So viel steht immerhin drin: Als der Iran vom Nachbarland Irak angegriffen wurde, schloss er sich den Basij an, damals vor allem als gefürchtete freiwillige Selbstmordkommandos im Einsatz, offenbar in der festen Absicht zu sterben. Heute wissen wir, es ist ihm nicht gelungen. Vielmehr stieg er zum Revolutionswächter auf. Nach dem Krieg begann eine der üblichen Karrieren: Nach seiner Zeit als Gouverneur in verschiedenen Provinzen endete er in Teheran. Da fiel er auf als konservativer Bürgermeister.

Er wollte die Hauptstadt zuerst von ausländischem Einfluss befreien. Gegen den hatte sein Vorgänger nichts gehabt und unter anderem Werbeplakate erlaubt. Mahmud Ahmadinedschad verbot sie wieder, jedenfalls die mit eindeutig westlichem Inhalt. Das war nichts anderes als Teil seines Kampfes gegen die Ausländer, genauso wie gegen Reformer und Korrupte. Hatte er doch schon zu Beginn der Neunzigerjahre abseits von der Öffentlichkeit eine Gruppe von Gralshütern der Revolution gegründet, die sogenannten Opferbereiten, die *Isargaran*.

In ihren Kommuniqués warnten sie vor einer Abkehr von Khomeinis wahren Werten, die Regierung würde deshalb unpopulär werden, nicht weil sie zu hart war. Nicht hart genug sei sie, das sei ihr wahres Problem.

Bald wurde die schon erwähnte Autobahn für den Erlöser geplant, doch nicht ausgeführt. Danach hatte Ahmadinedschad, in seiner Funktion als Teherans Bürgermeister, beschlossen, überall in der Stadt Kriegsdenkmäler in der Form von Brunnen errichten zu lassen und darunter den einen oder anderen seiner gefallenen Kameraden zu bestatten. Damit kein Teheraner jemals vergessen würde, wie viele Märtyrer sich für die Islamische Republik und damit für Allah geopfert hatten. Das war einigen doch des

Guten zu viel. Tote, die überall zwischen Autobahnen und Wohnhäusern anstatt auf dem Friedhof herumlagen! Das Projekt scheiterte vorerst. Was nicht heißt, es wurde aufgegeben. Kann ohne Weiteres vorkommen, dass Familien in einem Park ein Picknick genießen, und plötzlich taucht eine Horde von Bärtigen auf, um ausgerechnet dort, wo Kinder spielen, lautstarke Gebete zu sprechen oder religiöse Zeremonien abzuhalten. Einmal, im Winter, filmten wir die Schiläufer in Darakeh, nicht weit von Teheran entfernt. Wie aus dem Nichts tauchten weibliche Basij auf. Verhüllt in Umhängen, die Augen zu Boden, setzten sie sich an den Pistenrand, zogen Koranbücher heraus und begannen darin zu lesen. Die Schifahrer ließen sich nicht beirren.

Sobald Ahmadinedschad Präsident wurde, erinnerte er sich an seine alten, noch lebenden Kameraden aus dem Krieg. Sie wurden Minister oder Direktoren von Fabriken, Leiter der staatlichen Fluglinie und Bankdirektoren. Wer einmal im Schützengraben gelegen hatte, konnte seiner Meinung nach offenbar kein so schlechter Verwalter sein. So schwirren nun im gesamten Staatsapparat bleiche Kriegsveteranen herum, Söhne von Märtyrern, aber genauso Töchter von Kriegshelden. Kurz, Ahmadinedschad hat seine ehemaligen Freunde samt Familien, die im Iran vielköpfig sind, untergebracht. Die sind ihm treu ergeben. Von denen hat er nichts zu befürchten.

Zu meinem Glück ist der Typus des leidenden, doch strenggläubigen Kriegsveteranen sogar in Ämtern anzutreffen, zu denen ich Zugang habe. Denn es ist, wie gesagt, nicht leicht, etwas über den Präsidenten herauszubekommen. Immerhin gelang es mir, mich in einer Abteilung des Kulturministeriums an einen Jugendfreund heranzumachen. Er ist, wie könnte es anders sein, ein ehemaliger Kämpfer des Iran-Irak-Kriegs. Obendrein zweifelt er nicht an dem Erlöser, dem baldigen Untergang der Welt und noch einer ganzen Reihe von Heilsbotschaften. Ich suchte den Mann an seinem Arbeitsplatz, den ihm der Präsident nach seiner Wahl zugewiesen hatte, auf. Er erzählte mir mit leiser Stimme, am Präsidenten sei überhaupt nichts auszusetzen, er kenne ihn von Kindesbeinen an. Da horchte ich auf. Ob er uns denn helfen könne, seinen Freund, den Präsidenten, eine Zeit lang mit der Kamera zu begleiten? Im Gegenzug für seine Hilfe, verlangte er, müsse ich ihm alle meine Berichte einmal zeigen, damit er entscheiden könne, ob ich es wert wäre, mehr zu erfahren. Damit war unsere Zusammenarbeit zu Ende, bevor sie überhaupt begonnen hatte.

Ich war nicht lange enttäuscht. Dank unseres Übersetzers gelang es mir, einen weiteren Bekannten ausfindig zu machen, diesmal sogar einen waschechten Sektionsleiter in der Stadtverwaltung. Als hochdekorierter General hatte er die Armee verlassen. Zuerst schien es, als würde er gesprächig sein, aber sobald die Rede auf Ahmadinedschad kam, wurde er einsilbig und rückte einfach nicht mit seiner Meinung heraus, was er von seinem ehemaligen Mitstreiter und neuen Präsidenten halte. Eine herbe Enttäuschung, dieser Mann!

So kam mir die Idee herauszufinden, wo der Präsident wohne. Ich las, er sei trotz des hohen Amtes ein Mann des Volkes geblieben und habe es abgelehnt, in den Präsidentenpalast umzuziehen. Eines Vormittags machte ich mich mit Kameramann und Übersetzer auf den Weg ins Viertel Narmak, wo der Präsident, nachdem seine Eltern in den Sechzigerjahren auf Arbeitssuche in die Hauptstadt umgezogen waren, aufgewachsen war und wo er, hieß es, mit Frau und Kindern noch immer lebte. Ich muss hinzufügen, wir hatten die Adresse trotz aller Geheimnistuerei herausbekommen, was nicht so einfach gewesen war. Es war ein saukalter, aber klarer Tag im November, einige Monate nach der Wahl.

Ausgerüstet waren wir mit dem üblichen Stapel an Genehmigungen. Sicherheitshalber parkten wir ein paar Straßen weit entfernt vom präsidialen Wohnhaus. Im Wahlkampf hatte Ahmadinedschad sich da sogar filmen lassen, um zu zeigen, dass er weder einen versteckten Swimmingpool im Garten noch eine Hollywood-schaukel besitze, kurz, keiner mit einem erstohlenen Vermögen sei. Es war ein geschickter Angriff auf den Kandidaten Ali Rafsandschani, dessen Vermögen genauso legendär wie unerklärt ist. Er galt als der haushohe Favorit. Am Tag der Entscheidung unterlag er dem Saubermann Mahmud Ahmadinedschad, den damals niemand kannte außer Irans Kriegsveteranen und Erlöser-Fans.

Uns dem Haus nur zu nähern wurde uns trotz aller Zettel verboten, da hätten wir ein Schreiben des Präsidenten gebraucht, was wir natürlich nicht hatten. Die ganze Gegend wimmelte nur so von Polizei in Uniform, mehr noch in Zivil. Da war nichts zu machen. Kaum hatten wir eine Straße weiter die Kamera ausgepackt, um ersatzweise einen harmlosen Gemüsehändler auszu-quetschen, wie es denn hier so zugehe im Umkreis des

Präsidenten, tauchten schon hinter meinem Rücken drei zusätzliche Bürgerpolizisten mit dicken Bäuchen auf, recht ulkig anzusehen, wie sie mühselig von ihren Motorrädern stiegen, die beinahe zusammenbrachen unter dem Gewicht. Mit erwartungsvollem Blick inspizierten sie uns von oben bis unten, bevor sie ihr Urteil fällten. Ich konnte ihnen regelrecht ansehen, was sie von uns hielten, während sie sorgfältig Ausweise, Zettel und Kamera kontrollierten. Wir waren in ihren Augen das Übliche, Spione. Ich konnte ihnen jedoch auch ansehen, dass sie hauptberuflich Arbeitslose waren, vom Regime zeitweise rekrutiert, um vorwiegend vor westlichen Botschaften in der Rolle von »spontan aufgebrachten Iranern« zu demonstrieren. Diese Szenen kennt man ja zur Genüge. Oder sie fuhren in der Stadt herum, um ungewöhnliche Vorfälle sofort im Keim zu ersticken.

Nachdem die Bürgerpolizisten beim besten Willen nichts Verbotenes an uns finden konnten, wiesen sie uns an, woanders weiterzufilmen, wollten uns jedoch nicht einmal bestätigen, dass wir in Ahmadinedschads Wohnviertel waren.

Daraufhin verschwanden wir. Wir fuhren dreimal um den Häuserblock und packten auf der Hauptstraße unser Zeug in aller Ruhe wieder aus. Da gab es eine Moschee, ein paar Geschäfte, eine Schule und einige Handwerksläden, genügend Auswahl für eine abwechslungsreiche Reportage über den Präsidenten. Leider bekamen wir abgesehen von einigen Lobeshymnen nichts zu hören. Entweder war der Geheimdienst vor uns da gewesen oder den Leuten war der Präsident einfach egal. Jedenfalls hatte niemand eine Antwort auf unsere Fragen:

Wo hatte der Präsident denn die Schule besucht? War sein Vater ein Schmied, wie gesagt wird? Seine Frau, die Ingenieurin, wo unterrichtete die denn? Trägt sie ein Kopftuch oder einen Tschador? Zumindest darauf bekamen wir eine ziemlich einhellige Antwort. Ahmadinedschads Frau trug naturgemäß kein Kopftuch. Sie war mindestens so religiös wie ihr Mann, folglich trug sie einen schwarzen Umhang, sobald sie nur die Nase aus dem Haus steckte.

Ob die Ahmadinedschads bitterarme, doch streng religiöse Leute waren oder er vielmehr ein verwunschener Prinz war, gehörte zu den Debatten, die von den Leuten um uns herum bald geführt wurden. Letzteres behauptete felsenfest eine fromme Iranerin. Sie erzählte uns unter dem Siegel der Verschwiegenheit, die Ahmadinedschads stammten von einem Königsgeschlecht ab, was ich hiermit der Öffentlichkeit preisgebe.

Unser Übersetzer meinte jedenfalls, es gäbe genauso viele Wahrheiten wie Witze über den Präsidenten. Wobei die meisten Witze mit Ahmadinedschads Aussehen zu tun hätten, zum Beispiel mit seiner ärmlichen Kleidung, eine Lachnummer für so manchen Iraner. Einige wollen eben keinen Präsidenten in einem schlecht sitzenden Blouson, obwohl andere gerade das besonders an ihm schätzen. Sie finden, er sehe bescheiden aus, nicht so protzig wie viele andere. Dieser Zug an ihm gefällt ihnen. Eine zweite Kategorie von Witzen betreffe die Veteranen, aufgestiegen zu Ministern und Beratern, aber geschlagen mit dem typischen Aufsteigersyndrom. Nicht nur in diesem Viertel waren sie verschrien als übereifrige Vollstrecker der Wünsche des Präsidenten.

Ein Witz lautet so: Kurz nach der Wahl des Präsidenten trifft ein Händler, ein Bazari, einen Fuchs am Stadtrand von Teheran. Der versteckt sich und zittert am ganzen Leibe vor Angst. »Warum diese Angst?«, fragt der Bazari. Der Fuchs erwidert: »Ich fürchte mich vor den Freunden des Neuen, des Präsidenten. Die erklären jeden Fuchs mit drei Ohren zu ihrem Todfeind.« Schaut daraufhin der Bazari den Fuchs genauer an. Ihm fällt nichts Besonderes auf: »Aber du hast doch gar keine drei Ohren!« Erwidert der Fuchs: »Weiß ich doch, aber diese Typen bringen einen zuerst um, erst dann schauen sie auf die Ohren!«

Bald wurde die Menschenmenge größer, denn ein Fernsehteam ist überall eine seltene Abwechslung im Alltag. Während wir so herumstanden, zwischendurch den Erzählungen lauschten, schlimmer aber, verdächtige Fragen stellten, denunzierte uns einer bei der schon erwähnten Bürgerpolizei. Die Männer hatten sich ohnehin nur in einer Ecke versteckt gehalten. Jetzt wollten sie uns auf die nächste Polizeistation mitnehmen. Mein Versuch, eine unverfängliche Ausrede zu finden, brachte nichts. Daraufhin brachen wir den Dreh endgültig ab und verließen fluchtartig das Viertel. Die dickbäuchigen Männer gaben die Verfolgung wohl wegen der Kälte auf und waren nicht mehr zu sehen.

Der Präsident geht mir nicht aus dem Sinn, bis ich in letzter Verzweiflung meinen Ayatollah-Sohn kontaktiere und ihn frage: »Wie steigt ein einfacher Arbeitersohn zum Präsidenten einer Islamischen Republik auf?« – »Ganz einfach«, behauptet der wie aus der Pistole geschossen, »er muss zum richtigen Zeitpunkt am richtigen Ort sein.«

Laut seinen Informanten trifft diese goldene Karriere-regel auf niemanden besser zu als auf Ahmadinedschad. Einige Monate vor der angesetzten Präsidentenwahl 2005 war er eher zufällig bei einem Treffen beim Obersten Führer mit dabei. Damals noch als Bürgermeister, bekannt als fantasieloser Apparatschik, sieht man einmal von seiner Kampagne für die Märtyrer-Brunnen ab.

Ahmadinedschad saß also in den höchsten Hallen. Man diskutierte. Es ging um die Auswahl eines Kandidaten für die nächste Präsidentschaft. Damit es keine unangenehmen Überraschungen geben konnte, wurden in der Islamischen Republik, egal bei welcher Wahl, ob Parlaments- oder Präsidentschaftswahl, Kandidaten von vornherein nicht zugelassen, sobald sie nur den Hauch einer Gefahr für den inneren Kreis der Macht darstellten. Man ließ Außenseiter unter dem Vorwand, sie seien nicht religiös genug, nicht zu. So kommt keiner gegen den Willen des Obersten Führers hinauf an die Spitze.

Bei einem treuen Diener der Islamischen Republik wie Ahmadinedschad bestand die Gefahr nicht, genauso wenig war er jedoch der haushohe Favorit. Er schaffte es bei dem Treffen lediglich, die Zustimmung des Obersten Führers für seine Kandidatur zu bekommen, mehr nicht. Ein gewisser wohlwollender Blick fiel auf ihn, als im Wahlkampf das Thema Korruption immer öfter auf-tauchte. Die Iraner hatten die Nase voll.

Der Oberste Führer kapierte die Zeichen der Zeit. Laut Ayatollah-Sohn wurde daraufhin Saubermann Ah-madinedschad mit voller Kraft unterstützt, sprich Revo-lutionswächter, in Autobussen angekarrt, bekamen den

Auftrag, für ihn zu stimmen, was sie offensichtlich brav taten.

In der Islamischen Republik gibt es keine Wählerlisten. Jeder kann seine Stimme abgeben, wo er will. Dazu muss er den Namen des Kandidaten auf einen Zettel schreiben, worum ein Iraner, des Schreibens nicht mächtig, gerne den Nächstbesten bittet. An den Wahlurnen stehen immer jede Menge Basij als Helfer bereit, damit auch alles ordentlich abläuft.

PS:
Auf der Website www.president.ir können Sie, falls Sie Lust verspüren, ein paar zusätzliche Informationen über Ahmadinedschad (auf Englisch) erhalten. Sie können auch versuchen, dem Präsidenten eine E-Mail zu schicken. Seine persönliche E-Mail-Adresse lautet: dr-achmadinejad@president.ir.

AUSZÜGE EINES BRIEFS DES IRANISCHEN PRÄSIDENTEN AN BUNDESKANZLERIN ANGELA MERKEL IM JANUAR 2006

Sehr geehrte Frau Bundeskanzlerin, seien Sie herzlich gegrüßt!

Ich hätte diesen Brief nicht geschrieben, wenn nicht (...) manche Weltmächte und bestimmte Gruppen ständig mit einem starken Willen das große Deutschland als Verlierer und »Schuldner« des Zweiten Weltkrieges dargestellt und es ständig erpresst hätten (...) Leider hat der Einfluss der Zionisten auf Wirtschaft, Medien und auf manche politischen Kreise die Interessen vieler europäischer Völker gefährdet und ihnen vieler Möglichkeiten und Chanchen beraubt. Der eigentliche Vorwand für diesen erpresserischen Ansatz ist der Holocaust. (...) Ich habe nicht vor, der Frage des Holocausts auf den Grund zu gehen. Aber spricht das gegen die menschliche Vernunft, wenn man die Tatsache für möglich hält, dass manche Siegermächte des Zweiten Weltkrieges vorhatten, einen Vorwand zu schaffen, um damit das Volk des besiegten Landes dauernd zu erniedrigen, ihre Motivation und Vitalität zu schwächen und ihren Fortschritt und ihre verdiente Souveränität zu verhindern? Neben dem deutschen Volk sind auch die Völker im Nahen und Mittleren Osten und sogar die Menschheit durch die Thematisierung des Holocausts zu Schaden gekommen. (...) Auch unser Volk hat nach dem Zweiten Weltkrieg unter der Einmischung einiger Siegermächte des Krieges ge-

litten. Ich glaube, dass Sie und wir Opfer der Unter-
drückung gewesen sind; sie (jene Länder) respektieren
Ihre Rechte nicht und verlangen von uns, auf unsere
Rechte zu verzichten. (...) Mit Freude habe ich erfahren, dass auch Sie offen sprechen und gegen Spannung
und Kriegstreiberei sind. (...) Iran und Deutschland
können auf der Basis ihrer erhabenen Sichtweisen neben-
einander eine wichtigere Rolle auf der internationalen
Ebene spielen. (...) Durch gegenseitige Hilfe können
wir manche Mächte davon überzeugen, dass das Respektieren der Völker und deren Rechte zugunsten der gesamten Menschheit ist. Unsere beiden Völker und Regierungen können gemeinsam eine fundamentale Rolle bei der
Herstellung von Frieden und Sicherheit und zum Schutz
der Menschenwürde nach Maßstäben der beiden Länder und
den internationalen Maßstäben spielen. (...) Ich wünsche Ihnen, der deutschen Regierung und dem deutschen
Volk viel Erfolg. Gegrüßt seien Diejenigen, die der Recht-
leitung folgen.

*Der seitenlange Brief wurde auf der Homepage des iranischen
Präsidenten veröffentlicht (www.president.ir). Er ist einer
von zahlreichen Briefen, die Ahmadinedschad seit seiner Wahl
an Staatsmänner und -frauen in der ganzen Welt richtet.*

Kapitel 9

Fromm, frömmer, am frömmsten

»Halte Dich fern von Sünden, offenen und
geheimen!«

TAFEL VOR DEM TEHERANER JUSTIZMINISTERIUM

Warum sollten fromme Iraner unzufrieden sein mit ihrer Islamischen Republik? Ja, warum eigentlich? Was die da oben im Lauf der Zeit angestellt haben und noch anstellen werden, weiß im Detail ohnehin keiner. Und selbst wenn es in den Fernsehnachrichten ausführlich verkündet würde, was aber nicht der Fall ist, kann man davon ausgehen, keine fromme Familie würde es glauben. Wie etwa die meines Übersetzers Daud, genauso streng religiöse Menschen wie stolze Bürger des Khomeini-Reiches. Eben ganz normale fromme Iraner. Abend für Abend versammeln sie sich um neun Uhr um den Fernsehapparat, aufmerksam lauschend, was das Regime in den Hauptnachrichten so an Erfolgen vorzuweisen hat. Steigt der Ölpreis, freuen sich alle. Wenn britische Soldaten festgenommen werden, wird gejubelt. Ausgezeichnet! Hoch leben die Mullahs! Alle Schnüffler sollen am nächsten

Laternenpfahl hängen! Der Vater von Daud schreit dann am lautesten. Noch lieber wäre ihm die Nachricht, die Amerikaner seien in die Islamische Republik eingefallen und hätten anständig eins aufs Dach gekriegt. Die Amis mag er nämlich besonders wenig. Er kann sie nicht ausstehen. Fällt nur ihr Name, steigt nicht nur die Stimmung im bescheidenen Wohnzimmer. Kampfeswille erwacht. Sollen die sich nur trauen, gegen uns Krieg zu führen. Die werden schon sehen, was dann passiert, prophezeit der Vater. Wir machen aus denen Hackfleisch, steigert er sich hinein. Beinahe ist er traurig, weil noch keine einzige Rakete gegen den Iran losgeschickt wurde. Doch was nicht ist, kann ja noch werden. Dass so einer Mahmud Ahmadinedschad seine Stimme gegeben hat, davon kann man ausgehen, bei dem passt in seinen Augen einfach alles. Anständige Familie, frommer Mensch, dieser Neue. Und dass er gegen die Korruption angehen wollte, daran war nichts auszusetzen. Hat doch Dauds Vater höchstpersönlich an seinem Arbeitsplatz so einen gottlosen Typen auffliegen lassen. Jedenfalls ist der Papa noch zu größeren Opfern bereit, sollte der Präsident zum Kampf für die Verteidigung der Heimat aufrufen. Er ist startklar und nimmt seit Langem wie viele Regimeanhänger an Wehrübungen teil, um es den Amerikanern im Ernstfall so richtig zu zeigen. Andere schicken ihre Kinder in Sommercamps, aber nicht zur Erholung, sondern damit sie dort lernen, wie man eine Kalaschnikow wenn schon nicht bedient, so doch einem Kämpfer brav nachträgt.

Tuchhändler Achmed in Teheraner Bazar zählt sich ebenfalls zu den Zufriedenen – obwohl er zu alt für

Übungen jeder Art ist. Ein Sechzigjähriger kann da nicht mithalten, das wäre zu viel verlangt. Aber sonst gibt es keinen Frömmeren im Bazar als ihn. Lieber, als an den Mullahs etwas auszusetzen, würde er sein gut gehendes Geschäft verschenken, behauptet er jedenfalls vor unserer Kamera, ohne mit der Wimper zu zucken. So sehr ist er verbunden mit Religion, Tradition und klarerweise dem Tschador. Letztendlich lebt der Clan ganz gut vom Verkauf schwarzer Stoffe. Im hinteren Teil seines Standes werden die auf einer altersschwachen Singermaschine in Umhänge verwandelt. Umgerechnet 20 Euro das Stück. Für einen in besserer Stoffqualität muss man mehr hinlegen.

Als Nächster in der Reihe meiner frommen Iraner kommt der Lehrer Ali. Ein Mann wie er, Sohn eines Kriegsgefallenen und freiwilliger Vorsänger in einer Moschee, will nirgendwo anders leben und sterben als im Süden von Teheran, dem Ort der Frommen, dem Viertel der kleinen Beamten, Hauswarte und vielen Arbeitslosen, obwohl es nicht nach Armut aussieht. Die Republik kümmert sich eben um ihre Frommen. Man denkt an jede Kleinigkeit. So wurde Ali von der Staatsverwaltung gleich neben der Wohnung seiner gebrechlichen Mutter eine Wohnung zugewiesen. Die Miete ist kaum der Rede wert. Es zahlt sich demnach aus, fromm zu sein. Aber ich entdecke bei Ali auch ein Khomeini-Foto in einem Rahmen auf einer Kommode. Da wir unangekündigt aufgetaucht sind, nehme ich an, er hat das Bild nicht in letzter Sekunde hingestellt, nur weil eine fremde Reporterin in der Tür stand.

Ali, wie der Tuchhändler Achmed und die Familie

meines Übersetzers auch, sind echte, wirkliche Fromme. Sie gehen freitags nicht aus Opportunismus in die Mahdi-Moschee, wie so viele, die nach der Revolution plötzlich entdeckten, dass sie stets an Allah geglaubt hatten, selbst wenn genau das Gegenteil der Fall war. Tausende hatten in allen Vierteln, auch dem Alis, für den Gottesfeind, den Schah gearbeitet. Nicht immer in den allerfeinsten Berufen, Folterknechte waren darunter. Am Morgen nach dem Schah-Sturz banden sich die Wendehälse keine Krawatte mehr um, weil die als Sinnbild westlicher Dekadenz galt, und ließen sich einen Dreitagebart wachsen. Alles aus Treue zu den neuen Revolutionären.

Gottlos ist es bei meinen Frommen nie zugegangen. Die fünf Pflichten eines guten Moslems zu verrichten gehört zu ihrem Alltag, ob sie nun arm wie Dauds Familie oder mit Reichtum gesegnet sind wie der Tuchhändler. Obwohl es mehr arme Fromme gibt als reiche, das versteht sich von selbst.

So weit alle Frommen zurückdenken können, ist es ihnen noch nie so gut gegangen. Heute werden sie nicht mehr als Hinterwäldler angesehen, nur weil sie gerne beten. Unter dem Schah war es so. Man traute sich damals gar nicht, seine Ehrfurcht vor Allah zu zeigen, erzählte mir jedenfalls der Tuchhändler. Das ist vergangen und vorbei.

Und niemand hat ihnen jemals solche Geschenke gemacht wie die Mullahs. Neben Billigwohnungen sind da zuerst einmal die Lebensmittelcoupons, monatlich verteilt an jeden einzelnen Staatsbeamten. Das sind Millionen Iraner und Iranerinnen. Irgendeiner in der Familie

Kampfbereit und vorschriftsmäßig verhüllt: Weibliche
Mitglieder der Basij, einer Art Freiwilligen-Armee,
die Khomeini zur Verteidigung der Islamischen Revolution
gründete *(oben)*. Vor allem jüngere Iranerinnen wagen es,
die Kleiderordnung etwas lockerer auszulegen *(unten)*.

Working girl:
Auch ausländische Journalistinnen müssen sich bei ihrer
Arbeit im Iran an die Bekleidungsvorschriften halten.

Isfahan, die Touristenmetropole: Scheich-Lotfollah-Moschee *(oben)* und Meidān-e Emām (Platz des Imam), einer der größten Plätze der Welt, aufgenommen in die Liste des UNESCO-Weltkulturerbes *(unten)*.

Teheran, das an wolkenlosen Tagen von der großartigen
Kulisse des Elbursgebirges geschmückt wird, hat die
üblichen Verkehrsprobleme moderner Großstädte.
Ein U-Bahn-Netz existiert nur in Ansätzen.

Unterwegs in Teherans Straßen: Antonia Rados beim Einkauf
im Großen Bazar *(oben)*. Junge Iranerinnen, die sich nicht an
die Kleiderordnung halten, riskieren eine scharfe Verwarnung,
wenn sie in die Kontrolle der Polizei und der
Fatim-Kommandos geraten *(unten)*.

Die großen Männer der Islamischen Republik: Khomeini bei seiner Machtübernahme im Februar 1979 *(oben)*; Khamenei, von 1981 bis 1989 Staatspräsident, übernahm nach dem Tod Khomeinis das Amt des Obersten Führers *(unten)*.

Der iranische Präsident Mahmud Ahmadinedschad bei einer
Zusammenkunft mit den Kommandierenden der Revolutions-
wächter *(oben)* und während einer Rede, in der er von den
Fortschritten bei der Uran-Anreicherung berichtet *(unten)*.

Ali Hashemi Rafsandschani, der Ahmadinedschad bei der
Stichwahl um das Präsidentenamt unterlag, ist heute Vorsit-
zender des Schlichtungsrates und des Expertenrates *(oben)*.
Ali Laridschani, Chefunterhändler des Iran
in Atom-Fragen *(unten)*.

Ali Fallahian, früher Chef des iranischen Geheimdienstes, berät den Obersten Führer in Fragen der Sicherheit und des Terrors. Der Westen beschuldigt ihn der Beteiligung an diversen Terroranschlägen.

Der Schwerwasser-Reaktor in Arak, Zentral-Iran *(oben)*.
»Friedliche Atomkraft ist unser legitimes Recht«: eine Parole
bei der Feier zum Jahrestag der Islamischen Revolution im
Februar 2007 in Teheran *(unten)*.

Auf einer Pressekonferenz im Juni 2007 bekräftigt
Ahmadinedschad die harte Haltung des Iran
in Sachen Atompolitik.

Staatspräsident Ahmadinedschad beim Freitagsgebet in
Teheran *(oben)*. Freitagsgebet auf dem Campus der
Teheraner Universität *(unten)*.

Schiiten bei einer Trauerprozession in Teheran:
Die Zeremonie erinnert an den Tod des Imam Hussein.
Der Enkel des Propheten Mohammed war 680 in der
Schlacht von Kerbela getötet, seine Armee vernichtend
geschlagen worden.

Qom, Irans geistliches Zentrum: ein Blick auf und in die Faiziyeh-Schule, die berühmteste schiitische Koranschule des Landes.

Die Reporterin bei der Arbeit: mit zwei jungen
Übersetzerinnen in einem traditionellen Teheraner Restaurant
(oben) und mit Kameramann bei einer Reportage über
das Skigebiet im Elbursgebirge *(unten)*.

Ein Moment der Entspannung in einem
Teheraner Restaurant.

arbeitet sicher in einem Ministerium oder Amt, ergo profitiert die ganze Familie von den Vergünstigungen beim Kauf von Reis, Öl, Zucker und sonstiger Grundnahrung. Strom ist gratis. Über den neuen Benzinpreis würden sie gerne klagen, trauen sich aber nicht vor einer Ausländerin, man weiß ja nicht so genau, was die so im Schilde führt! Ein Liter kostet jetzt 1000 Rial. 800 waren es bis vor Kurzem. Umgerechnet macht der erhöhte Preis von 1000 Rials nicht mehr aus als 8 Cent. In einer Stadt, in der jeder zweite Beamte seinen Schreibtisch zwischendurch fluchtartig verlässt, um seinem Nebenberuf als Taxifahrer nachzugehen, ein wichtiges Detail.

Und erst das Schulsystem! Unter dem Schah waren gute Schulen sündhaft teuer, zu teuer sogar für einen Tuchhändler, jedenfalls schilderte er mir in dramatischen Worten, wie schlimm alles unter dem Schah gewesen sei, er erinnere sich noch gut. Nebenbei sei erwähnt, dass seine Tochter mir unter dem Siegel der Verschwiegenheit gestand, der Großvater hätte jede Ausbildung seiner Söhne vehement abgelehnt, denn schließlich hätte er es ja zu was gebracht, und zwar ohne jemals eine Schule auch nur von außen gesehen zu haben!

Worüber es keine Unstimmigkeit gibt, ist, dass in Städten wie Mashad, wo die Tuchhändler ursprünglich herstammen, man bis zur Revolution keine Ahnung hatte, was eine Universität überhaupt ist.

Das ist jetzt anders. Hochschulen wurden in beinahe allen Provinzen errichtet. Schulen sind gratis.

Warum sollten fromme Iraner somit klagen? Ein Sozialsystem, wie es kein zweites in der ganzen Region gibt, entledigt sie der schwersten Sorgen, für Essen und ein Dach über dem Kopf ist gesorgt. Wenn noch Geld übrig bleibt für das todschicke Fernsehgerät im Geschäft auf der Hauptstraße, aus China importiert, umso besser. Solange das Öl in Strömen fließt und der Westen es braucht wie einen Bissen Brot, gibt es keinen Grund, sich zu fürchten.

Selbst die Nachteile ihrer Mullah-Republik kennen die Frommen gut. Die braucht ihnen keine wie ich zu erklären. Die Frommen beruhigen sich mit der goldenen Lebensregel, Besitz sei eben nicht alles. Der jämmerliche Zustand der Auto- und einiger anderer Industrien spornt sie vielmehr an, sich dem Gebet oder der Familie umso intensiver zu widmen. Ich profitierte davon, indem ich mich von allen gastfreundlich aufnehmen und mit Tee und köstlichem Gebäck füttern lasse, bis ich mich kaum mehr rühren kann. Keiner hungert heute im Iran. Unter dem Schah konnte man das so ohne Weiteres nicht behaupten.

Es war einige Jahre vor dessen Sturz, als Dauds Vater, nach treuen Diensten als Facharbeiter in der Niederlassung der amerikanischen Autofabrik Chevrolet im Iran, entlassen wurde. Die Fabrik machte zu. Dem Konzern war die Lage zu unsicher geworden. Eine harte Zeit folgte. So musste Dauds Vater sein Haus verkaufen, um die Familie ernähren zu können. Weil sich das nach der Revolution installierte Regime sofort von allen möglichen und unmöglichen Feinden bedroht fühlte, wurden die erwähnten Revolutionswächter gegründet. Ein erzfrommer Onkel von Daud war eines ihrer ersten Mitglieder. Als die Revolutionswächter einen Maler und Anstreicher für ihre Baracken suchten, fiel Dauds Onkel sein Bruder ein. Schließlich hatte der bei Chevrolet Autos gespritzt, Erfahrung fehlte ihm daher in diesem Fach nicht. So erhielt Dauds Vater einen festen Arbeitsplatz bei den Revolutionswächtern. Es leuchtet jedem ein, dass er hochzufrieden war. So sehr, dass er bei Ausbruch des Iran-Irak-Kriegs Frau und Kinder in einem Teheraner Vorort zurückließ und sich wie sein Bruder freiwillig für den Frontdienst meldete. Da der Bruder fiel, gilt der ganze Clan seither als Märtyrerfamilie. Zum Ansehen kommt noch eine zusätzliche Rente.

Der Krieg hat so manche Märtyrerfamilie hervorgebracht wie die des erwähnten Lehrers Ali. Der Vater war im Krieg gefallen. In jungen Jahren kümmerte sich Ali um die Familie, dank staatlicher Hilfe konnte er seine Schule beenden. Das rechnet er der Islamischen Republik noch heute hoch an. Gäbe es einen Frömmeren als ihn, müsste er schon heiliggesprochen werden, denn wer sonst würde wie Ali jede Nacht von Donnerstag auf Freitag, gegen zwei Uhr, aufstehen, sich anziehen und in eben diese Mahdi-Moschee am anderen Ende des Viertel zu Fuß gehen, nur um den Gläubigen die traurigen Gesänge über den verschwundenen Erlöser vorzusingen? Im Halbschlaf daraufhin wieder nach Hause gehen, einen Tee zu trinken, schlafen, bis man wieder aufstehen muss. Der Muezzin ruft zum Freitagsgebet. Nachher spielt Ali noch mit den Jugendlichen aus seiner Schule den iranischen Nationalsport Fußball.

Jahr für Jahr, am zehnten Tag des heiligen Monats Muharram, nimmt nicht nur er an den Prozessionen zur

Erinnerung an den Tod von Imam Hussein teil, dem Enkel des Propheten Mohammed. Brüder, Neffen, Onkel und Großväter, so gebrechlich kann einer gar nicht sein, kurz, die gesamte Großfamilie zieht wehklagend durch die Straßen und über die Plätze Südteherans. Wehe, einer fehlt an diesem Tag!

Ist seine Freizeit nicht ganz aufgebraucht, kümmert Ali sich um seine Kinder, zwei Töchter. In Kopftüchern sitzen sie mir gegenüber, ein Mädchen um die dreizehn, die andere nicht älter als zehn. Die tief verhüllte Ehefrau bedient uns inzwischen mit der Selbstverständlichkeit aller Frauen, die gewohnt sind, nicht in der ersten Reihe zu stehen. In den strenggläubigen Familien im Iran sieht kein Kind seine Mutter ohne Umhang.

Mit der Revolution unzufrieden zu sein würde Alis Frau genauso wenig einfallen. Wobei ich nicht so genau weiß, was sie denkt, weil sie ihrem Mann das Wort überlässt. Während meines Besuchs geht Ali so weit zu klagen, es sei jammerschade, dass seine Frau die ganz Hausarbeit machen müsse. Hätte man bloß eine Hilfe! Ich ergreife die Gelegenheit beim Schopf und verkünde, ich würde gerne im Haushalt mithelfen, vorausgesetzt, ich könnte eine Zeit lang bei ihnen wohnen und, was ich nicht verschweige, eine Reportage über die Frommen drehen. Nichts hätte Ali weniger schockieren können als das. Ja, irgendwie ist er sogar stolz auf mein Angebot, bedankt sich, sicherlich, sagt er, würde es für beide Seiten interessant werden. Sozusagen zum Aufwärmen frage ich ihn, ob er denn glaube, Khomeini hätte seine Versprechen erfüllt. Er nickt. Leute aus dem Westen würden das nicht verstehen, als gläubiger Moslem würde man sich in einer Islamischen Republik wohler fühlen, das sei doch ganz klar. Mit einer Regierung, die Beten unter der Rubrik »ferner liefen« einreiht, könne man nichts anfangen, nicht wahr?

Gut, erwiderte ich, was ist mit der sozialen Gerechtigkeit? Hat die nicht Khomeini versprochen? Ali antwortete, es sei im Iran längst nicht alles perfekt, doch habe man so einiges verbessert. Da wir nicht weiterkommen, erspare ich ihm die Frage, die mir auf der Zunge brennt: Wo ist Khomeinis soziale Gerechtigkeit geblieben, wenn sie Mahmud Ahmadinedschad 26 Jahre später den Iranern immer noch versprechen muss?

Wochen später ruft Ali unseren Übersetzer an und lässt mir ausrichten, er hätte es sich anders überlegt. Meine Idee wäre doch kniffliger, als er zuerst gedacht hätte. Könnten wir die Sache nicht um ein paar Monate verschieben? Schade.

Treiben wir uns länger in den Vierteln des Südens herum, tun sich Seiten auf, die man hier nicht so schnell vermuten würde: weggeworfene Nadeln in einem Park, gleich neben einer Durchfahrtsstraße. Drogensüchtige in jedem Alter lungern herum, nicht viele, aber immerhin. So toll, wie die oben tun, sei es hier längst nicht, erzählt mir ein hauptberuflicher Reishändler. Dazwischen jobbt auch er als Taxifahrer, sein altersschwacher Peykan, Vorzeigeauto der Islamischen Republik, steht vor dem Laden. Im Fernsehen zeigen sie, sagt der Mann, wie Ahmadinedschad überall im Land herumfährt. Ich kann nur sagen, hier war er noch nicht.

Selbst wenn einer Arbeit hat, reicht das oft nicht zum Leben. Ein Drittel der Bevölkerung lebt unter der offiziellen Armutsgrenze, 200 Euro pro Monat in einer Stadt wie Teheran, 100 Euro auf dem Land.

Und obwohl ständig gesagt wird, es gäbe nur knapp über zehn Prozent Iraner ohne Arbeit, stehen da überall Müßiggänger herum: Ein Mann, gelehnt an einen Baum, ruft uns zu: »Wollen Sie nicht einen Arbeitslosen aufnehmen! Hier steht er!« Da tut es mir gleich doppelt leid, dass Ali absagte.

Weil Iraner höfliche Menschen sind, tun sie sich schwer beim Neinsagen. Direktheit ist nicht ihre Stärke. Sie warten eine günstige Gelegenheit ab, um einem die Wahrheit zu sagen, und selbst dann nur scheibchenweise, in kleinen Portionen, als könne man sich daran verschlucken. Dazu kommt, dass Fromme uns gegenüber misstrauisch, um nicht zu behaupten voreingenommen sind.

Tuchhändler Achmed etwa verbringt eine schlaflose Nacht, wenn er nur in eine iranische Provinzstadt fahren muss. Er fürchtet, irgendwelche amerikanischen Haudegen würden ausgerechnet an seinem Reisetag einen Angriff starten. Er würde irgendwo hilflos festsitzen. Alles wäre verloren, vor allem das Geschäft.

Man sieht, es gibt solche und solche Fromme. Leute wie Dauds Vater können die Landung der Amis gar nicht erwarten. Andere wie der Tuchhändler möchten am liebsten ihre Ruhe haben und sich ihren Laden von niemandem kaputt bombardieren lassen. Die Fremden sollen ihm gestohlen bleiben! Mit denen will er nichts zu tun haben. Dass die Tochter des Tuchhändlers liebend gerne nach London oder irgendwo nach Amerika möchte, weiß er nicht, denn sie hat es ihm noch nicht erzählt,

MORDE IM NAMEN DER MORAL

Das oberste Gericht in der Islamischen Republik hat sechs Mitglieder einer angesehenen Miliz wieder freigesprochen. Sie waren des Mordes an fünf Menschen beschuldigt worden, die sie für »moralisch korrupt« hielten. Das Urteil dieses fünf Jahre alten Falles in Kerman, in Zentraliran, hat eine Kontroverse ausgelöst (...) Drei Gerichte hatten zuvor die Angeklagten des Mordes für schuldig befunden (...) Die Angeklagten, Mitglieder der Moralpolizei der Basij, die sowohl vom Obersten Führer Ali Khamenei als auch von Präsident Mahmud Ahmadinedschad gefördert wird, hatten ihre Opfer für moralisch korrupt gehalten und konnten daher laut der iranischen Gesetze ungestraft deren Blut vergießen. Ihre letzten Opfer waren zwei junge Leute, die nach Aussage der Basij in der Öffentlichkeit Händchen haltend herumspazierten. Sie wollten bald heiraten. Das islamische Strafgesetz, das neben dem normalen Strafgesetz existiert, besagt, dass eine Anklage wegen Mordes fallen gelassen werden kann, wenn die Täter nachweisen können, dass ihre Opfer »moralisch korrupt« waren. Das gilt auch im Fall eines irrtümlichen Mordes. In diesem Fall muss der Familie Blutgeld bezahlt werden. Jedes Jahr legt ein islamischer Geistlicher die Höhe des Blutgeldes fest. Dieses Jahr beträgt es 40 000 Dollar für einen Moslem, die Hälfte davon für eine Frau oder einen Nichtmoslem (...) Die sechs Angeklagten, alle um die 20, erklärten vor Gericht, sie hätten ihre Opfer aus der Stadt gebracht. Sie steinigten sie und warfen sie in einen Teich.

Aus einem Artikel von Nazila Fathi in der *International Herald Tribune* vom 20. April 2007, Seite 5 (Übers. d. Autorin) sondern nur mir in einer E-Mail gebeichtet. Gerne würde ich das Gesicht des Vaters sehen, wenn er es einmal erfährt.

Das Misstrauen der Frommen geht so weit, dass sie die einzigen Bewohner in der Islamischen Republik ohne die verbotenen Satellitenschüsseln sind, ja nicht einmal im Traum daran denken, westliche Fernsehprogramme zu schauen. Ihnen genügt ihr eigenes. In regelmäßigen Abständen werden dort Cowboyfilme oder Kriegsfilme aus Hollywood gezeigt. Die meisten Filme gehen vor ihrer Ausstrahlung durch die Zensur, wie übrigens auch die Zeitungen. Leute wie der Lehrer oder der Tuchhändler würden nie glauben, dass diese Filme verfälscht werden. In ihren Augen ist der Westen der Grund allen Übels auf der Welt, zensiert oder nicht.

Leute aus dem Westen gelten bei den frommen Iranern generell als habgierig und unwissend, so ist jeder, der im Land herumfährt, und sei er nur ein harmloser Tourist, nicht nur den Behörden verdächtig. Westbesucher mit bestimmten Aufgaben wie Reportagen müssen am besten gemieden werden, wobei die ganz Frommen sich auch dann nicht filmen lassen, wenn sie nichts zu verheimlichen haben.

Weder mein Tuchhändler noch Ali, der Lehrer, und schon gar nicht die Revolutionswächter-Familie meines Übersetzers gehört dabei zu den Strenggläubigen. Die findet man nicht im Bazar oder in den populären Vierteln der Hauptstadt. Strenggläubige Iraner und Iranerinnen leben in der heiligen Stadt Qom, zwei gute Autostunden von Teheran entfernt. Von den Hunderten Koranschulen in dieser Stadt ist ungefähr die Hälfte

Sperrgebiet. Auf keinen Fall dürfen wir da hin. Westliche Reporter werden nicht empfangen, weil radikale Ayatollahs finden, wir würden ihnen nur das Wort im Mund verdrehen, also lassen sie uns erst gar nicht rein.

Erlauben sie es ausnahmsweise doch, wie es uns einmal passiert ist, wollen sie jede Frage im Vorhinein gesagt bekommen. Die unwichtigste Aufnahme wird genau kontrolliert. Was verboten ist, ist verboten. Wehe, wenn jemand sich nicht daran hält. Dann bricht der Argwohn voll hervor. Es kann geschehen, dass man direkt von der Koranschule auf die Polizeistation befördert wird.

Durchschnittliche Fromme sind pflegeleichter. Die reden wenigstens mit mir, obwohl sie unentwegt vermuten, wir hätten einen Hintergedanken und würden uns nur verstellen, um ihnen irgendein Geheimnis zu entlocken. Welches, wissen sie aber selber nicht so genau.

So beäugen sie uns in einem fort, um zu erraten, was wir denn wirklich im Sinn haben. Doch nicht allein fragen, wie es der Familie ginge oder was man vom Präsidenten halte? Die Frommen gehen davon aus, dass man lediglich herumspaziert, um Schlechtes über ihre Frömmigkeit zu sammeln. Wie es eben jeden Abend im Fernsehen gezeigt wird, so und nicht anders müssen diese Ausländer sein.

Angesichts dieser Zustände ist sogar unter mäßig Frommen zu filmen oft ein Hindernislauf – wie ich bei Lehrer Ali gemerkt hatte.

Weil die Frommen so stolz auf ihre Republik sind, halten sie jede negative Berichterstattung für eine Beleidigung, etwas, was man per Gesetz verbieten sollte. Ist die Berichterstattung in Wahrheit gar nicht negativ, dann unterstellen sie einem, dass sie es sei. Drehen wir die Lastenträger im Bazar, unterbricht uns garantiert ein frommer Händler mit der Frage, warum wir diese Wichte ablichten würden, nicht die Pracht auf dem Markt, die Rührmaschinen oder die weltberühmten Perserteppiche? Sicherlich würden wir nur die Armut darstellen wollen! Aber nein, erwidere ich, daran habe ich keine Sekunde gedacht. Obwohl, jetzt, wo Sie es sagen, fällt es mir auf …

Treten Fromme zuhauf auf, wie in der Moschee von Jamkaram, wird es noch schwieriger. Die Moschee ist ein Pilgerort für die Anhänger des Erlösers. Jeder Fromme, der etwas auf sich hält, sollte mindestens einmal im Leben dort einen Abend verbringen, um einen Blick auf den Erlöser zu werfen – falls er es schafft, ihn zu sehen, was nicht selbstverständlich ist, denn bisher hat der sich nicht gezeigt. Auch Kranke und Gebrechliche schleppen sich heran, wie üblich an solchen Orten. Die wiederum versprechen sich eher ein Wunder. Dazu gesellen sich noch Jugendliche, weder fromm noch krank, in der Absicht, eventuell eine Verlobte unter den Tausenden Pilgern zu finden. Aber das ist jetzt wieder eine andere Geschichte.

Vielmehr geht es mir um die Frommen. Will ich sie filmen, gibt es die gleichen Probleme wie mit den Trägern auf dem Markt in Teheran. Warum man ausgerechnet einen gebrechlichen alten Mann aufnehmen will und nicht ein gesundes Kind? Wo es doch so freundlich dreinblicke? Unglücklicherweise bringt Debattieren nichts. Das ist die negative Seite der Frommen.

Gewohnheiten sind überall schwer zu ändern, und die Frommen sehen oft keinerlei Grund, etwas zu ändern. Warum auch? Was würde sich verbessern?

Hat der neue Präsident nicht die Gehälter der Revolutionswächter plus aller Mitarbeiter verdreifacht? Dauds Vater ist also keineswegs unzufrieden, dass er Ahmadinedschad seine Stimme gegeben hat. Im wahrsten Sinne des Wortes hat es sich für ihn ausgezahlt.

Also, was sollte man denn verbessern? Die Lage der Frauen, damit sie dieselben Rechte haben wie der Rest der Menschheit? Das hören sich Fromme wie Ali zwar brav an, tief im Inneren halten sie Frauenrechte jedoch für eine schädliche Erfindung des Westens, denn wie kann das gut gehen, wo doch die Mullahs behaupten, mit den Frauenrechten wäre der Niedergang des Islam ein für alle Mal besiegelt? Das mache keinerlei Sinn. Widersinnig wäre es, sonst nichts. Sollen die dort am anderen Ende der Welt ruhig ihren weiblichen Nachwuchs mit wildfremden Männern gemeinsam in einem Raum sitzen lassen! Werden schon sehen, wie das enden wird! Frauen wie ich, die mit Kameraleuten und Übersetzern eng aneinander in einem Auto saßen, werden sicherheitshalber im Geiste zu »Ehrenmännern« ernannt. Komme ich gar ins Haus, wird mancher Fromme schon ein Stoßgebet zum Himmel schicken. Damit der schädliche Einfluss auf die eigenen Töchter sich in Grenzen hält.

Tut mir leid, bei der Tochter des Tuchhändlers hat es nicht funktioniert. Lange bevor sie jedoch begann, mich per E-Mail mit Fragen zu bombardieren über dies und jenes, hatte sie ihrem Vater das Versprechen abgerungen, er werde sie studieren lassen. Mit dem Tschador um den ganzen Körper, das war die Bedingung des Vaters.

Viele Fromme haben nichts gegen das Studieren. Solange die Mädchen sich bedecken, dürfen sie. Ja, züchtig bekleidet hatten selbst die Mullahs nie etwas dagegen einzuwenden, nur wollte der Schah Schulunterricht für Frauen ohne Kopftuch, wie bei denen im Westen. Das war den Mullahs zu viel. Alle Frommen folgten ihnen.

Verkehrte Welt: Der Anteil der Frauen an den Universitäten ist seit der Islamischen Revolution nicht gefallen, sondern ständig angestiegen. Über die Hälfte aller Studenten ist weiblich, mehr noch als in Teheran in den Provinzstädten.

Bevor ich es vergesse: An die Aufrechterhaltung der Moral wird jede Iranerin erinnert, sobald sie die Islamische Republik nur betritt. So stehen insgesamt sieben Regeln allein auf dem Zaun vor dem Justizministerium, wovon eine lautet: »Halte Dich fern von Sünden, offenen und geheimen!« Da alle Sprüche sowohl auf Persisch als auch auf Englisch geschrieben stehen, gelten sie auch für mich.

Gegen die Frommen ist in der Islamischen Republik kein Kraut gewachsen. Also sollte man erst gar nicht versuchen, sie zu überzeugen, das kann nur schiefgehen. Bestehen wir darauf, Frauen die gleichen Chancen wie Männern zu geben, erwidern sie, im Koran wäre nichts dergleichen zu finden. Also warum sollte es so sein? Aus reinem Pragmatismus, erwidern wir. Wenn Frauen die gleichen Rechte haben, sind sie zufriedener. Arbeitende Frauen erhöhen den Reichtum einer Gesellschaft, also

haben alle was davon. Das wäre eben modern. Pragma-
tisch. Sachlich.

Von pragmatischen Lösungen halten die Frommen im
Allgemeinen wenig. Ja, beinahe sind sie dagegen aller-
gisch. Pragmatismus ist ihnen ein Gräuel. Den wollen sie
nicht. Im besten Fall ist das eine Schwäche, gerade gut
genug für Idioten.

Kapitel 10

Makbar Amrika!

»Wir sind für die Amerikaner, weil das
Regime dagegen ist!«

REDENSART IN TEHERAN

Die meisten frommen Iraner, so alt oder jung können sie gar nicht sein, haben in ihrem Leben bereits an einem Protest gegen Amerika teilgenommen. Wenn schon nicht ganz freiwillig, so hat sie sicherlich ein Mullah bei einer Freitagspredigt dazu aufgefordert, was aufs Gleiche rauskommt wie eine freiwillige Teilnahme. Antiamerikanische Kundgebungen gehören zu einem tauglichen Curriculum Vitae in der Islamischen Republik. Wer etwas auf sich hält, protestiert. Das gehört sich so und macht sich gut. So etwas sollte man sich nicht entgehen lassen. Und wenn man eine versäumt hat: Die nächste Demo kommt bestimmt. Da darf man nicht fehlen.

Im Übrigen gilt das genauso für Reporter. Wie oft ich solche Proteste schon gefilmt habe, kann ich aus dem Gedächtnis nicht sagen, aber es waren einige, seit ich zum ersten Mal dieses spannende Land besuchte. Zu Be-

ginn der Achtzigerjahre waren die Bilder besonders be-
eindruckend. Da war noch alles frisch. Man musste sich
eine Daseinsberechtigung erkämpfen, es galt, der Welt
etwas zu beweisen. Grimmig dreinblickend schrien sich
Tausende Frauen im mittleren Alter im Tschador die
Seele aus dem Leib: Tod Amerika! Makbar Amrika!, wie
man im Persischen sagt. Damals wie heute waren die
USA der Inbegriff einer unheilvollen Gegenwelt. Khomeini ließ keine Zweifel, die wollte er zumindest im Iran
ein für alle Mal zerstören. So etwas nennt man eine Kul-
turrevolution. Manchmal kann es auch anders laufen, als
man denkt, und anstatt Amerika zu bekämpfen, werden
die Sympathien für dieses Land ungewollt noch gefördert.

Mit der Zeit wurden die demonstrierenden Hausfrauen
von Studentinnen abgelöst, meistens Mitglieder der Frau-
ensektion der Basij. Die schrien mit umso mehr Überzeugung in unsere Kamera. Tod Amerika! Je nach politi-
scher Lage gesellte sich Großbritannien, zeitweise sogar
die Bundesrepublik Deutschland zu den Feindbildern
dazu. Ob man in der Gunst der Revolutionäre stand oder
nicht, hing von vielem ab, auch von so Kleinigkeiten, ob
die Presse im Heimatland das Regime mit Samthand-
schuhen anfasste. Hielt sich ein Reporter nicht an die Regeln, wurde nicht nur er auf eine schwarze Liste gesetzt.
Die gesamte Journaille des betroffenen Staates hatte
plötzlich Visaprobleme. Niemand ist gefeit vor den Ge-
zeiten der Staatsraison in der Islamischen Republik. Auch
wenn sie es besser wissen, tun die Mullahs so, als könnte
in Europa ein Außenminister einer Zeitung oder einem
Sender vorschreiben, was zu berichten ist und was nicht.
So wie es eben im Iran meistens funktioniert.

Für den Hass auf den Westen im Allgemeinen, Amerika im Besonderen, kann man viele Gründe anführen, zuerst dennoch folgende Beobachtung: Als Ausländer in diese Proteste zu geraten ist unerfreulich, wie ich bald merken sollte. Lebensgefährlich ist es aber nicht. Sicher, man bleibt besser auf dem Gehsteig in respektvollem Sicherheitsanstand stehen. Bloß nicht in Wurfnähe einer Kundgebung herumlungern. Sonst kann man schon einmal einen Pappkarton mit antiamerikanischen Flugblättern an den Kopf bekommen! Andererseits: Ich konnte es zwar nicht annehmen, doch ein eifriger Demonstrant hat mich einmal freundlich zum Tee eingeladen. Er wollte debattieren. Bedauerlicherweise waren wir in Eile.

Es sieht somit im Fernsehen schlimmer aus, als es ist. Das ist der Vorteil von staatlich organisierten Protesten. Sie sind kontrolliert. Die Polizei ist nie sehr weit. Aus den Fugen geraten kann die Kundgebung schon deshalb nicht, weil der Geheimdienst es niemals zulassen würde. Das bedeutet jedoch nicht, dass der Hass auf »Amerika« nicht existieren würde. Es wird bloß nachgeholfen.

Zum letzten Mal war es so im vergangenen Herbst, als fromme Studenten vor der britischen Botschaft demonstrierten, dabei sicherheitshalber gleich das US-Sternenbanner mit verbrannten.

Droht der Protestgeist einzuschlafen, wird er mit Gerüchten etwa über neue amerikanische Invasionspläne geschürt. So bleibt er immer wach. Hie und da eine Demonstration hält die antiamerikanischen Geister ebenso frisch, obwohl man sich darunter nicht zu viel vorstellen sollte. Waren die Demos früher Massenveranstaltungen, werden sie zunehmend zu einem Spektakel für unsere

Kameras. Wenn es hoch hergeht, sind es ein paar Dutzend Gestalten. Egal wie groß oder klein so eine Veranstaltung ist, es versteht sich von selbst, dafür brauche ich keinerlei Genehmigung. Nein, obwohl jede Menge Polizisten, Geheimdienstler und sonstige staatliche Mitarbeiter bei den Protesten herumlungern, bin ich noch nie kontrolliert worden, wohltuend nach all den Schikanen.

Deswegen gehen Reporter nicht ungern zu Protesten. Dort wird man in Ruhe gelassen. Ohnehin wird da kein Mensch verhaftet, selbst wenn er Brandsätze auf die britische Botschaft wirft. Gegen den Westen zu agieren ist eine sichere Nummer in Iran.

Jeder amerikanische Staatsbürger muss bei der Einreise in die Islamische Republik am Flughafen einige Stunden warten, um sich seine Fingerabdrücke abnehmen zu lassen. Eine eher heitere Geschichte erzählten mir amerikanische Kollegen. Wenn sie einreisen, werden sie von den Beamten mit sicherem Gespür aus der Reihe gepickt und gefragt, ob sie Amerikaner seien, was die Reisenden, wenn es stimmt, bejahen. Daraufhin werden sie in eine Kammer geführt, wo ein paar Zöllner gemütlich beim Teetrinken zusammensitzen und sich in dieser wichtigen Tätigkeit nicht weiter stören lassen.

Wenn der Reporter zum ersten Mal einreist, sitzt er wie auf glühenden Nadeln, weiß er doch nicht, dass es so schlimm nicht werden wird. Nach einer Weile taucht einer mit einem altmodischen Tintenfass auf und steckt den Daumen des Besuchers hinein, bevor er ihn auf ein Blatt Papier presst.

Damit ist es nicht getan, wieder muss der Gast warten. Alles zusammen kann es lange dauern. Irgendwann darf er zur eigentlichen Passkontrolle vorgehen, wo natürlich alle anderen bereits abgefertigt wurden. Egal, wie oft ein Amerikaner einreist, das Ritual muss er jedes Mal über sich ergehen lassen. Eine Fotografin, die ich kenne, fragte nach, warum denn jedes Mal die Fingerabdrücke genommen würden? Würde es nicht genügen, sie einmal zu speichern? Als Antwort bekam sie einen so vielsagenden Blick, dass sie keinen Mucks mehr von sich gab.

Die Antwort ist einfach: Lange vor allen anderen wurden iranischen Staatsbürgern bei ihrer Einreise in die USA Fingerabdrücke abgenommen, egal, ob sie Touristen, islamische Geistliche oder sonst wer sind. Rang und Amt spielen keine Rolle, und alle Abdrücke werden in Computerdateien gespeichert. Die stolzen Iraner, technologisch nicht auf der Höhe ihrer Feinde, besitzen keine Geräte dieser Art. Doch den Amerikanern nicht Gleiches mit Gleichem zu vergelten, ist ausgeschlossen. Man will sich von den Gringos einfach nichts bieten lassen. So wurden auf dem Teheraner Flughafen dieselben Kontrollen eingeführt, nur eben nicht mithilfe eines Computers, sondern eines altmodischen Tintenfasses. Die Papiere zu archivieren ist mühselig. Ist derjenige weg, wird alles gemächlich in den Papierkorb gekippt. Daher müssen bei der nächsten Einreise erneut Abdrücke mit der gebührenden Ernsthaftigkeit gemacht werden, wobei die Beamten jedes Mal so todernst dreinschauen, als hätten sie soeben eine imperialistische Verschwörung gegen die Mullahs aufgedeckt.

Ein US-Reporter schaffte es nur ein einziges Mal, ein Visum zu erhalten. Als ich bei Gelegenheit fragte, warum er denn jetzt auf der schwarzen Liste stehe, wurde mir in verschwörerischem Ton von einem Zuständigen zugeflüstert, der sei ja jüdischer Abstammung, also doppelt verdächtigt!

Sein Glück! Bei dem Versuch einzureisen, hatte eine amerikanische Staatsbürgerin iranischer Abstammung im Frühjahr 2007 keinerlei Probleme, bei der Ausreise schon. Als sie zum Flughafen fahren wollte, wurde sie von einer Meute Unbekannter überfallen – mitten auf der Autobahn. Sowohl ihr amerikanischer als auch ihr iranischer Reisepass wurden ihr dabei geklaut. Im Iran soll man an Zufälle nicht glauben, jedenfalls wurde die Frau am Tag darauf, als sie auf einer Polizeistation um ein neues Reisedokument ansuchte, zufällig verhaftet. Bald wurde sie der Unterminierung der Islamischen Republik, sprich der Spionage, beschuldigt, und zusammen mit weiteren Exil-Iranern, die das Pech hatten, einen amerikanischen Zweitpass zu besitzen, eingesperrt. Fazit der Geschichte: Amerikaner sind im Iran nur bei Straßenräubern beliebt. Bei der Polizei, bei Protestlern, kurz bei der Staatsgewalt sind sie es nicht.

Es kann durchaus vorkommen, dass Amerikaner bei einer harmlosen Party Schwierigkeiten haben, wie es einem anderen Kollegen passierte. Vor Jahren, lange vor Ahmadinedschad und seinen antiamerikanischen Tiraden, hatte er mich zu einer Geburtstagsfeier bei Freunden mitgenommen. Junge Leute und genauso viele Flaschen Whisky standen herum, während aus den Lautsprechern die übliche Rockmusik ertönte. Hey, babe, don't let me down. Oder: Ebony and ivory live together in perfect harmony. Der Gastgeber war ein Beatles-Fan, wie ich ihn selten getroffen hatte. Zu später Stunde, als der Alkohol in Strömen floss, ergab sich aber eine aufgeregte Diskussion über den Westen im Allgemeinen und die Amerikaner im Besonderen. Ein Wort gab das andere. Zuerst wurde über die Fettleibigkeit der Amerikaner geredet, dann über Hollywoodfilme, den Schnitt von Levi's-Jeans, die US-Geschichte und schließlich über die iranisch-amerikanischen Beziehungen im Lauf der Geschichte. Ein heikles Kapitel. Die Stimmung war aufgeheizt, wofür auch der Alkohol verantwortlich zeichnete. Es dauerte nicht lange, da wurde dem Reporter allen Ernstes vorgeworfen, ohne die Amerikaner würden es die Mullahs niemals schaffen, an der Macht zu bleiben. Ja, genauer, die Amerikaner hätten die Revolution angefangen, weil ihnen der Schah zu störrisch geworden war. Sie wollten keinen starken Iran. Zu später Stunde schwor eine Frau bei der Gesundheit ihrer Kinder, sie wisse, Khomeini sei ein US-Agent, jemand, der gut informiert gewesen sei, hätte ihr auf dem Sterbebett so einiges gestanden. Wie das Ganze in Wahrheit abgelaufen sei, wie man den Schah regelrecht im Stich gelassen hätte. Ja, jeder wisse das … Daraufhin wurde mein Bekannter aller Verbrechen dieser Welt beschuldigt, eingeschlossen des Umsturzes von Ministerpräsident Mossadegh, den ich gleich erklären werde. Am Ende wurde zwar dem Gast nicht der totale Krieg erklärt, aber beinahe.

Habe ich bereits erwähnt, dass die Iraner Verschwörungen lieben? Ja, sie sind geradezu begeisterte Anhänger von allen möglichen Konspirationstheorien.

Auch in nüchternem Zustand bringt sie jedoch kaum etwas mehr gegen die USA auf als der Sturz von Mossadegh. Er ist kein Produkt nahöstlicher Fantasie, es gab ihn wirklich. Er fand im Jahr 1953 statt, liegt also ein halbes

Jahrhundert zurück. Verzeihen und vergessen können ihn die Iraner trotzdem nicht, da kann noch so viel Zeit vergehen. Nicht nur jeder Partylöwe, sondern jedes Kind weiß genau über die Umstände des Umsturzes Bescheid. Ganze Seiten sind in Schulbüchern darüber zu lesen. Und wer nicht in die Schule geht, hört es woanders.

Nach allem, was wir heute wissen, wurde dieser Umsturz vom britischen und amerikanischen Geheimdienst in ihren diplomatischen Vertretungen in Teheran mitorganisiert. Ohne die hätte er gar nicht stattfinden können. Obwohl er einen Hang zur Theatralik besaß, war Mossadegh immerhin ein gewählter Vertreter des Parlaments. Seine blumigen Reden waren mehr als beliebt und sein Nationalismus gut bekannt. Eines seiner Lieblingsthemen war die Ausbeutung der Ölquellen durch die Anglo-Iranische Ölgesellschaft, die AIOC, ein Dorn im Auge vieler seiner Mitbürger. Gab es Gewinne, ging das meiste direkt an die Briten, für die Einheimischen blieb wenig übrig. Also machte sich Mossadegh an die Arbeit und verstaatlichte die Ölindustrie seiner Heimat, was den meisten Iranern gefiel. Den Briten und deren Verbündeten, den Amerikanern, jedoch nicht. Die hatten den wirtschaftlichen Schaden, und außerdem vermuteten sie hinter Mossadegh die üblichen Verdächtigen, Kommunisten. An die Mullahs dachte damals niemand, denn die hatten keinerlei, noch keinerlei Bedeutung, muss man sagen. Sie hockten in ihren Koranschulen und kümmerten sich um alles außer um Politik. Mossadegh war der Übeltäter, er war also nicht mehr haltbar.

Der Putsch ging, wie es eben geschehen kann, weniger sang- und klanglos über die Bühne, als die amerikanischen

Agenten geplant hatten. Schließlich floh der Schah nach Unruhen vorübergehend sogar ins Ausland, kehrte dank amerikanischer Intrigen bald wieder als Sieger zurück und befand sich ab diesem Moment fest in der Abhängigkeit der USA. Er war nicht nur keiner, der die eigenen Ölquellen verstaatlichen würde, sondern er ließ sich in allen Fragen gerne vom amerikanischen Präsidenten beraten, was ihm daheim zunehmend übel genommen wurde. Da er selbst unbeliebt war, wurden seine amerikanischen Verbündeten von einer verbitterten Bevölkerung immer negativer gesehen. Sobald der Schah auch nur einen Finger rührte, machten viele Iraner dafür die Vereinigten Staaten verantwortlich. Da Mossadeghs Ende zu einer Art Dolchstoßlegende stilisiert worden ist, muss man bloß einem Iraner gegenüber Mossadegh erwähnen, schon bekommt man eine Lektion in Sachen Nationalismus, verletztem Stolz und, natürlich, Antiamerikanismus serviert.

Inzwischen glaubt jeder, selbst jene, die es besser wissen müssten, die USA hätten den Wunsch und die Macht, das Schicksal des Iran zu kontrollieren. Das führt zu endlosen Debatten auf Partys und sonstigen Gelegenheiten. Versucht einer, die Haltung der USA nur zu erklären, geschweige denn zu verteidigen, wird er als Ewiggestriger abgetan. Oder er wird beschimpft wie mein amerikanischer Kollege. Die Vergangenheit ist im Iran nie weit. Eher das Gegenteil.

Als ob die Affäre Mossadegh nicht reichen würde, folgte nur zwei Jahrzehnte später das nächste Trauma. Nicht lange nach Khomeinis Machtübernahme griff der Irak die Islamische Republik Iran an. Wie nicht anders zu erwarten, stellten sich die USA auf die Seite der Iraker. Sie belieferten sie mit Waffen und allem, was man sonst noch so zum Kriegführen braucht, wie moderne Satellitenaufnahmen von den Stellungen der Iraner. Da Khomeini bei diversen Gelegenheiten beinahe jedes einzelne Land im Westen beschimpft hatte, hatten andere Regierungen ebenfalls genug von der Islamischen Republik. Während die nicht mehr wusste, wie sie sich verteidigen sollte, schwamm Saddam Hussein nur so im Kriegsmaterial. Dagegen genügten Märtyrerkommandos längst nicht. Irans Kampfflieger und Kanonen, in der Schah-Zeit in Massen in den USA gekauft, hatten bald keine Ersatzteile mehr. Woher aber nehmen, wenn die Amerikaner einem nichts liefern wollten? Ihre Revolution sollte, daran bestand bei den Mullahs kein Zweifel, so in die Knie gezwungen werden. Man wollte sie aushungern. Sie dürften nicht überleben, komme was wolle.

Seit der Revolution geht das so in einem fort, am schlimmsten zwischen Iranern und Amerikanern. Man schenkt sich einander nichts, zumal die USA mit den Revolutionären ebenfalls noch eine offene Rechnung zu begleichen haben. Die Vorgeschichte ist schnell erklärt: In den Monaten nach der Revolution war deren Botschaft in Teheran gestürmt und das Personal als Geiseln genommen worden. Mit verbundenen Augen hatte man sie den TV-Kameras aus aller Welt präsentiert, also kein angenehmer Anblick für den amerikanischen Präsidenten, den mächtigsten Mann der Welt. Ursprünglich wurde die Geiselnahme als Druckmittel für die Auslieferung des ins Exil geflüchteten Schahs verwendet. »Wenn sie uns diesen Kriminellen nicht übergeben, werden wir alles tun, was not-

wendig ist«, hatte Khomeinis Sohn den Kidnappern zuge-
rufen. Damit war klar, dass sein Vater dahinterstand und
eine lange Staatsaffäre nicht mehr zu vermeiden war.

In deren Verlauf folgte Erniedrigung auf Erniedrigung,
diesmal jedoch für die Amerikaner. In einer Nacht-und-
Nebel-Aktion wollten US-Spezialkommandos die Geiseln befreien, was kläglich misslang. Ein überraschender
Sandsturm war ihnen dazwischengekommen, und die
ganze Aktion verkam zu einer traurigen Lachnummer. In
den Augen Teherans hatte niemand anderer als Allah
den Wetterumschwung veranlasst und damit seine Sympathien für die Mullahs gezeigt wie selten zuvor.

Die Religiösen waren entzückt. Sie sahen die Stunde
der Rache nahe. Lange war der Iran von der Großmacht
erniedrigt worden. Jetzt hatte sich das Blatt gewendet,
glaubten sie zumindest.

Die Amerikaner schauten keineswegs tatenlos zu, als
in den Straßen von Teheran nach der missglückten Befreiungsaktion aus Tausenden Kehlen gejubelt wurde. Es
dauerte nicht lange, da waren einige ausländische Konten des Iran in Milliardenhöhe gesperrt.

Folglich hatten die Mullahs das Nachsehen. Sie kamen
an das Geld nicht heran. Und um dem Regime zu zeigen, was es heißt, Staatsbürger einer Großmacht als Geiseln zu nehmen, ließ der amerikanische Präsident einen
Waffen- und Wirtschaftsboykott gegen die Islamische
Republik verhängen. Was besonders schmerzlich war,
weil ja Krieg gegen Saddam Hussein herrschte und die
Mullahs nicht wussten, wie sie sich verteidigen sollten.
Zumal ja der Schah nur amerikanische Produkte hinterlassen hatte, für die brauchte man logischerweise ameri-

kanische Ersatzteile. Der Ordnung halber sei gesagt: Es dauerte nicht lange, da lieferten alle möglichen obskuren Waffenhändler aus aller Welt den kriegführenden Mullahs beinahe alles, was ihr Herz begehrte.

Die US-Diplomaten kamen ein Jahr später frei. Die Konten sind noch immer blockiert, obwohl die Iraner keinen Tag verstreichen lassen, ohne darauf zu pochen, das Geld gehöre ihnen, samt Zinsen, versteht sich. Bisher war alles Bitten und Betteln erfolglos.

Genauso stur halten die Amerikaner an den Sanktionen fest. Ein Computer, ja selbst ein Bleistift, der in den USA produziert wurde, kann nur unter Strafe in den Iran exportiert werden. Das geht so weit, dass europäische Firmen, die mit dem Iran und mit den USA gleichzeitig Handel betreiben, riskieren, in Amerika auf einer schwarzen Liste zu landen. Wehe, jemand beliefert den Iran, der ist bei den Amerikanern unten durch. Demütigungen sind eben für alle Seiten eine todernste Sache.

Im iranischen Alltag haben die US-Sanktionen furchterregende Folgen: So fliegt die staatliche Fluglinie Iran Air heute noch mit Boeing-Maschinen aus der Schah-Zeit. Viele sind es ohnehin nicht mehr. Dass die Kabinen nicht mehr ganz frisch aussehen, muss einen nicht unbedingt in Angst versetzen. Was aber ist mit den Turbinen oder technischen Ersatzteilen, viel wichtiger für einen sicheren Flug? Diese Frage will niemand so richtig beantworten. Man munkelt, Ersatzteile würden in Eigenregie nachgebaut. Den Rest besorgen Schmuggler, auf die man sich bekanntlich nicht immer verlassen kann.

Folglich bin ich nicht die Einzige, die sich mit einem fahlen Gefühl im Magen in eine iranische Maschine setzt. Beim kleinsten ungewöhnlichen Geräusch bin ich sicher, mein letztes Stündlein habe geschlagen. Nach jeder Landung steige ich mit neuer Lebenslust aus, obwohl ich mich frage, wen ich verwünschen soll, die Amerikaner, die Iraner, oder gleich beide?

Sanktionen haben ohne Zweifel viele Nachteile. Sie ruinieren ein Land. Und die Zeche bezahlen immer die einfachen Leute. Sie können sich zum Beispiel keine amerikanischen Waschmaschinen kaufen, nur südkoreanische oder chinesische, und die sind bekannterweise von schlechter Qualität. Familien haben also das Nachsehen.

Die positive Seite der Sanktionen ist: Man kann damit Politik machen. Opfer spielen. Wie sonst könnte das Regime den Iranern erklären, dass man längst zu den Führungsnationen der Welt gehören würde, wenn es nur diese Sanktionen nicht gäbe! Oder jeder würde einen Mercedes fahren, was er jetzt nicht kann, weil der Import von Luxuswagen viel zu kostspielig sei! Jammerschade, aber die Islamische Republik müsse ihr Geld für andere Dinge ausgeben, Krankenhäuser, vielleicht auch die eine oder andere Atombombe, um eben gerüstet zu sein für den Kampf gegen einen starken Feind! Man werde ja unentwegt bedroht, sanktioniert und was weiß ich noch alles …

Übermächtige Feinde kommen genauso gelegen wie Sanktionen. Im Iran geht das so weit, dass viele beinahe stolz sind, dass die USA mit ihnen ein Hühnchen zu rupfen haben. Amerika, stellen Sie sich das vor, niemand Geringerer als eine Supermacht! Beinahe scheinen die Iraner den Amerikanern großzügig zu verzeihen, dass sie ihr Feind sind. Macht ja nichts, scheinen sie zu denken, schließlich und endlich haben wir ein paar Tausend Jahre Zivilisation hinter uns, da nimmt man ein paar Kleinigkeiten wie eure Drohungen nicht so ernst. Ihr werdet es schon noch lernen. Ihr seid ein junges Land, knapp zwei Jahrhunderte alt. Was ist das schon im Vergleich zum alten persischen Reich?

Nebenbei bemerkt hat der Iran tatsächlich eine lange Geschichte, Mitte des 20. Jahrhunderts war er jedoch nur eines der ärmsten Länder, zu einem Zeitpunkt, als die Vereinigten Staaten auf dem Weg nach ganz oben waren. Von der heutigen Lage ganz zu schweigen. Da gibt es wenig Grundlage, stolz zu sein, sieht man einmal von den religiösen Errungenschaften ab.

Daran ändert auch eine Ausstellung über die amerikanischen Missetaten in der ehemaligen US-Botschaft an der Kreuzung der Taleqani- und Mofatteh-Straße nichts, eben die, wo man die Diplomaten als Geiseln genommen hatte. Die Erstürmung der Botschaft war keine besondere Heldentat, weil das amerikanische Personal alles andere erwartet hatte, als dass iranische Studenten so mir nichts dir nichts die internationalen Regeln der Diplomatie brechen und eine Botschaft stürmen würden. Wenn einem wirklich langweilig ist, kann man dieses Haus besichtigen und wird von waschechten Revolutionswächtern durch das Gebäude geführt. Noch bevor man es betritt, muss man an einem wackeligen US-Hubschrauber vorbei, einem von denen, die bei der Befreiungsaktion von Allah persönlich unschädlich gemacht worden waren. Poster und revolutionäre Kunst begleitet einen den Rest der Dauerausstellung, bis man feierlich in einen Raum mit den Abhöranlagen der Amerikaner geführt wird. Das sind die Prunkstücke. Als wären es Kronjuwelen, zeigte mir mein Führer jeden einzelnen Apparat. Ich war nicht sehr beeindruckt. Das Zeug schien sogar für die damalige Zeit ziemlich veraltet. Die Revolution verzichtete auf ihren Gebrauch.

Trotzdem: Mit niemandem auf der Welt fühlen sich Iraner gleichwertiger als mit den Amerikanern. Ich möchte jetzt nicht behaupten, dass sie nichts anderes im Kopf hätten, aber so ganz falsch wäre es nicht. Die Iraner messen sich an den Amis. Keine Gelegenheit wird verpasst, um über sie zu reden. Nehme ich ein Taxi, kann ich sicher sein, dass der Fahrer sofort wissen möchte, woher ich komme. Erwidere ich, nicht aus Amerika, macht sich bemerkbare Enttäuschung breit. Na ja, Deutschland, Österreich, was auch immer. Nicht zu vergleichen mit dem Gringo-Weltreich! Unbeirrbare Taxifahrer legen mir daraufhin trotzdem mithilfe ihrer spärlichen Englischkenntnisse die Hintergründe der Politik des Weißen Hauses dar. Was da getan werden müsse und was nicht. Stecken wir im Stau fest, sodass ich nicht entwischen kann, werden mir die angeblichen Depressionen der First Lady erklärt, die Lage im Nachbarland Irak, und am Ende werde ich, trotz meiner falschen Staatsbürgerschaft, noch schnell gefragt: »Sie kennen nicht zufällig jemanden, der meinen Sohn nach Amerika einladen könnte?«

Ich will natürlich lieber wissen, was denn mit dem eigenen, dem iranischen Staatsoberhaupt los sei. Taxifahrer mit Erfahrung schweigen da gerne, nicht nur aus purer Höflichkeit.

Auf Partys hingegen wird, zwischen zwei Streitgesprächen, über die US-Kultur gefachsimpelt, ob über

Videoclips oder Filme ist egal, jedenfalls hat man nicht den Eindruck, in einem Gottesstaat zu sein. Selbst Amerika-Hassern wie der Familie meines Übersetzers Daud würde es nicht im Schlaf einfallen, einen Gedanken an die Chinesen oder Inder zu verschwenden. Vor ihrem Fernsehapparat sitzend gehen sie mit einem gewissen Stolz davon aus, dass der nächste Krieg gegen die Islamische Republik geführt werden wird. Wenn nicht, wäre das beinahe eine bodenlose Frechheit, so klingen ihre Kommentare jedenfalls während der Nachrichten.

Irans Politiker sind nicht anders gewickelt: Bei jeder Gelegenheit schimpfen sie auf die Amis, hätten sie jedoch eine Einladung zum Abendessen ins Weiße Haus, würden sie alles stehen und liegen lassen. Und nicht nur das: Strecken die Amerikaner nur den kleinen Finger aus, werden alle anderen beiseitegeschoben, voller Hoffnung auf ein Treffen mit den Amis, klagen jedenfalls europäische Diplomaten in Teheran. Die müssen sich hinten anstellen.

Iraner und Amerikaner hassen und lieben sich, enttäuschten Liebhabern gleich. Immer ist der andere schuld. Stets hat der andere mit dem Streit angefangen. Dabei sei man doch bereit, einiges zu schlucken, aber so … Das geht so weit, dass die Erklärung des amerikanischen Präsidenten, der Iran sei eine Art Schurkenstaat, gehöre hiermit zur »Achse des Bösen«, in Teheran nur Schulterzucken hervorgerufen hat. Einige wenige waren sogar stolz darauf, »Achse des Bösen«, wie das schon klingt, als wäre man ein mächtiger, hochgefährlicher Staat, mit dem nicht gut Kirschen essen ist! Solange man nicht ganz in Vergessenheit gerät, ist man nicht unzufrieden.

Und auch das gehört zum Alltag: Während die Vorprediger beim Freitagsgebet in Teheran gegen den »Großen Satan«, einer der vielen Spitznamen für die USA, hetzen, pilgern zur gleichen Zeit, gegen 13 Uhr, Tausende Elternpaare samt Kinderschar zum nächsten Schnellimbiss, um sich mit Hamburgern, Pommes frites und sonstigem verpöntem Essen vollzustopfen. Ich weiß das, weil ich genau dasselbe tue.

Mehr noch: Am Tag der Terroranschläge in den USA, am 11. September 2001, versammelten sich in der Hauptstadt der Islamischen Republik Iran spontan Dutzende junge Leute, zündeten Kerzen an und gedachten der Opfer. Sie trauerten um Leute, die sie nicht kannten. Die wenigsten von ihnen hatten jemals Amerika besucht. Vorbeigehende nicken ihnen zu, als würde sie sagen, zeigt der Welt, dass wir niemanden hassen, schon gar nicht die Amis, jedenfalls nicht in einem fort.

Laut der offiziellen Politik waren und sind sie aber die Todfeinde der Iraner. Die Bevölkerung sollte sie verachten, nicht herumweinen, wenn ein paar Tausend von ihnen ums Leben kommen. Aber in keiner anderen moslemischen Stadt wurde eine solche Zeremonie abgehalten, nur im Zentrum von Teheran. Bald wurden die Teilnehmer der Kundgebung jedoch, wie sollte es anders sein, von Sicherheitskräften auseinandergetrieben. Wahrscheinlich, weil sie keine Genehmigung hatten …

IRAN - USA, FÜR IMMER BÖSE?

Im Lauf der vergangenen Jahre gab es mehrere gescheiterte Versuche zwischen den USA und der Islamischen Republik, sich anzunähern. Seit der Revolution gibt es keine diplomatischen Beziehungen, hinter den Kulissen wurden jedoch andere Formen der Zusammenarbeit fortgesetzt. So belieferte die US-Regierung während des Iran-Irak-Kriegs die Mullahs halboffiziell mit Waffen. Diese illegale Politik, vorbei am US-Kongress, führte zum sogenannten Irangate, ein Skandal, der von einem Untersuchungsausschuss offengelegt wurde.

Unter US-Präsident Clinton, als in Teheran Reformerpräsident Mohammed Khatami an der Macht war, wurden die Töne gemäßigter. Khatamis Erfindung, »der Dialog der Zivilisationen«, und nicht der oft zitierte »Clash der Zivilisationen« sollte dafür die Basis sein. Wobei die Iraner schon davon träumten, die USA würden die seit dem Schah-Sturz eingefrorenen Konten öffnen, immerhin ein paar Milliarden Dollar. Zugleich wollte Teheran wirtschaftliche Zusammenarbeit. Außer die Genehmigung, Pistazien in die USA zu exportieren, erreichte Khatami nichts, was in Teheran mit Enttäuschung oder Gelächter erzählt wird, je nach Gesinnung.

1998 sprach man schon von »Fußball-Diplomatie«, als bei der Fußball-WM eine amerikanische und eine iranische Fußballmannschaft zusammentrafen. Wieder wurde nichts daraus.

Nach den September-Anschlägen in den USA 2001 und dem darauffolgenden Krieg gegen das Taliban-Regime in Afghanistan sah es erneut nach politischem Tauwetter aus: Studenten hielten in Teheran eine Gedenkfeier für die Terroropfer ab, Zeichen für die doch große proamerikanische Stimmung unter Irans Jugend.

Zusätzlich waren sowohl die USA als die Islamische Republik Gegner der Taliban. Die Iraner näherten sich an Washington an, angeblich wurde sogar im Mai 2003 ein geheimer Vorschlag an Präsident Bush gesandt, die Beziehungen zu normalisieren. Hardliner in der US-Administration sollen ihn abgelehnt haben.

Andererseits behaupteten zwar die Iraner, sie würden die Terrorgruppe Al Qaida bekämpfen, der eine oder andere Kämpfer hat aber im Iran Zuflucht gefunden.

Diese doppelte Politik entspricht den iranischen Realitäten. Wollen die Gemäßigten den Amerikanern die Hand reichen, versuchen es die Radikalen zu hintertreiben.

Der Sturz des Saddam-Regimes, eines anderen Feindes der Islamischen Republik, im Anschluss an die Irak-Invasion im März 2003, kommt Teheran nicht ungelegen. Bald beginnen die USA, den Iranern Einmischung in die inneren Angelegenheiten des neuen Irak vorzuhalten, was Teheran abstreitet. Es sieht in diesen Vorwürfen nichts als eine Ausrede für die gescheiterte amerikanische Politik im Nachbarland.

Auch eine vorsichtige Annäherung nach dem Erdbeben in der Stadt Bam, genannt Erdbeben-Diplomatie, im Dezember 2003, verläuft im Sand. Die USA hatten medizinische Hilfe gesandt. Dabei blieb es.

Wegen der Atomfrage haben sich die Fronten zwischen den USA und der Islamischen Republik wieder verhärtet. Präsident Ahmadinedschad hat mit seinen flammenden Reden einen guten Teil dazu beigetragen.

Kapitel 11

Happy Weekend!

»Was sollte sie mit ihrem Leben anstellen? Sie glaubte nicht an Politik und wollte nicht heiraten, aber sie war neugierig auf die Liebe. (...) Ihr ganzes Leben lang war sie beschützt worden, immer wurde sie überwacht, nie hatte sie eine Ecke für sich, wo sie nachdenken konnte. Nie durfte sie allein einen jungen Mann treffen. Ihre Familie schrieb ihr nicht nur vor, wie sie sich in Gegenwart von Männern zu benehmen hatte, sondern glaubte offenbar, ihr auch vorschreiben zu können, was sie für diese Männer empfinden sollte.«

AUS AZAR NAFISI: LOLITA LESEN IN TEHERAN,
MÜNCHEN 2005

Gestern hat mich meine schon mehrmals erwähnte Freundin Shala versetzt. Gestern war Freitag. Da ist wenig los in Teheran, sieht man einmal von dem Auflauf beim Freitagsgebet und dem Besuch in einem Restaurant à la McDonald's ab. Da ich schlecht den ganzen Tag in einer Imbissstube herumhängen kann, hatten Shala und ich ursprünglich beschlossen, wir würden endlich diese Ausstellung besuchen. Wir hatten es uns bereits vor einer Woche vorgenommen, aber Shala konnte in allerletzter Minute doch nicht. Die Ausstellung ist nicht irgendeine, sondern im Museum für Zeitgenössische Kunst in Teheran, einem ultramodernen Bau, wird erstmals die Kollektion des gestürzten Schahs gezeigt. Ein besonderer Kunstgenuss, bedenkt man, dass die Sammlung seit über drei Jahrzehnten in Verliesen vor sich hin moderte, weil die Mullahs moderne Kunst für dekadent halten. Daher durfte sie in der Islamischen Republik nicht gezeigt werden, zumindest bis jetzt nicht. Immerhin waren die rund 100 Bilder, vom Schah bei seiner Flucht zurückgelassen, nicht verkauft oder gar zerstört worden, was ja denkbar gewesen wäre. Nun sollte die Öffentlichkeit sie sehen. Ein Bild nach dem anderen wurde aus den Kellern hervorgeholt. Damit nichts Unsittliches darunter wäre, was bei Kunst im Allgemeinen ohne Weiteres möglich ist, wurden die Werke unter den wachsamen Augen eines islamischen Geistlichen aufgehängt. Alles schien in Ordnung zu sein, nichts war dem Zensor aufgefallen. Kam der Tag der Eröffnung. Erst da bemerkte der verantwortliche Mullah ein Gemälde des Briten Francis Bacon. Man brauchte zwar eine Weile, um es zu erkennen, aber darauf waren eindeutig die Umrisse eines nackten männlichen Torsos zu sehen. Es dauerte nicht lange, da war die Wand wieder weiß, und das Bild auf Nimmerwiedersehen verschwunden.

Zu dieser Ausstellung wollten wir. Dass ein Bild fehlte, war uns einerlei. Daraufhin hatten wir jedoch herausgefunden, das Museum sei am islamischen Wochenende, also donnerstags und freitags, geschlossen. Shala, niemals verlegen um eine neue Idee, hatte vorgeschlagen, wir sollten uns zu einem Tee in der Wohnung ihrer Mutter treffen. Wie viele Frauen in Teheran wohnt sie bei ihrer Mutter. Das ist bequem und billig. Bequem deshalb, weil ihr die Putzfrau alle Kleider wäscht und bügelt, im Grunde keine besonders schwierige Arbeit, Mäntel, lange Hosen und Kopftücher. Wie ich schon sagte, besitzt Shala viele Kopfbedeckungen. Sie braucht sie, weil sie arbeitet, also oft draußen ist. Arbeiten ist dabei ein hehres Wort. In Wahrheit jobbt sie hin und wieder. Zeitweise hilft sie in einem Immobilienbüro aus, die Woche darauf führt sie die Boutique einer Freundin, zufrieden ist sie jedoch nie. Denn sie fühlt sich unterbezahlt, was erklärt, warum sie als beinahe 40-Jährige sich keine eigene Wohnung leisten kann und noch bei der Mutter lebt. Ihre Eltern sind seit Langem geschieden, der Vater hat eine neue Frau. Weil die Mutter sich in der Wohnung alleine fühlt, kommt die Situation beiden entgegen.

Aus dem Teetrinken im mütterlichen Appartement wurde nichts. Kurz vor unserer Verabredung hatte Shala einen Anruf ihrer Busenfreundin erhalten. Schluchzend erzählte die, sie sei so einsam, dass sie sich wahrscheinlich umbringen würde, falls Shala nicht augenblicklich auftauche. Shala eilte zu Leila. Mich anzurufen vergaß sie hingegen. Darum saß ich stundenlang in meinem Hotelzimmer und wartete, ohne zu wissen warum, bis sich Leila beruhigt hatte. Das war erst gegen vier Uhr früh, zu spät, um irgendetwas zu unternehmen. Zum Glück meldete sich Shala nicht mitten in der Nacht, sondern erst am nächsten Morgen, um mir mitzuteilen, es würde ihr leidtun, sie hätte die Zeit völlig vergessen. So oder so hätte sie Leila nicht allein lassen können. Wir würden bei Gelegenheit sowohl den Museumsbesuch als auch einen Nachmittagstee nachholen. Heute habe ich die Ausstellung mit meinem Kameramann besucht, weil Shala bei einer anderen Freundin Psychiater spielen musste.

Wie Leila sind alle Freundinnen von Shala, mit einer Ausnahme, geschieden. Diese Ausnahme ist eine Frau circa um die 30. Sie ist nicht unhübsch. Sie arbeitet als Sekretärin in einer ausländischen Firma. Sobald sie aus der Tür ist, besucht ihr Mann seine Liebhaberin. Weil er nicht genug verdient, will er sich nicht scheiden lassen. Nach islamischem Gesetz muss der Ehefrau nach der Scheidung eine Art Unterhalt gezahlt werden. Bis man sich auf einen akzeptablen Betrag geeinigt hat, werden die beiden verheiratet bleiben, aber die Ehe ist, wie man vermuten kann, nicht die beste.

Bei Leila ist die Lage anders. Dreimal war sie bereits unter der Haube. Immer mit dem Falschen, gesteht sie freimütig. Ihre letzte Scheidung liegt nur wenige Wochen zurück. Nachdem ihr dritter Mann ausgezogen war, war sie eine Stunde lang erleichtert, bevor sie in eine tiefe Depression stürzte. Deshalb der Anruf bei Shala. Was die mir im Nachhinein über die arme Leila erzählte, waren die üblichen Klagen der Frauen in Teheran. Leila hatte sich unter Tränen selbst prophezeit, sie würde niemals einen anständigen Partner finden, wo denn auch? Außerdem sei sie nicht mehr die Jüngste!

Eine andere geschiedene Freundin ist hingegen durchaus zufrieden. Sie hat einen interessanteren Job als Shala, nämlich in einem Reisebüro, erzieht ihre beiden Kinder alleine und lässt sich nicht unterkriegen: »Was halten Sie eigentlich vom Kopftuch?«, fragt sie mich und verzieht das Gesicht, ohne meine Antwort abzuwarten.

Falls Shala und ihre Freundinnen sich am Wochenende nicht gegenseitig beklagen oder trösten müssen, gehen sie zu wohltätigen Veranstaltungen. Die sind nicht mehr als ein vorgeschobener Grund, um neue Menschen zu treffen. Genauso gut könnte man sagen, um Mitglieder des anderen Geschlechts kennenzulernen. Solche Treffen müssen gut organisiert werden. Sie fallen am wenigsten auf, wenn man sich in einer Menge befindet, wie eben bei Treffen zu karitativen Zwecken. Diskretion ist Pflicht. Einen Mann auf der Straße oder in einem Restaurant anzusprechen, gehört sich nicht. Da sind gleich die Sittenwärter zur Stelle. Im kleinen Kreis wie bei Familienfesten trifft man meistens nur solche, die man ohnehin schon seit einer Ewigkeit, wenn nicht sogar seit seiner Geburt kennt. Uninteressant also. Da kann man genauso gut alleine daheimsitzen. Humanitäre Angelegenheiten sind daher das einzig Richtige für einsame Herzen in Teheran. Sie sind beliebt bei Jung und Alt.

Wie Shala, Leila und die anderen bindet man sich dafür das feinste Kopftuch um, lässt die jeweiligen Kinder sicherheitshalber zu Hause und trifft einander in Waisenhäusern, wo für die eine oder andere Sache gesammelt wird. Das Kinderheim für Behinderte, in das sie mich vor Kurzem mitnahmen, liegt in einem guten Bezirk in einem weitläufigen Garten, mit Einrichtungen, um die man ein solches Heim auch bei uns beneiden würde. Trotzdem hatte eine Gruppe von Damen, weitere Freundinnen von Shala, beschlossen, eine Tombola zu organisieren. Mit dem Erlös sollte in einem Nebentrakt ein Schwimmbad gebaut werden, nichts Großes, nur damit die Kinder sich im Sommer abkühlen können. Keine schlechte Idee also. Als wir gegen zwei Uhr eintrafen, standen im Haus und im Garten Stände, vollgepackt mit Schlüsselanhängern, selbst gebastelten Vasen, CDs mit klassischer iranischer Musik. Und, nicht überraschend, mit Kopftüchern in allen Farben und Formen. Während wir uns durch die Menge quetschten und das eine oder andere erstanden, trafen wir alle möglichen Bekannten von Shala und wechselten ein paar Worte mit ihnen, bis wir uns schließlich in einem Zelt mit selbst gemachten Kuchen stärkten. Da saßen wir also, fünf Frauen um einen Tisch herum. Leila in Scheidung lebend, ganz in Schwarz, weil sie fand, die Farbe stehe ihr und würde ihre Chancen auf einen vierten Ehemann erhöhen. Shala, immer fröhlich, redete über ihr Lieblingsthema, Männer. Denen, meinte eine der Frauen mit einem bedeutungsvollen Blick in meine Richtung, würde die Islamische Republik ganz gut passen, schließlich würden sie besser dastehen als jede Frau. Vor jedem Richter würde ihre Aussage doppelt so viel gelten, bestimmte Ämter wie das eines Richters dürften nur sie besetzen und so weiter und so fort. Woraufhin eine andere einwarf, das würde sie alles schlucken, solange sie nur einen Ehemann mit einem festen Job bekäme, könne der ihretwegen der Präsident der Islamischen Republik sein, sie hätte nichts dagegen. Allgemeines Gelächter folgte.

HOCHZEIT AUF ZEIT

Laut einer schiitischen Tradition können Mann und Frau zeitweise, nur ein paar Stunden lang, verheiratet sein. Diese »Hochzeit auf Zeit« wird im Persischen »Sighe« genannt. Beim Heiratsvertrag kann es zu einer formalen Mitgift kommen, die Trauung kann jedoch genauso völlig informell ablaufen. Je nach Wunsch trennt man sich bald wieder in aller Freundschaft.

Seit der Gründung der Islamischen Republik ist um die »Hochzeit auf Zeit« zwischen den Mullahs ein Streit im Gange. Konservative sind dagegen, sie sehen darin eine Ermutigung zur Prostitution. Die ist im Iran offiziell verboten, wie so manches gibt es sie trotzdem.

Befürworter der »Hochzeit auf Zeit« meinen, damit könnte der Jugend (die Hälfte der iranischen Bevölkerung ist unter 30) geholfen werden. Außereheliche Beziehungen sind ja verboten, Hochzeiten sind wegen des Brauchs der Mitgift teuer. Also wären Hochzeiten von begrenzter Dauer die ideale Lösung.

Sind die Frauen konservativ, hindert sie ihre Erziehung an solchen Plaudereien. Männer sind kein Thema, sondern es geht darum, wie man am besten eine gute Hausfrau wird und warum die Nachbarin es niemals sein wird! Jede von Shalas Freundinnen hat solche Verwandten, eben Frauen vom Land, wo die Zeit stehen geblieben ist, was den Mullahs ganz recht ist. Die meisten Familien sind gemischt, da gibt es strenge Väter und großzügige Onkel, Nichten, die studieren, und solche, die längst wissen, mit 17 werden sie einen Cousin heiraten, außer es geht die Welt unter.

Ich kenne eine junge moderne Iranerin. Seit Jahren studiert sie im Ausland. Weil Familienbande im Iran zählen, besucht sie ihre Onkel und Tanten von Zeit zu Zeit. Selbst beim Kochen in der Küche sind ihre Tanten fest in ihren Tschador gehüllt.

Es dauerte nicht lange, dann verschwand Leila. Nicht viel später tauchte sie mit einem neu erstandenen Kopftuch in Fliederblau auf, woraufhin alle unisono meinten, jetzt sei sie viel verführerischer als mit dem schwarzen. Kein Mann würde ihr widerstehen können. Helle Farben stünden ihr viel besser, dunkle Farben seien was für ganz Junge, und selbst da!

Was der reiferen Generation die Wohltätigkeitsveranstaltungen sind, sind den Jüngeren die Feste. Die ziehen die Mädchen in Nordteheran bei Weitem vor. Sind sie hingegen fromm wie viele in Südteheran oder in den Provinzstädten, feiern sie nicht mit wildfremden Männern, sondern fahren zur Wallfahrt in die Stadt Mershad oder nach Jamkaram. Da lernen sie andere leichter kennen als in ihren Vierteln. Bei gemeinsamen Gebeten kommt man sich näher.

Je nachdem, wie man es nimmt, haben es junge Iranerinnen leichter. Ich sage absichtlich je nachdem, weil junge Frauen eher riskieren, verhaftet zu werden als ältere. Sobald sie sich mit einem Hauch von Lippenstift draußen zeigen, sind die »Fatim-Kommandos« zur Stelle. Und nur weil man Lust auf etwas hat, was im Rest der Welt eine ziemlich normale Angelegenheit ist. Einen jungen Mann beeindrucken. Mit ihm ausgehen. Blödsinn reden. Ohne dass Eltern, Verwandte oder gar die Polizei mithören.

Bleibt noch als Alternative ein Rendezvous mit einem Fremden, das sogenannte Blind Date. Und das geht so: Man bombardiert alle möglichen und unmöglichen Handynummern mit SMS-Nachrichten, in der Hoffnung, irgendjemand werde schon antworten. Eine ziemliche coole Methode des Aufreißens. Unverbindlich insofern, als man zum Beispiel losschickt: »Wer bist du? – Who are you?« oder noch einfacher »Who r u?« Man weiß zwar selten, wen man erreicht, geht aber insofern auf Nummer sicher, als die Polizei dies nicht als Straftat verfolgt, diese Mühe machen sich nicht einmal iranische Sittenwächter!

Jeder Handybesitzer im Iran bekommt des Öfteren solche verschlüsselten Nachrichten, wobei ein junger Ausländer, Freund eines meiner Bekannten, auf diese simple Weise beinahe jede Woche eine neue Freundin an Land zieht.

Wurden früher noch die meisten Ehen von der Familie organisiert, suchen sich die jungen Iraner und Iranerinnen heute ihre Ehepartner selbst aus – sogar in konservativen Familien wie der unseres Übersetzers. Wie er seine Frau kennengelernt habe, wollte ich von Daud wissen. Ganz einfach, erwiderte er, per Internet. Ein paar Monate lang hatte er mit seiner zukünftigen Frau gechattet, daraufhin sie durch einen reinen Zufall auf dem Flughafen getroffen, behauptet er zumindest. Ein Jahr später waren sie verheiratet. Seine Familie gab ihm den Segen, obwohl sie es wahrscheinlich lieber gesehen hätte, er hätte eine entfernte Kusine geehelicht, wie das eben früher Brauch war. Laut Daud werden Beziehungen via Internet öfters begonnen, was nicht heißt, dass aus allen Ehen entstehen, dazu wären iranische Eltern viel zu misstrauisch. Ehefrauen aus dem Internet könnten einfach nichts Anständiges sein, hieße es in vielen Familien.

Zumindest geheiratet muss werden in der Islamischen Republik. Daran führt kein Weg vorbei. In wilder Ehe zu leben wird auf Dauer genauso wenig toleriert wie schlecht sitzende Kopftücher. Für die Frommen werden Massenhochzeiten organisiert, wo Bräute im weißen Tschador gerührt in Reihen neben ihren zukünftigen Ehemännern stehen. Und da der schiitische Glaube Rücksicht auf die Unzulänglichkeiten des Menschen nimmt, erlaubt er die Schließung von zeitlich begrenzten Ehen. Treffen einander Mann und Frau, können sie sich für eine Stunde vermählen und in einem Hotelzimmer diese kurze Zeit in vollen Zügen genießen, bevor sie wieder voneinander scheiden, als wäre nichts Besonderes gewesen. Bei uns würde man das unter dem Kapitel Prostitution einreihen, in der Islamischen Republik aber nicht. So praktisch kann Religion sein.

Shala und ihre Freundinnen sind weder zeitweise noch sonst wie verheiratet. Das ist ärgerlich, zu ändern ist es nicht. Damit finden Frauen sich inzwischen ab, wie mit dem Wetter oder den Besonderheiten hier. Selbstverständlich gefällt es ihnen nicht, auszusehen wie Nonnen, aber warum sich darüber aufregen, wenn man es ohnehin nicht ändern kann? Warum mit dem Schädel gegen die Wand rennen, warum denn, wenn es auch anders geht?

Am besten schützt man sich, indem man den Kopf einzieht, sich höchstens mit ein paar Witzen seinen Unmut von der Seele redet, sonst wird man ja noch verrückt, so hämmert die Propaganda des Regimes unentwegt auf einen ein. Wird nicht gerade der Große Satan oder ein gewiefter Revolutionsfeind bekämpft, fördert man lautstark Moral, Märtyrer und sonstige Helden. Nirgends hat man eine Minute Ruhe vor dem einen oder dem anderen, um wenigstens zu verschnaufen. Nein, selbst das kleinste Lächeln am falschen Ort, eine unbedachte Geste kann einen verraten, als Beleidigung der Islamischen Republik interpretiert werden. Alles ist verboten, was nicht ausdrücklich erlaubt ist.

Selbst ich bin nach manchen Drehtagen von der dumpfen Atmosphäre erschöpft. Da will ich kein Kopftuch mehr sehen, keine Poster mehr an den Häuserwänden und auf keinen Fall einem »Fatim-Kommando« in die Hände geraten. Mir ist nach nichts mehr zumute, als im Hotelzimmer zu hocken. In meinen eigenen vier Wänden sozusagen. Wo ich mich anziehen kann, wie ich will. Mit der Zeit vergesse ich sogar die Existenz der Wanzen. Hält man unter der Dusche seinen Mund, konnten die Abhörgeräte ohnehin nichts aufnehmen.

Freitage sind lang und öde. Klar kann man Sport machen. Sich fit halten ist gar nicht so schwer in Teheran, wie man denken würde. Von Schwimmen über Joggen bis Fechten ist alles Mögliche erlaubt und selbst der iranische Nationalsport Fußball ist nicht nur Männern vorbehalten, obwohl man die Ausbreitung unter Irans weiblicher Jugend nicht übertreiben will. Mädchen spielen Fußball auf abgesonderten Plätzen, verhüllt, mit Kopftuch und dementsprechend schwitzend. Immer noch gehen die Herren der Schöpfung zu Tausenden ins Azadi-Stadion, während Frauen nicht einmal als Zuschauer zugelassen werden. Keine darf hinein. Da kann ich betteln und bitten wie ich will, nichts kann das Herz der Ordnungshüter erweichen. Zwei Stunden lang stand ich während eines Matches an der Polizeisperre vor dem Tribünenaufgang. Mein Team filmte inzwischen drinnen.

Immerhin, in Nordteheran kann man als Frau Golf spielen. Der Club ist nicht so schlecht. Alle Clubs oder Sportplätze haben verschiedene Öffnungszeiten für Frauen und Männer, wobei die meisten ohnehin getrennt sind, wie ein Fitnessclub auf der Africa Street, im ersten Stock eines Wohnhauses, etwas schwer zu finden.

Aus reiner Neugierde bin ich im vergangenen Winter einmal hin. Um für den nächsten Freitag zu planen, an dem man in Teheran rein gar nichts tun kann. Was sie denn so anzubieten hätte, fragte ich die Besitzerin. Sie sprach perfekt Deutsch. Sie war halb Russin, halb Deutsche. Mit einem Iraner verheiratet, hatte es sie nach Teheran verschlagen. Ihre Angebote waren nicht schlecht, die Preise erträglich. Eine Stunde auf dem Laufband kostete, wenn ich mich nicht irre, nicht mehr als zwei Euro.

Also probierte ich eine Zeit lang alles aus, während die Frau für andere Kundinnen daneben einen Aerobic-Kurs abhielt. One two, one two …

»Dann bis Freitag«, sagte ich beim Weggehen.

»Sorry, Freitag haben wir geschlossen!«

Also traf ich mich mit Shala zu einem ausführlichen Essen, um dem Lieblingssport aller Iranerinnen hingebungsvoll zu frönen: Tratschen.

Kapitel 12

Willkommen bei den Steinewerfern!

»Iran, Land der Zivilisation und der Freundschaft.«

SLOGAN DES IRANISCHEN BÜROS FÜR TOURISMUS,
PRÄSENTIERT BEI EINER PRESSEKONFERENZ IM
DEZEMBER 2005, SECHS MONATE NACH MAHMUD
AHMADINEDSCHADS WAHL ZUM PRÄSIDENTEN

Wir wollen nach Qom, in die Stadt der Koranschulen
und der Steinewerfer. Ja, richtig, der Steinewerfer. In
den Sechzigerjahren durfte sich in Qom keine Frau ohne
Tschador zeigen, sonst bekam sie einen Pflaster- oder
sonstigen Stein nachgeschmissen. Traf der Steinbrocken
sie am Kopf, war das in den Augen der Mullahs nicht so
schlimm. Junge Korangelehrte am Straßenrand hielten
Ausschau nach Opfern. Saß eine Frau ohne Kopfbedeckung in einem vorbeifahrenden Auto und wurde von
ihnen entdeckt, griffen sie flink nach den Steinen. Und
los ging die Schlacht.

Sobald ich Shala gegenüber erwähnt hatte, wir würden in Kürze dorthin fahren, erzählte sie, ihre Mutter
habe Verwandte in einer Kleinstadt nicht weit von Qom

entfernt, wie so üblich, der konservative Teil ihrer Familie. Wollte sie die früher besuchen, war das Schlimmste die Fahrt an Qom vorbei. Dafür musste sie sich nicht nur einen Tschador ausleihen – ohne Chauffeur ging da nichts. Eine Frau am Steuer wäre noch schlimmer gewesen als eine mit wehenden Haaren. Also legte sie brav den Umhang um und machte sich auf dem Hintersitz klein. Kaum lag die Stadt hinter ihr, packte sie den Tschador wieder ein.

Qom liegt nur eineinhalb Autostunden entfernt von Teheran, aber war damals noch mehr als heute ein anderer Planet. Das Reich der Mullahs, von den Extremisten über Fanatiker, Konservative bis hin zu den Gemäßigten, den liebenswürdigen Mullahs. Damit sich die verschiedenen Geistlichen nicht in die Haare geraten, haben alle ihre eigenen Koranschulen, eine neben der anderen. Viel mehr gibt es ohnehin nicht, sieht man von dem Grabmal der Schwester eines der Imame einmal ab. Daher hat der Ort seine Heiligkeit. Tausenden Ausländern, die in der Schah-Zeit in anderen Teilen des Iran arbeiteten, wäre nie in den Sinn gekommen, Qom zu besichtigen, nur das nicht, diesen Ort voller Steine werfender Mullahs! Auf gut Deutsch würde man sagen: Was für ein fremdenfeindliches Nest dieses Qom doch war!

In der Zwischenzeit bleiben die Steine, wo sie hingehören, am Straßenrand. Jede Frau kommt heil in die Stadt und auch wieder aus ihr heraus. Ich kann das bestätigen, denn ich war schon mehrere Male in Qom, problemlos, obwohl ich nur einmal tief verhüllt in einem Tschador herumspazierte, bei allen anderen Besuchen nur mit Kopftuch. Den Umhang hatte ich umgelegt, als ich einige Monate nach der Islamischen Revolution, im Jahr 1980, Qom zum allerersten Mal besuchte. Insgeheim hatte ich damals gehofft, ich würde, neben einem geplanten Interview, dank meiner Bekleidung zumindest einen Blick auf Imam Khomeini werfen können. Damals lebte er in der Stadt. Einmal pro Woche gab er eine Art Audienz in einem einfachen Ziegelbau. Genau dorthin wollten mein Kameramann und ich. Aber aus irgendeinem undurchsichtigen Grund tauchte Khomeini nicht auf. Irgendwie war ich enttäuscht, weil ich so viel über den Ayatollah gehört hatte und meine damalige Übersetzerin beinahe erzitterte, sobald jemand nur den Namen Khomeini in den Mund nahm, so viel Respekt hatte sie. So einen sieht man gerne persönlich, bevor man ein Urteil fällt.

Für den Schah war Khomeinis Wirkungsort Qom nichts als ein Herd der Religiösen, kurz der Rebellion, daher hatte er der Stadt während seiner Regentschaft den Geldhahn ziemlich fest zugedreht. Ihm waren, wie könnte es anders sein, Koranschulen ein Gräuel. Von den Lehrern, die dort in seinen Augen ihr Unwesen trieben, hielt er noch weniger. Muckte jemand auf, landete er entweder im Knast oder im Exil, wie der spätere Revolutionsführer Khomeini. Ohne die Spenden der Gläubigen hätten sich weder er noch Qom über Wasser halten können. Über Nacht ändert sich alles.

Heute gleicht Qom einer Baustelle. Da wird eine funkelnagelneue Schule errichtet, dort wird eine weitere Moschee restauriert. Jetzt schöpft man eben aus dem Vollen. Selbst Koranstudenten aus aller Herren Länder werden von der freizügigen Regierung der Islamischen Republik eingeladen, um dort zu studieren. Sie wohnen in modernen Gästehäusern, essen die köstliche heimische Küche. Dazwischen besuchen sie andere Koranschulen. Das ist Entwicklungshilfe auf Iranisch. Einmal in ihrer Heimat zurück, sollen sie gefälligst das Wort Allahs verbreiten. Dafür werden sie letztendlich ausgebildet. Man will ja was davon haben, wenn man in die Leute investiert. Und wenn sie zumindest mit guten Erinnerungen an die Islamische Republik heimfahren, warum nicht? Insofern wird alles getan, um den Gästen das Leben in Qom angenehm zu machen, um nicht zu sagen, sie zu verführen.

Inzwischen hat die Islamische Republik zusätzlich eine internationale Werbekampagne gestartet, um Touristen anzulocken, nicht nur mittellose Religionsstudenten aus Afrika oder sonst woher. Man hat errechnet, Fremdenverkehr schaffe eine Menge Arbeitsplätze. Also will man die Islamische Republik attraktiver für Urlauber machen. Dass man am liebsten Leute mit Geld anziehen möchte, versteht sich von selbst. Sieht man jetzt einmal ab von den Restriktionen eines islamischen Gottesstaates, so hat der Iran ja einiges zu bieten, historische Stätten wie Persepolis, das Kaspische Meer, viele Berge, noch mehr Wüsten, so manche weltberühmte Moschee und nicht zuletzt: Schigebiete! Dass die Mullahs in Qom keine Steine mehr auf Frauen werfen, erhöht zweifellos die Attraktivität des Landes.

Bevor ich es vergesse: Der Werbefeldzug wurde von niemand anderem als Präsident Ahmadinedschad eröffnet, sozusagen zwischen zwei Hetzkampagnen gegen den Westen. Um seinen guten Willen zu belegen, gab er die Anordnung aus, Touristen ohne Visum ins Land zu lassen. Man brauche, sagte er, nur am Flughafen seinen Reisepass herzeigen, schon dürfe man ins Land. Das waren seine Worte bei einer Pressekonferenz. Ich war dabei und freute mich. Ohne die lästigen Visaprozeduren jederzeit in den Iran fahren zu können war ein verführerischer Gedanke. Nur unter dem Vorwand, ich würde mich gerne eine Zeit lang erholen, könnte ich alles Denkbare recherchieren. Aber nichts da, es war ein Missverständnis meinerseits! So einfach geht es nicht. Visumbefreiung ja, aber nicht für jeden dahergelaufenen Westler. Reporter, Geschäftsleute sowie Spione (diese Kategorie versteht sich von selbst) sind von der Regelung ausgenommen. Sie müssen weiter Papierkram erledigen, um in den Iran fahren zu können. Das bleibt einem Urlauber erspart. Zusätzliche Anreize sind in dieser Richtung geplant, etwa die versprochenen Touristenkomplexe mit Hotels, Schwimmbäder, getrennt für Frauen und Männer, und Shopping-Center, die man ja als moderner Urlauber unbedingt braucht. Heute schon, so heißt es, kann jeder nach Lust und Laune einreisen, sich in ein Luxushotel einmieten, und schon geht der Urlaub los.

Womit wie bereits beim ersten Problem wären: Luxushotels gibt es derzeit im Iran nicht viele. Die wenigsten verdienen diesen Namen. In der Stadt Qom, ohne Weiteres eine Besichtigung wert, habe ich kein einziges entdecken können. Neben ein paar Mittelklassehotels gibt es einfache, saubere Gästehäuser zu nur gemäßigt übertriebenen Preisen. Nein, ehrlich gesagt, sie sind teuer.

Wahrscheinlich sollte Qom von der Reiseroute eines Urlaubers gestrichen werden, zumindest vorläufig.

Nicht aber Isfahan! Ein Juwel von einer Stadt, kann man in jedem Reiseführer lesen. An Isfahan führt einfach kein Weg vorbei, ob man nun will oder nicht. Isfahans Denkmäler und seine Moscheen sind unübertroffen. Mitten in der Stadt der Imam-Khomeini-Platz. Nicht weit entfernt ein prachtvoller Bau, das Abbasi-Hotel. Wie auf Bestellung wurde es vor Kurzem restauriert. Mehrmals bin ich bereits sehnsüchtig in der Lobby herumstolziert, habe sogar in dem Coffeeshop etwas getrunken, nur ein Zimmer ist mir bisher versagt geblieben. Im Sommer, im Winter, zu jeder Tages- und Nachtzeit ist das Hotel ausgebucht. Reisegruppen aus aller Welt steigen hier ab, Iraner mit gefülltem Bankkonto oder offizielle Staatsbesucher, die sich Isfahan verständlicherweise nicht entgehen lassen wollen. Reserviert man mindestens ein dreiviertel Jahr im Voraus, hat man eventuell Chancen. In Isfahan gibt es eine ganze Reihe von sogenannten Luxushotels, ebenfalls immer ausgebucht. Doch überall geschehen Wunder. Man muss nur wissen, wie ihnen nachzuhelfen ist. Dank eines großzügigen Trinkgelds habe ich ein Einzelzimmer für eine Nacht aufgetrieben. Wer an meiner Stelle auf der Straße schlafen musste, weiß ich allerdings nicht. Mein Team musste in ein Privatquartier. Die Betten waren miserabel. Die Leute reizend. Der Preis zu hoch.

Sieht man davon ab, dass in Isfahan per Lautsprecher die Frauen aufgefordert werden, ihre Kopftücher ins Gesicht zu ziehen, ist die Stadt unbedingt eine Reise wert. Genauso übrigens wie eine andere, die Stadt Yazd, im

Zentrum des Iran. Liegt mitten in der Wüste und war, lange bevor der Islam den Iran eroberte, das Zentrum der Zoroastrier, der Feueranbeter. Sie glaubten, das Feuer habe göttliche Kräfte. Inzwischen ist Yazd längst nicht mehr Metropole einer eigenen Religion. Deswegen gibt es weniger Probleme mit Hotels, da es kaum Touristen dorthin verschlägt, Reporter schon gar nicht. Das heißt nicht, dass man misstrauisch empfangen wird, nein, solange kein Polizist lange Ohren bekommt, können die Händler im Bazar gar nicht nett genug sein. Ausländer? Da freuten sich die Leute von Yazd. So schnell kann man gar nicht schauen, schon wird man in ein Gespräch verwickelt oder bekommt einen Fruchtsaft serviert, gratis. Wer da seine Geldbörse zückt, ist ein unhöflicher Idiot. Alles war wunderbar, als ich dort war, so, wie es bei einer echten Reise sein soll.

Bis eines schönen Abends ein paar Revolutionswächter oder sonstige Regimemitglieder – wer sie waren, war nicht ganz ersichtlich – das lauschige Restaurant inspizierten, wo wir, auf Teppichen im Türkensitz, speisten. Ausweiskontrolle. Mädchen und Jungs rückten unmerklich voneinander weg. Zugegeben, als die Typen merkten, dass wir keine Einheimischen waren, ignorierten sie uns, als wären wir Luft. Doch da war uns der Appetit bereits vergangen.

Wer im Iran nicht nur Sehenswürdigkeiten besuchen will, wovon es viele gibt, kann auf die Jagd gehen. Das ist kein Scherz. Eine von Shalas Freundinnen arbeitet für einen Organisator von Wildschwein- und sonstigen Jagden im Nordiran. Kostet eine Menge Geld, soll dafür aber sehr gut organisiert sein und spannend.

Für Tierschützer bleibt da noch eine Reise ans Kaspische Meer oder an den Persischen Golf. Man kann dort in der Sonne liegen und baden, vorausgesetzt, man bleibt als Frau von Kopf bis Fuß angezogen, geht mit den Kleidern ins Wasser und lässt sich nicht beirren, nur weil unverheiratete Paare kein Doppelzimmer bekommen.

Keine Frage, die Islamische Republik bemüht sich, populärer und, wenn möglich, ein wichtiges Touristenziel zu werden.

MENSCHENRECHTE IM IRAN

(...) In vielen Gefängnissen und Haftzentren wurde weiterhin routinemäßig gefoltert. Mindestens fünf Menschen kamen im Gewahrsam ums Leben, wobei in einigen Fällen möglicherweise Folterungen oder Misshandlungen zu ihrem Tod geführt haben. Immer häufiger war es übliche Praxis, politischen Gefangenen medizinische Behandlung zu verweigern, um sie unter Druck zu setzen (...)

Im Berichtszeitraum wurden mindestens drei gerichtlich verhängte Amputationsstrafen vollzogen. Die Verhängung von Prügelstrafen war bei iranischen Gerichten an der Tagesordnung.

TODESSTRAFE

2005 wurden mindestens 94 Menschen hingerichtet, darunter mindestens acht, die zur Tatzeit unter 18 Jahre alt gewesen waren. Nach vorliegenden Berichten wurden zahlreiche weitere Todesurteile verhängt, darunter mindestens elf gegen minderjährige Straftäter. Die tatsächlichen Zahlen dürften allerdings weit höher liegen. Nach wie vor wurden Todesurteile wegen nur vage formulierter Delikte wie »Korruption auf Erden« verhängt.

Im Oktober wurde nach vorliegenden Berichten eine Frau zum Tod durch Steinigung verurteilt, obwohl 2002 ein Vollstreckungsmoratorium gegen diese Form der Strafe verhängt worden war. (Inzwischen wurde dieses wieder aufgehoben. Anm. d. Autorin)

DIE RECHTE AUF FREIE MEINUNGSÄUSSERUNG UND VEREINIGUNGSFREIHEIT

Die Rechte auf freie Meinungsäußerung und Vereinigungsfreiheit waren weiterhin großen Einschränkungen unterworfen. Journalisten und Blogger wurden in Haft genommen, einige Zeitungen mussten ihr Erscheinen einstellen (...) Der Menschenrechtler und Zeitungsredakteur Mohammad Reza Nasab Abdolahi wurde im Januar zu sechs Monaten Freiheitsentzug und einer Geldstrafe verurteilt, weil er »das Oberhaupt des Staates beleidigt und gegen die Regierung gerichtete Propaganda« verbreitet haben soll. Im August kam er wieder frei. Seine schwangere Frau, Najmeh Oumidparvar, wurde im März für 24 Tage in Haft genommen, nachdem sie auf ihrer Homepage eine Nachricht veröffentlicht hatte, die von ihrem Ehemann offenbar noch vor seiner Festnahme verfasst worden war.

Aus dem Jahresbericht 2006 von Amnesty International
(web.amnesty.org/report2006/irn-summary-eng)
(Übers. d. Autorin)

Kapitel 13

Perser wird Perserin

Im Iran spricht es niemand offen aus, doch so mancher denkt sich in aller Stille: Die Mullahs haben einen Tick. Sie wollen uns, egal um welchen Preis, dazu zwingen, ihrem hehren Ideal so nahe wie möglich zu kommen, sprich, alle sollen gleich sein – gleich angezogen, gleich Autofahren, natürlich das gleiche TV-Programm sehen und, am allerwichtigsten, gleich fromm sein und grundsätzlich immer das Gleiche sagen, sobald ihnen ein Reporter ein Mikrofon vor die Nase hält.

Ich frage mich, wie Letzteres jemals funktionieren soll. Ich denke an eine Szene, vor Kurzem erlebt, mitten auf einer Teheraner Kreuzung. Wie filmten einen Straßenhändler, der einen Haufen CDs voller religiöser Gesänge auf dem Gehsteig vor sich herumliegen hatte. Wie üblich strömen Neugierige herbei, bis wir regelrecht eingekreist waren. Plötzlich platzierte sich einer aus der Runde genau vor der Kameralinse und schrie: »Khomeini hat dieses Land kaputt gemacht! Khomeini has destroyed this country!« Ich wollte mich gerade diskret umdrehen, um festzustellen, wo die Ordnungshüter herumlungerten, als der Mann ein zweites Mal aus voller Brust brüllte: »Khomeini hat dieses Land kaputt gemacht!« Und schon war er verschwunden. Zu seinem Glück, kann ich nur sagen, obwohl die anderen Zaungäste keinen Finger rührten, um ihn aufzuhalten oder gar zu verprügeln.

Jede Art von Protest ist beliebt. Ja, beliebter, als sich einer das bei uns so vorstellen würde. Kaum nehmen sich die »Fatim-Kommandos« ein paar Tage frei, lässt so manche junge Frau das Tuch auf dem Kopf diskret nach hinten gleiten, zuerst einen Zentimeter, dann zwei und drei. Männer, seit beinahe drei Jahrzehnten darauf gedrillt, nur ja keine Symbole westlicher Imperialisten wie Krawatten zu tragen, haben es da leichter. Denn Krawatten sind ja auch bei uns im Alltag längst aus der Mode.

Die perfekte, in diesem Fall eine vollkommene islamische Gesellschaft zu schaffen, ist eine Heidenarbeit. Sie endet nie. Nichts funktioniert so, wie sich die Mullahs das gerne in ihrer grenzenlosen Frömmigkeit vorstellen. Ständig muss die Bevölkerung angehalten und, wenn das nichts bringt, kontrolliert werden.

Aus purem Trotz machen die Leute oft genau das Gegenteil von dem, was das Regime verlangt. Obwohl, als Präsident Ahmadinedschad proklamierte, jeder Iraner solle gefälligst seine Pflicht erfüllen und mehr Nachwuchs zeugen, wird der eine oder andere sich das schon zu Herzen genommen haben und nicht mehr die halbe Nacht vor dem Fernseher gesessen, sondern sich mehr seiner Gattin gewidmet haben. Da die Islamische Republik bereits mit das höchste Bevölkerungswachstum der Welt aufweist, fragte mich ein Reporter, was ich denn von diesem zusätzlichen Eifer halten würde? Er vermute ja einen Trick dahinter, wie, man wolle die Leute mit

Nachwuchs eindecken, um ihnen den Rest an Lebenslust auszutreiben.

Dem Perfektionsdrang der Mullahs zu entrinnen ist schwer. Vom Straßenfeger bis zum Universitätsprofessor, ein jeder sollte sich bemühen, obwohl niemand genau weiß, was die paradiesische Gesellschaft sein soll. Fragt man Iraner, schütteln sie gedankenverloren ihr Haupt. Nun ja, eben die Pflichten eines guten Moslems erfüllen, wie fünfmal am Tag beten oder Almosen geben, und nebenbei noch sein Vaterland mit Händen und Füßen verteidigen. Bei Gelegenheit seinen Nachbarn verpetzen, falls man sich davon einen Vorteil verspricht, und abgesehen davon sich nicht bei der Ausübung verbotener Tätigkeiten erwischen lassen. Eines wird jedem Kind eingebläut: Ist etwas untersagt, hat das seinen guten Grund, wie etwa: Das Betreffende kommt aus dem Westen, und man lässt besser die Finger davon, weil es noch schlimmer ist als schlampig angezogen herumzulaufen und vorzutäuschen, man hätte fürs Kopftuchumbinden keine Zeit gehabt.

Nehmen wir zum Beispiel die beliebten Wochenendpartys. Nach Ansicht der Mullahs dienen sie zu rein gar nichts, außer anständige Menschen ins Gegenteil zu verwandeln, in unanständige. Deshalb sind Leute, die auf Partys gehen, hinter Schloss und Riegel zu bringen, letztendlich schuld daran ist aber die Verwestlichung. Ohne die »Gharbzadegi« (Vergiftung durch den Westen) würde es keine Exzesse geben, also muss ein mieser Ausländer dahinterstecken oder zumindest den Alkohol geschmuggelt haben. Eigene Leute, gar Revolutionswächter, würden sich damit niemals die Hände schmutzig machen. Daran zweifeln weder die Mullahs noch deren treue Anhänger.

Aus eigener Erfahrung kann ich sagen, dass die persische Kultur, raffiniert und vielschichtig in allen Formen des Vergnügens – angefangen bei Gedichten, in denen der köstliche Wein aus der Stadt Shiraz gelobt wird –, dem Feiern nicht abgeneigt ist. Warum die Iraner unsere Ratschläge brauchen sollen, ist mir schleierhaft. Ohne einen einzigen Ausländer im ganzen Land würde sich Teheran an den Wochenenden genauso nach Strich und Faden austoben.

Ebenso wie über die Fremden ärgern sich die Mullahs über sexuelle Extrawürste der eigenen Leute. In ihrer perfekten Mullah-Gesellschaft verharren junge Leute in Keuschheit, bis ihre Eltern sie verehelichen, um nach der Zeremonie ihr erstes ausgelassenes Familientreffen miterleben zu dürfen. Mit etwas Glück dürfen sie sich den Ehepartner oder die Partnerin selbst aussuchen. In Teheran ist das heute bei vielen eine Selbstverständlichkeit, auf dem Land aber nicht. Dort sind Ehen weiterhin eine Art Versorgungseinrichtung, was erklärt, warum ein Mann vier Frauen heiraten kann, allerdings mit der Einschränkung, dass alle Frauen zustimmen müssen. Diese Regel klingt ganz vernünftig, existiert jedoch in Wirklichkeit nur auf dem Papier, denn wieso sollten Frauen allen Ernstes zustimmen, Haus und Vermögen mit einer anderen zu teilen, vielleicht sogar mit einer Jüngeren?

Mit solchen Hinweisen kann man einem Mullah nur die Laune verderben, da versteht er einen entweder nicht oder tut so, als würde er nichts verstehen, was aufs

Gleiche hinausläuft. Wahrscheinlich denkt er sich, es kann nur einer Ausländerin einfallen, so zu fragen.

Am Rande wäre noch zu erwähnen, dass unzufriedene heimische Frauen in den Vorstellungen der Mullahs mit Auspeitschungen bestraft werden sollten, und logischerweise werden Frauen härter bestraft als der Mann. So war es in einem Urteil vor zwei Jahren, als eine Iranerin zu 100 Peitschenhieben verdammt wurde. Die zwei Männer, angeklagt, sie vergewaltigt zu haben, hingegen nur zu 30.

Aber es kann noch viel schlimmer kommen. Homosexuelle haben in der Islamischen Republik keinen Platz. In der Strafgesetzordnung sind ihnen Artikel über Artikel gewidmet, wie sie zu bestrafen und zu ächten seien. Ja, die Mullahs sind beinahe besessen von der Idee, den Menschen jede Art von Andersartigkeit auszutreiben, was ihnen, wie man sich vorstellen kann, nirgendwo weniger gelingt als auf dem breiten Feld der Sexualität. In Tiefgaragen, Hinterhöfen oder in öffentlichen Parks treffen sich Homosexuelle in aller Heimlichkeit, sie feiern Feste oder verabreden sich per Internet. Kommt dies den Moralwächtern zu Ohren, stürmen sie die Treffen. Haben die Ertappten Pech, finden sie sich in den Abendnachrichten wieder, wo ihre »Vergehen« genüsslich ausgebreitet werden. Die Kommandos haben neuerdings Videokameras bei sich, um dem ganzen Land ihre Tüchtigkeit demonstrieren und alle möglichen »Sünder« vorführen zu können. Das dient der Abschreckung. Die ganze Angelegenheit ist natürlich ein Albtraum für die jeweiligen Familien der Missetäter. Warum gerade die Homosexuellen von den Mullahs so grausam behandelt werden, konnte mir niemand so richtig erklären, nur ein Mullah antwortete mir einmal mit einer langen Darlegung der Unsitten während der Schah-Zeit. Damals hätte es sogar gleichgeschlechtliche Hochzeiten gegeben. Khomeini sei schockiert gewesen und hätte daraufhin beschlossen, eine genau festgelegte Art der Todesstrafe für alle gleichgeschlechtlichen Beziehungen zu erlassen. Seither werden Homosexuelle, erwischt man sie, erst gefilmt, dann verprügelt und im schlimmsten Fall zum Tode durch Hängen verurteilt. Frauen, die schwere Verbrechen wie Fremdgehen begehen, entschied damals Khomeini, werden nicht bloß ausgepeitscht, sondern gesteinigt. Wollte jemand ein Mädchen im Alter von neun Jahren heiraten, bekam er hingegen Khomeinis Segen. Er fand nichts dabei. Erst nach seinem Tod traute man sich, das heiratsfähige Alter hinaufzusetzen, auf sage und schreibe zehn Jahre. Himmel, habe ich mich letztens geärgert, als ich im Bazar einen Alten beim Einkaufen entdeckte, er war so um die 60 und hatte ein tief verhülltes Wesen an seiner Seite, höchstens 20. Leider entwischten mir die beiden in einem Moment der Unaufmerksamkeit in der Menge, bevor ich sie ausfragen konnte, wie ihre Ehe funktioniere.

Anders, als man annehmen würde, reden die Mullahs in der Islamischen Republik zwar nicht oft, aber doch von Zeit zu Zeit über die unerlaubten Formen der Sexualität ihrer Staatsbürger. Das geschieht stets in kritischem Ton, etwa wie in »Wir machen uns ernsthafte Sorgen über die Moral im Land«. So war es, als im Winter 2006 auf dem Teheraner Schwarzmarkt eine DVD auftauchte, auf welcher eine bekannte TV-Schauspielerin beim Geschlechtsakt zu sehen war. So etwas kommt hier nicht alle Tage vor. Deswegen verbreitete sich die Neuigkeit wie ein Lauffeuer. Weil die Frau festgenommen worden war und ihr eine Strafe drohte, schien es mir eine Reportage wert. Überdies waren bereits 100 000 DVDs an den Mann gebracht worden, was in jeder anderen Stadt berichtenswert wäre, und erst recht in der keuschen Metropole der Mullahs. Schwarzmarktbesuche gehören zwar nicht zum Alltag eines Reporters, doch wir schlichen eine Zeit lang in den entsprechenden Seitengassen und Hauseingängen herum, bis wir endlich eine Kopie des Werks ergattert hatten, jedenfalls glaubte ich das. Im Hotelzimmer stellte sich heraus, dass uns der Händler beschummelt hatte. Die DVD war völlig leer. Zehn Dollar für die Katz.

Zu allem Überfluss machte mich der Übersetzer darauf aufmerksam, dass ich mit so einem Bericht ein ganz schönes Tabu brechen würde und es mir deshalb dreimal überlegen sollte. Ich tat es, wollte aber trotzdem nicht so schnell aufgeben. Da war dann plötzlich von irgendwelchen Genehmigungen die Rede, ich müsste mir die schleunigst besorgen, und wer weiß, ob die mir so ohne Weiteres ausgestellt würden, bei so einer sensiblen Sache wie Prostitution?

Prostitution ist hier ein absolutes Totschlagargument. Das heißt nicht, dass es sie nicht gäbe, denn ein Land ohne Prostituierte muss erst noch erfunden werden. Im Iran gibt es sie sogar in zweifacher Form: erstens rund um die Autobahnen, wo die Mädchen herumstehen. Zweitens als Drohung. Will man jemandem eins auswischen, genügt es, das Wort nur auszusprechen, und schon ist es um die- oder denjenigen geschehen, so einfach ist das. Auch mich hat man schon höflich verjagt, weil ich aussehe wie eine, na ja, Sie wissen schon … Um das Ende einer missglückten Reportage vorwegzunehmen: Man fand, die Sache wäre keinen Bericht wert.

Inzwischen weitete sich die Sache sehr wohl zur Staatsaffäre aus. Die üblichen Mullahs meldeten sich zu Wort, um die Frau aller möglichen Vergehen, allen voran der erwähnten Liebesdienste, zu bezichtigen. Zwischendurch verteidigten sie andere, als wäre sie eine Heilige, bis sich niemand mehr auskannte. Daraufhin hatte die Schauspielerin die rettende Idee. Im Brustton der Überzeugung erklärte sie, nicht sie sei es gewesen, sondern eine Doppelgängerin. Eine eben, die ihr wie aus dem Gesicht geschnitten war. Wer immer ihr zu dieser Ausrede geraten hatte, war ein Genie. Die Sache schlief ein, was allen nur recht war, denn schon hieß es, Feinde im Ausland hätten die ganze Angelegenheit erfunden, um den Ruf der Islamischen Republik zu beschmutzen.

Viele Entscheidungen in der Mullah-Republik, eingeschlossen zu sexuellen Praktiken, beruhen auf einem Rechtsspruch, einer »Fatwa«. Niemand würde bei uns wissen, was damit gemeint ist, hätte nicht Khomeini eine berüchtigte Fatwa gegen den Schriftsteller Salman Rushdie ausgesprochen. Er beschuldigte den Autor, den Islam beleidigt zu haben. Ein Todesurteil war in den Augen des gestrengen Khomeinis gerade die richtige Strafe. Daraufhin musste jener von Leibwächtern rund um die Uhr beschützt werden. Zumindest wissen wir jetzt, was eine Fatwa ist. Obwohl Fatwas nicht immer von ausgesprochener Grausamkeit sein müssen. Sie können auch das Gegenteil sein, und manchmal sogar ein wahrer Segen. Da sie genauso viel wert sind wie Gesetze, ist es, als wären sie in Stein gemeißelt. Niemand darf sie missachten. Selbst, wenn er nicht damit einverstanden ist. Ist ihm danach, kann jeder Iraner einen hohen Ayatollah anrufen, ihm seine Lage erklären und, mit etwas Glück, einen Rechtsspruch zu seinen Gunsten bekommen. Damit hat er ein für alle Mal Ruhe, wie etwa Irans Transsexuelle. Anders als Homosexuelle werden sie heute nicht verfolgt, sondern können vielmehr nach Belieben eine Geschlechtsumwandlung vornehmen lassen, in Teheran, ganz offiziell in einer Klinik.

Noch in den ersten Jahren wurden die Transsexuellen als Menschen zweiter Klasse behandelt, sprich eingesperrt und wie die Homosexuellen oft hingerichtet, bis einer von ihnen, ein Fernsehtechniker, seinen ganzen Mut zusammennahm und versuchte, bei Khomeini einen Termin zu bekommen, um ihm sein Problem, die Transsexualität, persönlich darzulegen. Wenn er es schaffen würde, ihn zu überzeugen und einen entsprechenden Rechtsspruch zu erhalten, wären alle seinen Sorgen vorüber. Gesagt, getan. Wochenlang stellte sich der Mann an. Endlich saß er Khomeini gegenüber. Er redete um sein Leben. Das Treffen dauerte zwar eine Weile, doch am Ende war der Revolutionsführer weichgekocht. Trotz eingehendem Studium des Korans hatte er nichts gefunden, was einer Fatwa, diesmal einer positiven, entgegenstehen würde. Transsexualität sei, so Khomeini, mit dem heiligen Buch der Moslems durchaus vereinbar, werde daher von nun an erlaubt. Was sage ich erlaubt! Seither darf man sogar Reportagen darüber drehen, so viele und so lange man will. Es dauert nur einen Tag, bis man die entsprechenden Genehmigungen in der Tasche hat.

Der schlaue Techniker, inzwischen eine Technikerin, erzählte mir bei einer Tasse Tee in ihrer Wohnung, ein Reich wie aus Tausendundeiner Nacht, ausführlich, wie ihr Treffen mit dem Revolutionsführer ablief. Und dann erklärte sie mir, wie die ganze Prozedur der Geschlechtsumwandlung vor sich geht. Zuerst sei da diese Kommission, zusammengesetzt aus verschiedenen Mullahs sowie Ärzten, deren Urteil maßgeblich sei für die Erlaubnis, sich operieren zu lassen. Die Kommission sei großzügig, denn sonst wäre es nicht zu erklären, warum in keinem Land der Region inzwischen mehr Geschlechtsumwandlungen stattfinden als im Iran.

Nicht vergessen dürfe man, die Operation in einer Teheraner Privatklinik sei alles andere als preiswert. Mit ungefähr 3000 Dollar müsse man rechnen für eine einzige Operation, und brauchen würde man mehrere. Die lebenslange Hormonbehandlung koste extra. Ob es Krankenkasse-Zuschüsse gäbe? Sogar das, erwiderte sie und nahm zufrieden einen großen Schluck Tee, aber beim Vorbeugen rutschte beinahe der Tschador in die Tasse.

Die Sache mit dem Tschador ist ein eigenes Kapitel: Ob sie nun will oder nicht, die Technikerin muss ihn tragen, weil ihr der schlaue Khomeini ein entsprechendes lebenslanges Gelöbnis abgenommen hatte. Würde sie zu einer Frau, hatte er am Ende des Gesprächs erklärt, müsse sie sich anständig kleiden, nicht nur mit einem Kopftuch herumlaufen, damit wäre es nicht getan!

Seit diesem Tag verhüllt sich die Technikerin, als wäre sie superfromm, was sie, wenn ich alle Anzeichen richtig interpretierte, nicht ist. Da war einmal der Lidschatten um die Augen, wie er breiter nicht sein könnte. Sie hatte Rouge auf die Wangen aufgetragen und Lippenstift auf den Mund.

Leider hat der Tschador auch bei ihr zu den üblichen Problemen geführt, sprich Übergewicht: »Sie werden es nicht glauben, aber früher war ich viel schlanker«, seufzte die Frau beim Abschied und deutete als Beweis auf ein paar Fotos auf einem Regal, aus Zeiten, als sie noch im Körper eines untergewichtigen jungen Mannes steckte. Das war wie in einem anderen, weit entfernten Leben.

Seit Khomeinis Fatwa sitzen so viele Transsexuelle im Wartesaal der kleinen Privatklinik, die sich auf solche Eingriffe spezialisiert hat, dass die Ärzte gar nicht mehr nachkommen. Der eine oder andere ist sogar aus einem entlegenen Kaff angereist. Ich kann mir beim besten Willen nicht vorstellen, wie man dort mit dieser Frage umgeht. »Aber nein«, erwidert ein junger Mann, vor einigen Monaten noch ein Mädchen. Der örtliche Mullah hätte es allen lang und breit dargelegt, den Koran in der Hand, damit sei die Sache erledigt gewesen, und niemand wage es mehr zu lästern, was früher ganz schön oft geschehen war.

Ist gerade kein Mullah zur Hand, geht die Sache längst nicht so sang- und klanglos über die Bühne. Da wird nicht nur hinter dem Rücken der Operierten herumgeredet. So einer oder eine kann sicher sein: Er oder sie wird nicht nur aus der Gesellschaft ausgestoßen, sondern auch die eigene Familie hat so ihre Bedenken. So lebt zum Beispiel im religiösen Südteheran eine alleinstehende Frau, ein früherer Lastwagenfahrer und Ehemann mit zwei Kindern. Seit der ersten Operation hat sich niemand von ihnen mehr in der Hinterhofwohnung gemeldet. Die Nachbarn meiden sie. Weil Frauen keine Lastwagen fahren dürfen, hat sie keinen Job, und sie wird so schnell keinen bekommen. Ihr steht eine elende Zukunft bevor.

Jüngst, eines Abends, mitten im Zentrum, auf dem Weg vom Hotel zum Schnellimbiss, kam uns eine Transsexuelle entgegen. Weil sie unsere Kamera gesehen hatte, heftete sie sich an unsere Fersen und weinte sich die Seele aus dem Leib, sie wüsste nicht wohin, weil sie einer verfolgen und verprügeln würde, stöhnte sie. Wir waren hilflos. So eine kann man doch nicht auf die nächste Polizeistation schicken, wer weiß, was ihr droht, wenn sich Khomeinis Fatwa noch nicht bis zum letzten Ordnungshüter herumgesprochen hat.

Am Ende unserer Reportage über Irans Transsexuelle fahren wir sicherheitshalber in die Mullah-Hochburg Qom, um mit eigenen Ohren zu hören, ob das Ganze nicht eine der üblichen vorübergehenden Regeln sei, morgen schon wieder abgeschafft. Wieder erwartet uns ein kleines Wunder. Mit todernster Stimme erzählt uns ein Mullah, Spezialist für sexuelle Fragen und deren Auslegung, man hätte uns keineswegs einen Bären aufgebunden. Es sei so, Frauen dürften sich zu Männern operieren lassen und umgekehrt. Irgendwann landen wir beim Thema Homosexualität, daraufhin meint der Mann im gleichen Tonfall, dies sei ein schweres Vergehen, und man hätte mit der Höchststrafe zu rechnen, das würden wir ja wohl wissen, oder?

Die armen Iraner kennen sich kaum mehr aus: Transsexualität ist erlaubt, ehebrechende Frauen werden in ein Loch gesteckt und mit Steinen beworfen, bis sie elend zugrunde gehen, Vielehen hingegen sind legal, Homosexualität jedoch nicht.

Aber es kommt noch besser: Neulich verlangte der Innenminister, ein islamischer Geistlicher, man solle die »Zeitehen« offiziell wiederaufleben lassen, schließlich und endlich seien sie eine gute alte Tradition, daran sei nichts verwerflich. Er argumentierte, bei einer so jungen Bevölkerung wie der iranischen würde man damit eine Reihe von sozialen Problemen lösen, wobei niemand verstand, was er damit meinte, und ein Bekannter es so interpretierte, dass der Minister sozial mit sexuell verwechselt hatte. Trotzdem, jeder verstand den versteckten Sinn der Botschaft: Junge Pärchen könnten sich unter dem Deckmantel der Zeitehe treffen, ohne des außerehelichen Verkehrs beschuldigt zu werden, sprich ohne gleich Kopf und Kragen zu riskieren. Es war, als wäre eine Bombe hochgegangen. Von allen Seiten meldeten sich konservative Mullahs mit Einwänden, etwa dass damit nichts anderes als das Allerschlimmste gefördert würde, nämlich Prostitution! Niemand solle sich einbilden, so etwas wäre in der Islamischen Republik vertretbar!

Kapitel 14

Nichts als Zores!

»*Woher kommen Sie?*«

»*Aus Deutschland, vom deutschen Fernsehen.*«

»*Wie interessant. Wie viele Juden gibt es denn in Deutschland?*«

»*Nun, so um die 200 000.*«

»*Haben die keine Angst?*«

GESPRÄCH MIT EINER IRANERIN JÜDISCHER
ABSTAMMUNG AUF DEM JÜDISCHEN FRIEDHOF VON
TEHERAN IM NOVEMBER 2006

Freuen sich Iraner und Iranerinnen im Allgemeinen, ein Wesen aus dem fernen Europa zu sehen, gibt es welche, denen sich alle Nackenhaare aufstellen, wenn ich nur durch die Tür komme. Die meisten haben handfeste Gründe dafür. Dazu gehören alle religiösen Minderheiten, etwa Juden oder Bahai, auf die ich gleich zurückkommen werde.

Erst vor Kurzem warf mich ein ehemaliger Offizier der Schah-Armee in hohem Bogen hinaus. Ich hatte seine Tochter über drei Ecken kennengelernt und wollte einen Bericht über die Familie drehen, nur so, zu einem unverfänglichen Thema. Treffpunkt war die Wohnung. Kaum hatte der Vater erfahren, er würde auf Film verewigt werden, war es aus mit der Offenheit. Sämtliche Überredungskünste waren vergebliche Liebesmüh. Er meinte, egal, was er von sich geben würde, die Mullahs würden es nicht nur herauskriegen, sondern ihm auch das Wort im Mund verdrehen, das täten sie bei jedem, da könne man gar nicht vorsichtig genug sein. Ob ich denn nicht wisse: An den Botschaften würden eigene Spitzel Dienst versehen, die nichts anderes täten, als die Iran-Berichterstattung in den jeweiligen Ländern zu beobachten? Das wisse er besser als jeder andere, weil zu seiner Zeit, damals unter dem Schah, wäre es genauso gewesen. Heerscharen von gefügigen Helfern hockten überall im Ausland herum, jederzeit bereit zu melden, was der eine oder die andere im Radio oder im Fernsehen angeblich gesagt hätte. Keine Silbe wäre denen entgangen. Alles würde nach Teheran gemeldet – und ausgewertet, damals wie heute. Da frage er mich, wie solle er mir unter solchen Umständen ein Interview geben? Ich fand seine Erklärungen interessant und spitzte die Ohren, weil die iranische Botschaft in Berlin öfter Kopien meiner Berichte von mir verlangte, woraus ich schloss, dass sie meine Auftritte regelmäßig verpassen. Der Offizier, dasitzend, als hätte er einen Stock verschluckt, ließ mich nicht einmal meine Tasse Tee fertig trinken, sondern begleitete mich nach seiner Lektion in Sachen Bespitzelung im Stechschritt zur Tür. Der Tochter war das alles sehr peinlich, aber es war einfach nichts zu machen.

Wie wohltuend sind hingegen Irans Jugendliche! Denen ist alles einerlei, die maulen für ihr Leben gerne. Mullahs? Weg mit ihnen und mit dem Kopftuch! Himmel, wie lange sollen wir das noch umbinden? Wir haben die Nase voll. So etwas und Ähnliches hört man nicht selten, sobald man nur die Kamera aufstellt. Vor Kurzem, während eines Interviews mit zwei Gören, die glücklicherweise Englisch sprachen, tauchte ein Polizeiauto auf. Gerade, als die beiden in aller Ausführlichkeit die rauen Regimemethoden darlegten, stiegen die Polizisten aus, um unsere Genehmigungen zu kontrollieren. Ausnahmsweise waren es zwei freundliche Ordnungshüter. Sie warteten stoisch, während die beiden Mädchen unbeirrt weiterschimpften: Es hat Vorteile, dass die Teheraner Polizisten kaum Fremdsprachen verstehen. Die Jugendlichen nehmen aber so oder so kein Blatt vor dem Mund.

Hingegen sind Menschen über 30 zurückhaltender. Sie haben so ihre Erfahrungen. Nähere ich mich, kann ich aus 100 Metern sehen, was sie sich denken. Ungefähr das: Bloß nicht schon wieder einer von diesen lästigen Reportern! Gehen die uns vielleicht auf die Nerven! Sollen sie bleiben, wo der Pfeffer wächst, nur nicht hier antanzen! Was können wir schon erzählen? Rein gar nichts, außer, dass alles in Ordnung bei uns sei, könnte gar nicht besser sein. Verhaftet wird keiner und wenn, dann ist er selbst schuld. Hat den Mund aufgemacht, wenn er schweigen sollte. Nein, selbst wenn hier die Hölle los wäre, würden wir uns lieber die Zunge abbeißen, als in der Gegenwart von Ausländern herumzunörgeln oder gar die Islamische Republik anzugreifen, unvorstellbar!

Den Mullahs Vorwürfe zu machen, dass wir hier wie Spielbälle sind, sie mit uns machen, was sie wollen, je nach Lust und Laune. So ein Dummkopf kann keiner sein, das zu erzählen. Es weiß doch ein jeder, am Ende hat der Reporter seine Sensation, und wir haben das Nachsehen. Er fährt weg, aber wir sitzen hier! Und zwar noch eine halbe Ewigkeit!

So oder ähnlich geht es in den Hirnen von reiferen Iranern zu, nehme ich zumindest an, denn ich kann nicht Gedankenlesen. Mit der Zeit merkt man den Leuten an, was sie durch viel Reden verbergen wollen: Sofort fällt mir da ein Geschäftsmann ein, vermögender Mann im reifen Alter. Vertritt eine deutsche Bank, muss zweifellos diplomatisches Geschick aufbringen. So einer kann nicht dauernd durch Meckern auffallen. Er jedoch fällt auf, weil er in die andere Richtung übertreibt. Alles in der Islamischen Republik, von der Straßenverkehrsordnung bis zum Fernsehprogramm, findet er hervorragend, besser könnte es gar nicht sein. Fehlt nur noch, er behauptet, eine solche Regierungsform müsse auf der ganzen Welt eingeführt werden, erst dann würde allgemeine Glückseligkeit ausbrechen. Gäbe es ein Paradies auf Erden, könne es nur die Islamische Republik sein, alles andere nämlich sei das genaue Gegenteil, nichts als miese Propaganda der Feindes. Vielleicht denkt er wirklich so, vielleicht traut er einer wie mir auch nur nicht über den Weg, was ich verstehen kann. An seiner Stelle würde ich es mir genauso zweimal überlegen.

Dann ist da noch Ingenieur Arash, braves Mitglied der jüdischen Gemeinde von Teheran. Dem kann ich eine gewisse Abscheu gegenüber meinesgleichen regelrecht im Gesicht ansehen. Wobei Abscheu nicht das richtige Wort ist. Leute wie er sind vorsichtig. Man sieht ihnen an, wie sie sich innerlich fragen, warum unentwegt westliche Fernsehteams oder Mitglieder der schreibenden Zunft auftauchen, um exklusiv herauszufinden, wie es den Juden in der Islamischen Republik denn so ginge! Wie soll es ihnen schon gehen? Was könnte er ihnen denn erzählen? Schon wieder erzählen, muss man der Genauigkeit halber sagen, denn Arash ist die offizielle Anlaufstelle für jeden Reporter. Er hat inzwischen so viele Erfahrungen mit der Presse gemacht, dass er schon gar nicht mehr weiß, was er zeigen, sagen, demonstrieren und, wenn nötig, verschweigen soll. Irgendwie sitzt er in der Klemme.

An Arash und allgemein die jüdische Gemeinde hat mich das »Ministerium für Information und islamische Führung« hochoffiziell verwiesen. Dieser Ingenieur, hieß es, spreche ja perfekt Englisch, als wäre es seine Muttersprache, was sie nicht ist. Arash ist hier geboren, aufgewachsen und will, wenn nichts dazwischenkommt, in seiner Teheraner Wohnung mit Frau, Vater und Mutter den Rest seines Lebens verbringen. In der jüdischen Kultusgemeinde weiterhin defekte Computer reparieren. Dazwischen Journalisten mit allen möglichen Genehmigungen treffen. Wenn es unbedingt sein muss, sie zum Sabbat-Essen einladen. Ihnen erklären, im Iran lebten noch die Nachkommen jener jüdischen Sklaven, die im 6. Jahrhundert vor Christus vom persischen König Cyrus aus der Babylonischen Gefangenschaft befreit wurden. Jetzt seien es nur noch etwa 25 000, grob geschätzt. Immer noch sei es die älteste und größte Gemeinde von

Juden in einem moslemischen Land. Zudem kann Arash Interviews mit anderen Iranern jüdischen Glaubens organisieren, was für uns besonders praktisch ist. Er macht eben alles, was man so von ihm verlangt als Reiseführer. Sogar brav einen Kontakt herstellen zu einem jüdischen Abgeordneten, der laut Verfassung im Parlament zwischen Mullahs, Ayatollahs und sonstigen Moslems sitzen darf, selbst wenn es niemand draußen glauben will. Einem die Schulen und Synagogen zeigen, von denen es allein in Teheran 25 Stück geben soll. Das alles ist nicht so ohne. Trotzdem kann ich es mir nicht verkneifen, ihn auszuquetschen, warum er nicht die Koffer gepackt hätte wie viele andere Juden, als Khomeini an die Macht kam? Und jetzt, was in seinem Kopf vorginge, wenn er die Übertragung der aufgeregten Freitagspredigten im Fernsehen verfolge? Und überhaupt, wäre es nicht jetzt hoch an der Zeit, abzuhauen, wo doch Präsident Ahmadinedschad »Israel von der Landkarte löschen will«? Was könne er als Jude in einer solchen Republik schon erwarten, außer Zores? Aber nein, der Ingenieur denkt nicht ans Auswandern. »We are here«, sagt er. »That's it!«

Lieber wäre es ihm, man würde nicht so viele Fragen stellen, sondern ihm eine beantworten. Die liegt ihm auf dem Herzen. Es geht um die Reporter aus dem Westen. Sagt Arash bei unserer Begegnung: »Wieso versprechen alle, man bekäme eine Kopie von ihrem Bericht?«

»Und?«, werfe ich kleinlaut ein.

»Nie was bekommen«, murrt Arash.

Sofort verspreche ich hoch und heilig, von mir bekäme er ganz sicher eine! Ich würde sie ihm schicken, so schnell es nur gehe. Ich tue also so, als wäre ich ganz anders als die üblichen Reporter. Er tut so, als würde er mir glauben, denn schließlich kennen wir einander zumindest ein wenig. Eine komische Geschichte: Vor einigen Jahren, während einer Wahlkampagne, war er mir als Übersetzer vom Ministerium zugewiesen worden, eben weil er so gut Englisch spricht. Seine Aussprache war nicht die allerbeste, denn ich verstand seinen Namen nicht, woraufhin er mir seine Visitenkarte wortlos hinstreckte, auf der stand sein Name und dass er eine jüdische Zeitung leite. Wenn er nicht gerade an Computern herumhantiere, fügte Arash hinzu. So fand ich heraus, dass er Jude war, und fragte ihn sofort, ob er irgendwelche Schwierigkeiten hätte. Er tat, als hätte er meine Frage überhört, was eine kluge Art war, seine Rolle als Übersetzer und als sonst nichts anderes auszufüllen.

Jetzt ist er quasi unser Fremdenführer durch die »jüdische Gemeinde im Iran«. In ein paar Wochen soll eine riesige Konferenz stattfinden, bei der Präsident Ahmadinedschad über den Holocaust »in aller Freiheit« diskutieren lassen will, besonders pikant, erinnert man sich daran, wie frei wir uns hier bewegen.

Braucht man für einen normalen Dreh einen Packen Genehmigungen, müssen es für eine Reportage über die jüdische Gemeinde mindestens doppelt so viele sein. Ich schleppe beinahe eine Extratasche mit, so viele Papiere wurden mir ausgestellt. Dauer der Bearbeitung: eine gute Woche. Dann tauchten sofort die nächsten Schwierigkeiten auf, denn jetzt durften wir zwar mit den Mitgliedern der jüdischen Gemeinde reden, was aber nicht hieß, dass die auch mit uns reden wollten. Jedenfalls versuchten wir vergeblich, mithilfe von Arash den Abgeordneten im Parlament zu erreichen. Es klappte nicht. Entweder hatte der Mann wirklich keine Zeit oder genauso wenig Lust wie andere, uns zu treffen. Anruf über Anruf folgte, ohne dass etwas weiterging. Niemand schien an uns Interesse zu haben, geschweige denn, in einem Bericht aufzutauchen. Woraufhin unser Übersetzer Daud meinte, der Grund wäre, innerhalb der jüdischen Gemeinde würde ständig gestritten werden. Die einen würden wollen, man wehre sich mehr. Wenn der iranische Präsident den Staat der Juden vernichten wolle, was man ernst nehmen sollte angesichts der Atomwaffenbestrebungen, sollte man als Jude im Iran nicht schweigen. Andere hielten gerade das für die allerbeste Idee. So wenig wie nur möglich auffallen, lautete ihre Parole. Stritt man auch ständig, war man sich in einem Punkt völlig einig: Vor einer westlichen Kamera aufzutreten war das Dümmste, was einem einfallen könne. »Darüber«, so Daud lachend, »scheint man einer Meinung zu sein.« Daraufhin blickten sich er und Arash in jüdisch-moslemischer Einigkeit vieldeutig an.

Daraufhin ließ sich der Ingenieur doch zu mehr als nur vieldeutigen Blicken erweichen. Samstagabend, am Beginn des jüdischen Feiertags, lud er uns zum Sabbat-Essen zu sich ein. Da durfte sogar eine Flasche Wein auf dem Tisch stehen, dank einer Ausnahmegenehmigung der Islamischen Behörde für jüdische Bürger. Als alle das Glas hoben, hörte ich schon im Geiste die Geheimdienste an die Tür klopfen und sagen, wir würden alle verhaftet werden, weil wir Alkohol trinken würden.

Möglich wäre es durchaus.

1999 wurde eine Gruppe von angesehenen Juden in der Stadt Shiraz, rund 500 Kilometer weiter im Süden, verhaftet. Nicht weil sie Alkohol tranken, sondern angeblich für Israel spionierten, was mit der Tod bestraft wird. Nachdem die Angeklagten einige Jahre in Haft verbracht und hohe Geldsummen hinterlegt hatten, kamen sie frei.

Seither herrscht Ruhe, sieht man von Hasstiraden, Konferenzen über den Holocaust und sonstigen Aktivitäten ab, zumindest wird niemand am Abend des Sabbats verhaftet, weil er Wein trinkt. Sieht man Arash so im Kreise seiner Familie feiern, glaubt man ohnehin, es sei alles in Butter.

Als wir in der Synagoge Yusuf Abad, der größten in der Stadt, das wöchentliche Gebet fertig gefilmt hatten, gestand Arash immerhin, unter Ahmadinedschad sei doch ziemlich bemerkbar, dass Leute sich ins Ausland absetzen würden. Er sehe das regelrecht an den Reihen im Bethaus, Woche für Woche habe er den Eindruck, das Haus würde leerer werden.

Unter dem Vorwand, Bekannte in der Türkei besuchen zu wollen, erklärte uns einer hinter vorgehaltener Hand, beschafften sich junge Juden ein Visum. Wären sie einmal außerhalb des Landes, blieben sie, wo sie sind, nur nicht zurückkommen. Entweder ginge es nach Israel oder in die USA, eben wo Verwandte oder Freunde auf einen warteten. Man kann davon ausgehen, dass Ahmadinedschads gewiefte Republik bei ihrer Auswanderungspolitik aufpasst, Familienmitglieder niemals alle gleichzeitig außer Landes zu lassen, nur für den Fall, man würde das eine oder andere Mitglied bei Gelegenheit festnehmen wollen. Weiß man, was auf die Islamische Republik noch so zukommt?

Schilderte mir vor Kurzem ein Offizieller folgendes Vorkommnis: Einer seiner Freunde saß eine Zeit lang wegen Korruption im Knast. Da hätte er herausgefunden, der Sohn von Bin Laden war in einer Nebenzelle untergebracht. Eigenartig, philosophierte ich, warum ausgerechnet der hier festsitzt? Na ja, erwiderte der Offizielle, als wäre es das Selbstverständlichste der Welt, eines Tages braucht man was von den Amerikanern, da kann es nicht schlecht sein, ein Ass im Ärmel zu haben! Keine Ahnung, welcher Teil seiner Erzählung erfunden ist.

Am Ausgang des Bethauses bekamen wir die dementsprechenden Schönwetter-Interviews: »Sie wollen wissen«, erwiderte einer, »ob ich als Jude die Islamische Republik verlassen würde? Nein. Hier ist es okay! Ich kann nicht klagen …«

Ein anderer hatte plötzlich keine Zeit mehr. Ein Dritter bekam Kopfschmerzen, meinte aber, wenn es ihm in der Woche darauf besser ginge, würde er gerne unsere Fragen beantworten.

Da es nicht meine Aufgabe ist, den Leuten vorzuschreiben, was sie ins Mikrofon zu sagen haben, ließen wir es bleiben, bis uns eine Frau auf dem Gehsteig vor der Synagoge entgegenspazierte. Mit dem Tuch auf dem Kopf sah sie aus wie eine normale Hausfrau, falls man das so sagen kann, da ja hier alle Frauen irgendwie zum Verwechseln ähnlich aussehen. Jedenfalls hatte sie nichts gegen ein Interview, sondern baute sich geradezu erwartungsvoll auf, und als der Kameramann zu filmen begann fragte ich, was sie über die jüdische Gemeinde wisse.

Kaum hatte ich ausgesprochen, brach es aus ihr heraus. Nichts als ein riesiges Freiluftgefängnis sei das hier, Minderheiten würden unterdrückt werden, von den Juden bis zu allen anderen wie den Bahai, denen sie selbst angehöre. Man würde sie zwingen, im Untergrund zu leben, dem eigenen Glauben abzusagen, nur damit alle Moslems sein würden. Jobmäßig wäre es eine Katastrophe für jeden, der nicht an Allah glaube. Irgendwo unterzukommen wäre hart. Studienplätze? Besonders schwierig. Nichts als Willkür, wo man nur hinschaue. Da ich das Gespräch nicht in voller Länge senden wollte, um die Frau nicht zu gefährden, habe ich es hiermit sinngemäß veröffentlicht.

Eine Zeit lang standen wir noch vor der Synagoge herum. Nur so, um jemanden aus der Nachbarschaft abzufangen und zu befragen, was uns jedoch nicht gelang. Also schauten wir uns das Bethaus genauer an, bis es nichts mehr anzuschauen gab. Besonders erwähnenswert: Wir wurden kein einziges Mal kontrolliert oder von irgendwelchen Moralwächtern belästigt. Vielleicht schliefen sie noch, es war sechs Uhr morgens. Teheran war noch nicht erwacht.

Selbst wenn alle wach sind, leichter wird die Reportage nicht. Unentwegt stehen wir an. Als ich vorschlage, wir sollten nach Shiraz fahren, möglicherweise wäre es da einfacher, sagt unser Übersetzer im Brustton der Überzeugung, die Juden von Shiraz würden seit den Verhaftungen noch schweigsamer sein, und er wisse das genau, er stamme von dort. Die in Isfahan seien offener, doch dafür hätten wir vor gut einer Woche um eine Erlaubnis ansuchen müssen. Wir vergessen Isfahan.

Also bummeln wir im ehemaligen jüdischen Viertel von Teheran herum, etwas weiter im Süden der Stadt gelegen. In einer Seitenstraße spüren wir in der Tat einen jüdischen Händler in Methusalemalter auf, bloß erspähen uns just in diesem Moment zwei Bürgerpolizisten, im Brustton der Überzeugung verlangen sie, unsere Papiere zu sehen. Da die beiden keine Uniform tragen, sondern nur Hemden mit den deutlichen Spuren eines ausführlichen Frühstücks, lassen wir uns nicht beeindrucken. Wir verlangen ihre Ausweise, und da sie uns die nicht zeigen können oder wollen, rücken wir mit unseren genauso wenig heraus. Der alte jüdische Händler hat sich inzwischen verdrückt, er hatte wohl Bedenken bekommen. Es dauert ohnehin nicht lange, schon ist ein Streit ausgebrochen, dem wir uns durch Davonlaufen entziehen.

Nach einer kurzen Verschnaufpause wandeln wir hochzufrieden, nicht weit entfernt, auf einem breiten Boulevard entlang, als uns die Polizei schnappt. Diesmal ist es die echte. Zu unserem Pech haben die drei Männer Ausweise und sehen obendrein nach mehr aus als nur nach zufälligen Spitzeln. Irgendjemand muss uns verpfiffen haben, weil die Polizei extra aus einer nahe gelegenen Polizeistation anrückte, als wäre eine größere Gefahr in Anzug.

Den iranischen Fernsehnachrichten zufolge lauert heute Gefahr an jeder Ecke. Die Mächte, die der Islamischen Republik feindlich gesinnt seien, würden noch und noch Spione einschmuggeln. Jeder Bürger solle die Augen offenhalten, was offenbar der kleinste Händler in dem Viertel tut. Nur so ist erklärbar, dass wir unentwegt festgehalten und wie Verbrecher behandelt werden, obwohl wir nichts anderes als unsere Arbeit tun.

Diesmal drücke ich dem Typen eine Kopie unserer Genehmigungen in die Hand, was ihm nicht zu genügen scheint. Er will mehr, eine Erlaubnis, auf der der genaue Straßenname vermerkt ist, wo wir uns befinden. Hätten wir so etwas nicht bei der Hand? Haben wir nicht. Weil einer der Polizisten aus demselben Viertel stammt wie unser Übersetzer, gewinnt die orientalische Großzügigkeit. Der Besuch auf der Polizeistation bleibt uns erspart.

Zur Ehrenrettung der Wachmänner muss ich hinzufügen, sie verzogen keine Miene, als wir ihnen wahrheitsgetreu berichteten, wir würden eine Reportage über Juden drehen. Und davongelaufen seien wir, weil wir nicht gewusst hätten, wer diese Typen seien. Hätten ohne Weiteres gefährliche Diebe sein können, nur darauf aus, unsere Ausrüstung zu klauen. Das sehen alle ein.

Wie jedes Mal, wenn wir aus irgendwelchen Gründen angehalten werden, versammelten sich Neugierige um uns. Wir packten die Gelegenheit beim Schopf und fragten die Leute, nachdem die Polizisten verschwunden waren, ob sie Juden kennen würden? Einige sagten ach ja, da hinten lebte früher einer, doch er ist ausgewandert. Andere schüttelten den Kopf. »Hm«, sagte einer. »Sind Sie sicher, dass die nicht alle im Knast sind?«

Nicht nur Arash käme eine solche Antwort ganz gelegen. Man soll sie in Ruhe leben lassen, als würde es sie gar nicht geben, sich so wenig wie nur möglich um sie kümmern – und wenn nicht nur die einfachen Leute, sondern auch Präsident Ahmadinedschad sich an diese goldene Regeln halten würde, Arash wäre es nur recht.

Das wäre das Allergescheiteste. Notgedrungen würden die lästigen Reporter ihr Interesse verlieren.

Selbst auf dem jüdischen Friedhof, wohin es seltener einen Reporter verschlägt als in die Synagoge, tun die Leute so, als wären sie zufällig vorbeigekommen. Hätten eben beschlossen, einen Umweg zu fahren, um ein paar jüdische Gräber zu besuchen. So ganz nebenbei. Das heißt ja nicht gleich, dass man Jude ist. Höchstens ein paar Vorfahren liegen da, das wird doch nicht verboten sein, richtig? Und was soll das ganze Interesse an den Juden überhaupt, noch ist ja nichts geschehen, jedenfalls nichts, was mit dem in anderen Ländern zu vergleichen ist.

»Aus Deutschland kommen Sie?«, fragt eine Frau, bevor sie wissen will, ob die Juden in Deutschland nicht Angst hätten. Was so viel heißt wie, die im Iran brauchen keine zu haben.

An diesem ausnahmsweise milden Tag pflegt die Frau das Grab ihres Sohnes. Vor einem Jahr hat er sich wegen schwerer Depressionen umgebracht, was kümmert sie da einer wie Ahmadinedschad?

So reden wir eben über Krankheiten, unheilbare und vorübergehende, und nebenbei über die zunehmende Verbreitung von schlechten Ehen. In allem ist die Frau Expertin.

Eine andere hat das Glück, einen Ehemann an ihrer Seite zu haben, der zu ihr hält. Sie ist Jüdin, er ist Moslem. In totaler Einigkeit pflegen die beiden das Grab des Vaters der Frau. Sie sagen, sie hätten miteinander keinerlei Schwierigkeiten, und alles wäre um einiges leichter, würde man die Religion von der Politik trennen. Da könnte so manches Unglück verhindert werden.

Ja, wenn die Wirklichkeit nur so einfach wäre! Während wir filmen, schleicht ein seltsamer Vogel ständig um uns herum. Er sieht aus wie ein Bruder der beiden Pseudo-Polizisten vorhin, im jüdischen Viertel. Schlängelt um uns herum, bis ich ihn geradeheraus von Daud fragen lasse, ob er etwas von uns wolle. Eine Litanei von verschiedensten Klagen beginnt. Während wir zwischen Gräbern hin und her gehen, flüstert er, wie schlecht es den Juden ginge, das wisse er, obwohl er selbst keiner sei, wie sie unterdrückt würden und noch so einiges mehr. Er wolle sich nicht filmen lassen, doch er könne uns versichern, die Lage sei unberechenbar. Aha, sage ich in gespieltem Erstaunen, woher wissen denn ausgerechnet Sie das?

Er druckst eine Weile herum: Ja, wieso soll es den Juden besser gehen als den Moslems? Werden ja schon die vom Regime schlecht behandelt.

Ich muss zugeben, ein bestechendes Argument, selbst wenn ich mit dem Kerl nichts anfangen kann. Aus dem Augenwinkel beobachte ich ihn, aber er setzt sich nur auf einen Stein und lässt sich die Sonne auf den Kopf scheinen.

Da man trotz allem nicht nur auf Friedhöfen herumrecherchieren kann, treffe ich abends einige Bekannte in einem Restaurant. Es redet sich dort leichter als vielerorts, weil es so laut ist, dass man sein eigenes Wort nicht verstehen kann, sollte also jemand mithören wollen, hätte er große Mühe. Der Laden ist sehr zweckmäßig.

An unserem Tisch bricht eine hitzige Debatte über Ahmadinedschad aus. Von einigen wird er, obwohl ich das nicht zu Papier bringen sollte, als »nicht ganz dicht« dargestellt. Andere schütteln den Kopf. Der tue nur so. In Wahrheit sei er ein ganz raffinierter Politiker, wisse genau, was er wolle. Einer widerspricht, indem er anmerkt, die Islamische Republik sei so hinten nach, dass sie es beim besten Willen nicht mit Israel aufnehmen könne. Das Gerede von der Zerstörung sei nichts als totaler Größenwahn.

Das Regime wolle damit nur von der eigenen Misswirtschaft ablenken. Immer schlimmer würde es werden. An den meisten Universitäten würden religiöse Qualifikationen beurteilt werden, das Können sei zweitrangig. Revolutionswächter würden automatisch aufsteigen, egal, ob sie was könnten oder nicht. Basij würden die besten Prüfungsergebnisse haben. Und wenn einer wirklich was auf dem Kasten hätte, habe er nur ein Ziel im Kopf: weg von hier. Wie wolle man so jemals eine Bombe fertigstellen können? Na, ich wäre mir da nicht so sicher, erwidert ein anderer. Er muss das zweimal sagen, weil er vom Lärm übertönt wird. »Bald haben sie die Mullahs. Die Bombe, verstehst du, bald haben sie die Bombe!«

Je später die Stunde, desto mehr herrscht trotz des Trubels zumindest Einigkeit, Ahmadinedschads Drohungen gegenüber Israel seien der Bevölkerung mehr als egal. Selbst überzeugte Regimeanhänger würden da nicht so ganz hinter ihm stehen. Im alten Persien habe man doch mit Juden seit Jahrtausenden Seite an Seite gelebt. Palästinenser hingegen seien den Iranern fremd. Man wisse gar nicht, warum Ahmadinedschad sie verteidige. Hätten sich die Palästinenser zudem nicht im Iran-Irak-Krieg auf die Seite von Saddam Hussein gestellt? Und heute würde ihnen die Regierung Geld überweisen. Unser Geld verpufft!

Da sind wir schon bei der Nachspeise, zahlen und verabschieden uns voneinander in der Hoffnung, dass in der lauten Atmosphäre die Abhöranlagen nichts mitbekamen – oder der Abhördienst ohnehin längst weiß, was das Volk so denkt.

Bleibt noch ein Besuch am nächsten Morgen im jüdischen Krankenhaus, an dem kaum mehr etwas jüdisch ist, außer ein Schild und ein paar vereinzelte Ärzte. Die Filmerlaubnis zu bekommen hat lange gedauert. Diesmal nicht wegen einer Schikane des Ministeriums, weit gefehlt, sondern die jüdische Gemeinde hatte sich Zeit genommen. Das alte Spiel beginnt. Wir merken sofort, wir sind zwar nicht gerade unerwünscht, aber wenn wir uns schnell verkrümeln, wird uns niemand böse sein. Außerdem warten Patienten. Die sind wichtiger als das x-te Fernsehteam. Im Ruck-zuck-Verfahren drehen wir alles, was vor der Kameralinse auftaucht, Hauptsache, es geht schnell. In den Dreißigerjahren, unter dem Vater des Schahs, war das Hospital eines der modernsten in der ganzen Region. Das änderte sich mit Khomeini. Da gingen viele Ärzte weg. Seither überlebt man, indem man mehr moslemisches als jüdisches Personal einstellt und alle möglichen Patienten versorgt, anders würde es wahrscheinlich gar nicht funktionieren.

»Ah, Reporter«, sagt die Administratorin bei unserem Anblick in dem Ton, den ich inzwischen von Arash kenne. »Reporter, denen wir alles zeigen und die uns alle versprechen, sie schicken uns eine Kassette mit ihrem Bericht.«

»Wissen Sie, wie viele Kassetten ich schon bekommen habe?«, fragt mich der Leiter, während er uns durch das Haus führt.

Eigentlich ahne ich die Antwort schon, frage trotzdem: »Werden nicht so viele gewesen sein?«

»Keine einzige«, erwidert er triumphierend. »Sehen Sie, unsere Frauenabteilung …«

Jetzt beim Schreiben fällt mir siedend heiß ein, habe ich denen jemals die versprochene Kassette mit dem Bericht geschickt oder doch nicht?

DER HOLOCAUST GEMÄSS DER
ISLAMISCHEN REPUBLIK

Irans Außenminister hat alle Vorwürfe zu einer zwei-
tägigen Konferenz zum Thema Holocaust zurückgewiesen.
Manuschehr Mottaki sagte, es ginge nicht darum, den Holocaust zu bestätigen oder zu negieren, sondern Leuten zu
erlauben, »frei ihre Meinung zu äußern«.
Der israelische Ministerpräsident hatte die Veranstaltung als ein »a sick phenomenon«, eine »kranke Angelegenheit«, bezeichnet.
Präsident Mahmud Ahmadinedschad hat die Zahl von sechs
Millionen getöteten Juden infrage gestellt. Laut dem
iranischen Außenministerium werden 67 Forscher aus
30 Ländern an dieser Konferenz teilnehmen. Sie findet
in einem Land statt, in dem 25 000 Juden leben. »Es ist
unser Anliegen, Denkern eine Chance zu geben, die in
Europa nicht ihre Meinung über den Holocaust ausdrücken
können«, sagt Manuschehr Mottaki.
Unter den Teilnehmern befinden sich wohlbekannte Revi-
sionisten sowie Rechtsextreme wie der Amerikaner David
Duke, ehemaliger Führer des Ku-Klux-Klan. Kleine Gruppen von jüdischen Rabbinern werden ebenfalls erwartet.
Der orthodoxe Rabbiner Aron Cohen sagte, er sei gekommen, um den Standpunkt der orthodoxen Juden darzulegen: »Wir wissen, es gab einen Holocaust, weil wir ihn
erlebt haben. Nur kann er nicht als Rechtfertigung für
ungerechte Aktionen gegen die Palästinenser benützt
werden.«

Seine Gruppe Neturei Karta glaubt, die Idee eines jüdischen Staates an sich sei mit der jüdischen Religion nicht vereinbar (...)

Die Führung der Islamischen Republik war schon lange vor Ahmadinedschad bekannt für ihre antizionistischen und antisemitischen Äußerungen und Politik seit Khomeini.

Im Oktober 2005, einige Monate nach seiner Wahl, sagte Ahmadinedschad, dass bald der »Schandflecken der arabischen Welt (Israel) verschwunden sein wird«. In verschiedenen Erklärungen meinte der Präsident, der Holocaust sei ein »Mythos«, und schlug Europa vor, die Juden zurückzunehmen oder anderswo anzusiedeln.

Aus einem Artikel der BBC im Dezember 2006 auf
http://news.bbc.co.uk/2/hi/middle_east/6167695.stm
(Übers. d. Autorin)

Kapitel 15

Zwei Atombomben dankend erhalten

»Sie sagten gerade, schweres Wasser kann für Heilungen genützt werden?«

»Ja.«

»Können Sie uns das besser erklären?«

»Eines der Produkte von schwerem Wasser ist Deuterium. Wie Sie wissen, kann es die Verbreitung von Krebszellen und des Aids-Virus stoppen. Langsam werden die angefallenen Zellen abgestoßen. Natürlich wird ein Glas voller Deuterium nicht Krebs oder Aids stoppen. Es dauert eine Zeit lang. In vielen Ländern trinken Patienten anstatt normales Wasser diese Art von Wasser.

Anders gesagt, schweres Wasser kann eine Frage von Leben und Tod sein. Einer der Gründe für die Erzeugung schweren Wassers ist die Landwirtschaft, aber auch für medizinische Zwecke und für die Industrie in unserem Land!«

DER CHEF DER IRANISCHEN ATOMWIRTSCHAFT
MOHAMMED SAIDI IN EINEM INTERVIEW AM
27. AUGUST 2006 IM IRANISCHEN FERNSEHEN

In der Islamischen Republik gibt es Verbote wie Sand am Meer. Sie sind einerseits jedem einzelnen Iraner in Fleisch und Blut übergegangen. Andererseits werden die Verbote in einem fort geändert, entweder abgeschwächt oder verstärkt, je nach Bedarf. Das trägt zur Verwirrung bei, bis am Ende niemand mehr weiß, was denn nun gilt und was bis in alle Ewigkeit jedem Bürger versagt bleiben wird.

Eine Zeit lang herrschte enorme Verunsicherung sogar bei der Atomkraft oder der Atombombe, je nachdem, wie man es betrachtet. In den ersten Jahren der Republik wusste niemand, wo es langging. Das Thema war sensibler, als man sich vorstellen kann. Ohne Weiteres konnte kein Iraner behaupten, es gäbe den Wunsch, eine Bombe zu besitzen, oder das Gegenteil. So etwas konnte nur Revolutionsführer Khomeini bestimmen, und der gab sich weniger als klar in seinen Aussagen. Einmal hieß es, ein islamischer Rechtsspruch verbiete den Besitz von Atomwaffen. Dann wieder tauchte ein geheimer Khomeini-Brief auf, in dem der Revolutionär ganz anders dahinphilosophierte. Er stammt aus der Zeit, als die Mullahs gegen den Irak Krieg führen mussten, keiner ihnen half und sie drauf und dran waren zu verlieren. In diesem Zusammenhang ist der Brief zu verstehen, in dem sinngemäß steht, dass eine furchtbare Niederlage drohe, die man nicht einmal »mit dem Besitz einer Atombombe« abwenden werde könne.

Jahrelang herrschte daher Verwirrung. Das Thema Atom wurde wie eine heiße Kartoffel behandelt, die Khomeini hinterlassen hatte. Was nicht bedeutete, die Mullahs legten die Hände in den Schoß, nein, sie bauten in aller Heimlichkeit an unterirdischen Atomanlagen weiter, nur erfuhr die Welt es erst viel später.

Mit den Jahren wurde es ein wichtiges Thema, um nicht zu sagen das wichtigste. Also musste die Marschrichtung geändert werden. Über das Atomprogramm durfte nicht nur geredet werden, es musste sogar, ob man wollte oder nicht. Für den Mann auf der Straße sind solche Kehrtwenden nicht immer leicht nachzuvollziehen. Weil so lange Geheimnistuerei geherrscht hatte, war er jetzt ratlos. Glaubte er lange, Atomkraft sei eine bösartige Erfindung des Westens, etwas, auf das man als frommer Moslem ohne Weiteres ganz verzichten konnte, musste er sie jetzt verteidigen. Bis das der letzte Iraner kapierte, dauerte es.

So erzählte unser Übersetzer, vor nicht allzu langer Zeit hätte er ganz weit unten in Südteheran herumgefragt, was die Leute von Atomkraft und Ähnlichem halten würden. »Solange wir keine Arbeit haben, kann die uns erspart bleiben«, meinte eine Frau im Brustton der Überzeugung und setzte noch hinzu, sie verstehe überhaupt nicht, was man an dieser Atomkraft fände. Offenbar war das arme Geschöpf nicht auf dem Laufenden. Kaum hatte sie nämlich ausgeredet, schon stand ein Polizist in der Wohnungstür. Im Handumdrehen war es vorbei mit der Kritik. In höchsten Tönen lobte die Frau die weise Entscheidung der Führung, den Iranern Atomstrom zu bringen. Ganz klar, wir brauchen sie wie einen Bissen Brot, sagte sie sinngemäß. Sie hatte schnell verstanden.

Daraufhin zog der Polizist, halbwegs zufriedengestellt, ab, nicht ohne den Übersetzer eine Zeit lang zu verhören.

Polizeibesuche verbreiten sich in den Vierteln wie ein Lauffeuer, was dazu führt, dass alle recht schnell verstehen: In dieser Frage darf es kein Zittern und Zaudern geben. Jeder Iraner, so abgelegen kann er gar nicht leben, weiß inzwischen: Atomkraft in jeder Form ist nicht nur erlaubt, vielmehr ist sie erwünscht und muss gefördert, gelobt und wie auch immer besonders behandelt werden.

Für mich heißt das, Interviews zur Atomfrage zu machen bringt mich nicht weiter, weil ich die Antwort von vornherein weiß. Sie lautet: Atomkraftwerke, ja bitte. Jeder, der das verhindern will, bekommt es mit uns zu tun … Sollte jemandem einfallen, er wolle wie ein japanisches TV-Team die Anlagen heimlich filmen, endet er auf der Polizeistation, noch bevor er überhaupt die erste Anlage gesehen hat. Verpetzt vom eigenen Fahrer, mussten die japanischen Kollegen das Land auf der Stelle verlassen. So lässt sich die öffentliche Meinung in einem Regime wie diesem relativ problemlos ändern, oder wie der Fachausdruck lautet, gleichschalten.

Zur Unterstützung laufen auf allen Fernsehkanälen Abend für Abend Jubelberichte über die unaufhaltsamen Fortschritte beim Ausbau der atomaren Bunker, Anlagen, Kühlsysteme und was es noch so alles gibt. Es erinnert einen unwillkürlich an Reportagen, wie man sie früher in den sozialistischen Ländern zeigte. Und die Installationen der Iraner sehen auch aus, als stammten sie aus der ehemaligen UdSSR. Leicht altmodisch anzusehen. Noch ein Durchbruch, wird da aber verlautbart. Wieder ist ein schwieriges Experiment gelungen! Als Iraner kann man echt stolz sein, wenn man vor dem Fernsehapparat sitzt und sieht, wie Wissenschaftler in weißen Mänteln dynamisch an Schaltern herumhantieren. Meistens wird es spannend dargestellt, gesagt, dass die Anlagen militärisch abgesichert und zusätzliche Vorsichtsmaßnahmen im ganzen Land ergriffen worden seien. Klingt als gelte es, einen guten Geist zu behüten, diese Atomkraft. Man solle nur keine Angst davor haben, sondern sie vielmehr begrüßen. Bohrende Fragen über die Sicherheit der Atomkraft gibt es nicht, und wenn, hört man davon nichts in der Öffentlichkeit. Super-Gau, das Wort kennt man hier nicht. Längst ist es keine Frage der Technik mehr, sondern eine des Prestiges. Ein Traum, den man seit Jahrzehnten träumt und sich nun endlich erfüllen kann, hofft man zumindest. Der Schah hatte schon diesen Wunsch. Schon er wollte das Land zur Atommacht machen. Das ganze Programm war in seinen besten Zeiten von ihm ins Leben gerufen worden. Will sagen, es ist mehr als eine Frage, ob eine Schraube passt oder nicht, das da geht alle an. Und jetzt ist man auf dem Weg, es zu schaffen.

So geht das in einem fort. Noch dazu ist die Atomfrage Chefsache. Wichtige Meldungen werden vom Präsidenten persönlich an hohen Feiertagen verbreitet. Tagelang wird das Ereignis angekündigt, wie jüngst, als die industrielle Fertigung der Urananreicherung angeblich erreicht worden war. Die Verlautbarung wurde jedoch wieder verschoben, auf den nächsten hohen islamischen oder revolutionären Festtag. Tritt der Präsident auf, wird er von entsprechenden Gesängen, manchmal Tanzeinlagen begleitet.

Nebenbei gesagt, es werden zudem beinahe Abend für Abend die praktischen Seiten der Atomspaltung hervorgehoben. Die Medizin, bläut man den Zuschauern ein, brauche sie dringlichst. Kranke könnten mithilfe von schwerem Wasser geheilt werden, von der wunderbaren Energieversorgung ganz abgesehen. Atomkraft habe nichts als Vorteile. Das geht so weit, dass man offiziell nicht von »ziviler Atomkraft« spricht, wie bei uns, sondern der Ausdruck in der Islamischen Republik lautet »Friedliche Atomkraft«. Sie ist der Schlüssel zum Erfolg und, so die Propaganda, es dauert nicht mehr lange, da werde man ganz oben mitmischen, weil man keine Energieversorgungsprobleme mehr haben wird. Denn selbst die gigantischsten Ölreserven gehen eines lieben Tages zu Ende, daher muss vorgesorgt werden. Man kann nicht nur so dahinleben. An morgen zu denken ist eine wichtige Aufgabe. Wie wahr!

Dann gibt es da noch die Veranstaltungen der Atomindustrie, zu denen Nuklearexperten genauso eingeladen werden wie Mullahs und Reporter. Da sitze ich dann zwischen Fachleuten und ein paar Bärtigen herum, wobei alle aufmerksam auf eine Leinwand starren, wo Kinder zwischen nuklearen Kraftwerken und Wiesen voller Blumen herumhüpfen. Mit etwas Glück dürfen Reporter bei den seltenen Führungen durch die Atomanlagen dabei sein.

Ich habe es bisher noch nie geschafft, weil diese Besuche so streng geheim gehalten werden, dass man nur ein paar Stunden vorher darüber informiert wird. Schafft man es dann nicht, Hals über Kopf nach Teheran zu jetten, hat man Pech gehabt. Vielleicht klappt es beim nächsten Mal.

Man merkt, keine Mühe wird gescheut, um der Welt die Friedfertigkeit des iranischen Atomprogramms darzulegen, und wehe, jemand macht den Fehler und zieht die in Zweifel.

Der bekommt es mit dem Chef zu tun. Der versteht da keinerlei Spaß, wie damals, als er eine Pressekonferenz zu diesem Thema in seinem Teheraner Amtssitz abhielt. Dabei erklärte Ahmadinedschad in einem fort, sein Land werde sich niemals davon abhalten lassen, friedliche Atomenergie zu erzeugen. Da solle sich die Welt keinerlei Illusionen hingeben. Die Bombe hingegen wolle man natürlich nicht bauen. Weil aus irgendeinem menschlichen Versagen heraus ein Übersetzer des amerikanischen Senders CNN nicht von Atomkraft, sondern mehrmals von Atomwaffen sprach, vergaßen Präsident und Mitarbeiter ihre Friedfertigkeit und belegten die Anstalt beinahe bis in alle Ewigkeit mit einem Einreiseverbot. Kurz, die Iraner waren sauer wie nur was. Da bemühte sich der Präsident, seinen Auftritt mit der Abbildung einer Friedenstaube hinter seinem Kopf zu unterstützen, und dann das. Es war mehr als peinlich.

Im Iran, kann man daraus logisch folgern, sollte man das Wort Atombomben nicht einmal in den Mund nehmen. Während Atomforscher, -fortschritte und Sonstiges durch die Nachrichten geistern, kommen Atomwaffen genauso wenig vor wie, sagen wir, Frauen ohne Kopfbedeckung. Sie sind ein Tabu. Kann sein, dass hie und da ein Offizieller über deren Nutzung etwas rein Theoretisches bekannt gibt, mehr nicht. Darüber redet man nicht. Das geht so weit, dass selbst Khomeini zensiert wird. Sein Brief aus den Achtzigerjahren war lange verschollen und vergessen gewesen, aber eines Tages, im Frühjahr 2005, tauchte er wieder auf. Er wurde veröffentlicht, in allen Zeitungen abgedruckt. Genauso, wie ihn der verstorbene Ayatollah geschrieben hatte, mit allem Drum und Dran, das Wort »Atombombe« inklusive. Halb Teheran stand Kopf. Es dauerte nicht lange, bis die offizielle Nachrichtenagentur das Wort »Atombombe« aus dem Brief herausstrich und ihn nochmals veröffentlichte. Damit war es, als hätte Khomeini es nie behauptet. Die Sache war erledigt. Man war aus dem Schneider.

Was die da oben sagen, ist in der Islamischen Republik eine Sache, unten sieht es anders aus. Inzwischen haben die pfiffigen Iraner gelernt, zwischen den Zeilen zu lesen. Sie finden es urkomisch, wie bemüht das Regime ist, vor der Welt den Eindruck zu zerstreuen, es wolle Atomwaffen. Das geht so weit, dass Iraner daheim vor dem Fernseher, wenn sie unter sich sind, von Atomwaffen reden, als wäre es die natürlichste Sache der Welt. Einer aus Südteheran bestätigte mir, seine Familie würde selbstverständlich daheim nicht nur von Kraftwerken reden. So blöd wäre man ja nicht, um das nicht zu verstehen. Das triumphale Lächeln unseres Fahrers, wenn er Ahmadinedschad zuhört, wie der eine neue Errungenschaft auf diesem Gebiet bekannt gibt, will ich jetzt nur am Rande erwähnen.

Nach anfänglichem Misstrauen, was denn die Mullahs da im Schilde führen würden, sind die Iraner inzwischen stolz. Sie sagen sich: Haben wir als Heldennation nicht das Recht, ja beinahe die Pflicht, uns zu bemühen, eine Atommacht zu werden?

Man kann es ihnen nicht verübeln. Nach all den Verboten ist endlich etwas erlaubt. Man braucht keine

Hemmungen mehr zu haben! Ist das vielleicht eine Erleichterung!

Daher reden die Leute in der Zwischenzeit, ziemlich egal wo sie wohnen, über die Bombe, als wäre nichts dabei, Hauptsache, kein Ausländer hört einen. Selbst meine Bekannte Shala, absolut nicht interessiert an Politik, würde ein, zwei Atombomben in den Bunkern von Natanz oder sonst wo gelagert, ganz in Ordnung finden. Unter dem Siegel der Verschwiegenheit gesteht sie mir: »Ich kenne mich bei dem Zeug nicht aus, bin auch bei Gott keine Israel-Feindin, aber wieso sollen die eine Bombe haben und wir nicht?«

Jedes Kind weiß, dass Israel Atombomben besitzt, wenn auch nicht offiziell. Ebenso wie die Islamische Republik sie eines Tages besitzen möchte. Alle sollen sich fürchten, selbst wenn niemand genau weiß, wovor.

An Argumenten, warum das so sein sollte und nicht anders, fehlt es keinem. Shala findet, man sei ja wirklich kein Dritte-Welt-Land, daher ohne Weiteres reif für so etwas. Das bedeute doch nicht, man wolle den Israelis bei nächster Gelegenheit eine 20-Kilo-Bombe aufs Haupt schmeißen, wäre ja absurd! Weil die ebenfalls eine haben, würde man doch sofort eine zurückbekommen, wenn nicht gar ein paar mehr. Mit einem Angriff würde man sein eigenes Todesurteil unterschreiben. Ich bin mir nicht so sicher, ob alle die Angelegenheit so bis zum bitteren Ende durchdenken. Man weiß ja zur Genüge, wie unvernünftig manchmal Politiker und in diesem Fall eben Mullahs sein können. Andere stoßen sich nicht nur an der israelischen Bombe. Sie finden, es sei regelrecht eine Unverschämtheit, bei anderen Ländern mache der

Westen nämlich keineswegs so einen Tanz, etwa wie bei den Pakistanern, die genauso ihre Bombe haben wie die Inder.

Also wartet alles auf die Schlagzeile in den Abendnachrichten und hofft, sie wird baldigst kommen: Atommacht Iran!

Der Fairness halber muss ich hinzufügen, Fortschrittsglaube ist in der Islamischen Republik Iran, so eigenartig das klingen mag, bei Jung und Alt weit verbreitet. Im Fernsehen, ein Hort an Jubelmeldungen, wird ständig verlautet, man hätte den einen oder anderen medizinischen Durchbruch erzielt oder würde in Bälde umweltfreundliche Autos am Fließband produzieren. Überprüfen sollte man das lieber nicht.

Spaziere ich auf dem Khomeini-Platz herum, drücken sich da Iraner die Nase an den Schaufenstern platt, um die letzten Modelle von importierten Flachbildschirmen sehnsüchtig zu betrachten. Oder zumindest ein Handy müssen sie besitzen, selbst wenn der Empfang alles andere als gut ist. Wer etwas auf sich hält, läuft nicht ohne herum, Mullahs eingeschlossen. Kehren Iraner aus dem Ausland zurück, sind sie vollgepackt wie Packesel mit Mixern, Espressomaschinen oder den neuesten Modellen von Haartrocknern.

Will jemand den Fortschritt wie Atomkraftwerke verbieten, wittern Iraner gleich eine Verschwörung des Westens dahinter, womit sie nicht so ganz unrecht haben. Laut der internationalen Verträge darf beinahe ein jeder, selbst ein fanatisches Mullah-Regime, ohne Weiteres Atomkraftwerke besitzen. Niemand dürfe es ihm verbieten. Solange die gut kontrolliert werden, damit nicht angereichertes Uran für den Bau von Atombomben still und heimlich abgezweigt wird.

Selbst die beste Kontrolle bringt nichts gegen Leute mit starkem Willen wie die Mullahs. Glaubt man, sie in Schach zu halten, finden sie einen Ausweg, doch noch eine Bombe zu basteln, und sei es, indem sie alle Teile am Schwarzmarkt erstehen wie schon in der Vergangenheit, als sie in Dubai versucht hatten, sich ein Atomprogramm zusammenzukaufen. Windige westliche Geschäftsleute oder die atomerprobten Pakistaner waren ihre Ansprechpartner, ein jeder war ihnen recht, solange er den Iranern etwas Bombenähnliches in Aussicht stellte.

Eines Tages unterhielt ich mich mit einem einheimischen Journalisten, ein Kenner der Szene wie kein zweiter. »Glauben Sie mir«, sagte er in eindringlichem Ton, »die Mullahs denken Tag und Nacht nur an eines: Wo bekommen wir eine Atombombe her? Kann man die nicht kaufen? Mit einer Bombe, glauben sie, könnten sie sich noch eine ganze Weile an der Macht halten ...«

Daraus lässt sich schließen: Die Mullahs wollen zwar die Bombe, haben sie aber noch nicht.

Wie kann man das jedoch wirklich verhindern? Was soll man tun? Wenn das alles nur so einfach wäre, wie sich manche das vorstellen. Bislang schaffte es keiner, den Iranern diese Zwangsidee auszureden, sie davon zu überzeugen, dass es viel besser wäre, auf Extrawürste zu verzichten, sprich die Atomkraft unter internationale Kontrolle zu stellen, sich mit allen hinzusetzen und zu sehen, was man machen könnte. Frieden in der Region würde kein iranisches Atomprogramm bringen, vielmehr würde das reine Gegenteil eintreten: Sobald die Iraner das erste Atomkraftwerk und ihre Bombe besäßen, würden alle anderen Länder bereits in den Startlöchern sitzen, um gleichzuziehen. Ein Wettrennen ohnegleichen wäre die Folge. Nebenbei sei erwähnt, dass angesichts der Lage nichts auszuschließen ist, nicht einmal, dass eine Mini-Bombe in den Händen von Unbefugten wie einer Terrorgruppe enden könnte. Nicht auszudenken in einer Gegend wie dieser. Was erwidern Irans Offizielle, macht man sie auf so ein Szenario aufmerksam? »Wie kommen Sie darauf, die Bombe wollen wir doch gar nicht. Nehmen Sie doch noch ein paar Pistazien, unsere sind die besten.«

PS:
Verschiedene Stellen im Westen, sprich Geheimdienste, sind sich nicht einig, wie weit das Atomprogramm der Iraner inzwischen fortgeschritten ist. In Teheran berichtete mir ein Diplomat von einem Treffen zum Thema Atomprogramm beziehungsweise Atombombe. Spionage- und Aufklärungsdienste wie der deutsche BND oder der britische MI6 sollten da ihre Einschätzungen darlegen. Es herrschte keine Einstimmigkeit. Während die Deutschen behaupteten, noch ein gutes Jahr, dann hätten die Mullahs ihr Ziel erreicht, sprich die Bombe, winkten die Briten ab: Nach ihren Erkenntnissen, meinten sie, würde sich vor sechs Jahren überhaupt nichts abspielen. Jeder Dienst ist natürlich von der Richtigkeit seiner Einschätzung überzeugt.

So einfach ist die Sache jedoch nicht.

Vor dem Irak-Krieg im Jahr 2003 hatten sich die Geheimdienste bereits einmal in der Frage der Massenvernichtungswaffen getäuscht, zu denen auch Atomwaffen gehören. Damals sagten sie, Saddam Hussein habe diese Waffen. Heute wissen wir, er hatte sie nicht. Im Iran laufen sie wieder Gefahr, sich zu irren, entweder in die eine oder in die andere Richtung.

Nicht minder heikel: die UN-Sanktionen. Weil die Iraner der Vorgabe des UN-Sicherheitsrates nicht Folge leisteten, ihr Atomprogramm unter die Kontrolle der Internationalen Atomenergiebehörde zu stellen, wurden Maßnahmen ergriffen. Mehrmals wurden bereits Sanktionen, etwa wie ein Reiseverbot etc., gegen die Islamische Republik verhängt. Die sind zwar relativ harmlos im Vergleich zu den Sanktionen der Amerikaner seit der Geiselnahme im Jahre 1979, aber immerhin. Sagen die einen, man würde so die Mullahs bald in die Knie zwingen und sie würden ihr Atomprogramm aufgeben, weil sonst ihre Wirtschaft zugrunde gehen würde, meinen die anderen: Mullahs oder sonstige Machthaber mit Wirtschaftssanktionen zu Kompromissen zwingen zu wollen wäre eine trügerische Illusion. Im Gegenteil: Je mehr Druck von außen käme, desto mehr würden sie von der Bevölkerung unterstützt. Niemand ließe sich von einem Außenstehenden vorschreiben, was er zu tun und zu lassen habe.

Man müsse, so die Zweifler, bedenken, dass die Iraner mit ihren Öleinnahmen genug Spielraum hätten. Mit anderen Worten: Sie haben Geld in Massen. Mit Geld lassen sich Auswege finden. Verbieten ihnen die Sanktionen den direkten Handel mit westlichen Firmen, kaufen sie eben über Drittländer ein, das ist dann nur etwas teurer, denn Zwischenhändler wollen bezahlt werden.

Noch bevor eine Bank der Islamischen Republik wie die Bank der Armee, die Sepah-Bank, auf die schwarze Liste gesetzt wurde, halfen internationale Fachleute den Iranern, ein neues Geldinstitut zu eröffnen. Traten die Maßnahmen in Kraft, waren die Konten längst woanders. Ein Ende des Katz-und-Maus-Spiels ist nicht abzusehen …

ATOMANLAGEN IM IRAN

Angereichertes Uran kann für zivile und für militärische Zwecke, sprich Bomben, verwendet werden. Alles hängt vom Grad der Anreicherung ab.

Diese Anlagen wurden von der Islamischen Republik an die Internationale Atomenergiebehörde (IAEO) gemeldet. Sie sind entweder bereits fertig oder noch im Bau:

URAN-ANREICHERUNG:

In Natanz wurde eine unterirdische Uran-Anreicherungsanlage gebaut, die laut iranischer Auskunft 50 000 Gaszentrifugen aufnehmen kann. Mitte Mai 2007 wurden laut UN-Inspektoren ein paar Tausend Zentrifugen installiert. Ende April hatte Präsident Ahmadinedschad angekündigt, sein Land habe die industrielle Anreicherung erreicht und sei in den Kreis der Atommächte eingetreten. Uran wird angereichert, indem man die Zentrifugen in Drehung versetzt.

In Natanz soll laut dem Iran nur eine Anreicherung von 3,5 bis 5 Prozent geplant sein, das heißt Brennstoff für Atomkraftwerke.

Für den Bau einer Atombombe muss die Anreicherung 90 Prozent sein. Dafür müssen rund 3000 Zentrifugen ungefähr ein Jahr lang ständig in Betrieb sein.

Ursprünglich hatte der Iran angekündigt, er werde 2005 bereits mit der industriellen Uran-Anreicherung beginnen. Mehrere Ankündigungen wurden immer wieder verschoben, was Zweifel an den Erfolgen der iranischen Techniker aufwirft. Trotzdem besteht die IAEO darauf, dass der Iran mit großem Tempo arbeite.

Flugabwehrsysteme beschützen das Areal in Natanz.

SCHWERWASSERREAKTOR:

In Arak, südlich von Teheran, wird ein Schwerwasserreaktor gebaut. Offiziell soll das Schwerwasser für einen Forschungsreaktor genützt werden. Schwerwasserreaktoren erzeugen Plutonium, ideal für den Bau einer Atombombe. Man braucht ungefähr 8 bis 10 Kilo Plutonium für eine Bombe.

KERNKRAFTWERKE:

In Buschehr begannen bereits in den Siebzigerjahren deutsche Ingenieure von Siemens mit dem Bau des ersten iranischen Atomkraftwerkes, damals im Auftrag des Schahs. Nach der Islamischen Revolution wurde das Projekt eingestellt. Im Iran-Irak-Krieg wurde ein Teil der Anlagen bombardiert.

1995 wurde ein Vertrag mit den Russen abgeschlossen, um das Werk Buschehr fertigzustellen. Es sollte 2006 bereits betriebsbereit sein, ist aber immer noch im Bau. 20 weitere Kernkraftwerke sind geplant.

Kapitel 16

Regieren und Inszenieren

»Ich bin ein einfacher Mensch. Ich weiß nicht,
ob es Gott gibt, aber die Mullahs haben viele Jahre
studiert. Die müssen doch wissen, dass Gott
nicht existiert.«

VATER EINES IRANISCHEN BEKANNTEN

Das iranische Regime ist nicht irgendein Regime, sondern ein revolutionäres Regime. Ein gewisser missionarischer Eifer gehört also zum Programm dazu. Man will andere überzeugen, um nicht zu sagen zwingen, genauso zu sein wie man selbst. Das ist normal, wenn man glaubt, die Geschichte habe einem recht gegeben. Auf dem Erreichten sitzen bleiben wie ein Buddha wollen die Mullahs nicht, es muss weitergehen. Es muss sich etwas bewegen. Heute mehr denn je, wo doch der Islam auf dem Vormarsch ist, erklärte mir ein Mullah bei einer passenden Gelegenheit. Das Bedürfnis, auf der Welle des Islam mitzuschwimmen, komme wie von selbst.

Weil man zu den Schiiten gehört, ist es nur logisch, zuerst zu versuchen, andere Schiiten von seiner guten

Sache zu überzeugen. Schiiten leben in Afrika, im Libanon, in Pakistan, Afghanistan und massenweise im Nachbarland Irak. Da stellen sie sogar die Mehrheit der Bevölkerung. Woanders ist es nicht so. Sind die Schiiten in der Minderheit, werden sie unterdrückt wie alle anderen Minderheiten auch. Umso mehr beeindruckt so manchen armen Schlucker die Erfolgsgeschichte der Mullahs. Obwohl denen im Iran anfangs niemand die geringste Chance gab, überleben sie bereits seit drei Jahrzehnten, allen Unkenrufen zum Trotz. Wer hätte das gedacht, als der greise Khomeini damals nach langen Jahren des Exils Teheraner Boden betrat?

Schon Khomeini hatte Großes vor. Er wollte die Islamische Revolution von Anfang an exportieren, obwohl ihm viele davon abrieten. Er ließ sich das nicht ausreden. Seine Ideen, einige davon zum Fürchten, unter die Leute zu bringen, war leichter gesagt als getan. Seine altmodischen Bekleidungsvorschriften für die Frauen sprachen sich in Windeseile auf dem Erdball herum. Mit offenen Armen wurde er nur von seinesgleichen empfangen, eben von den Schiiten, und selbst da war das anfangs nicht selbstverständlich. Mit ein paar großzügigen Geschenken jedoch gelang es iranischen Revolutionswächtern, zumindest ihre Glaubensbrüder im Südlibanon von Khomeinis Vorzügen zu überzeugen, und davon, Milizen wie im Iran zu gründen. Sogar eine eigene »Partei Gottes«, die Hisbollah, erblickte das Licht der Welt. Es dauerte nicht lange, da bastelten ihre Mitglieder Bomben. Inzwischen ist die Partei mindestens genauso erfolgreich wie ihre Förderer. Die scheuten keinerlei Mühe, um ihre Zöglinge zu einem echten Staat im

Staat auszubauen, sie gut auszurüsten mit Waffen, Raketen und Sprengstoff. Für den Überschuss an Selbstmordattentätern sorgen die libanesischen Kollegen schon selbst.

Erwähnt man nur den Namen Hisbollah bei Offiziellen in Teheran, bekommen die einen verklärten Blick. Was Besseres hätte sich Khomeini nicht träumen lassen können als eine solche Kampftruppe, auf deren Konto zahlreiche Anschläge sowohl gegen Israel als auch gegen andere Feinde des Islam gehen.

Wann immer die Hisbollah den kleinsten Sieg feiert, werden im Iran die Fahnen geschwenkt, so als wäre es ein eigener großer Erfolg.

Beeindruckt von ihren Zöglingen drücken die Mullahs längst ein Auge zu und überweisen verschiedensten Gruppen ein paar Millionen, selbst wenn die alles andere als Schiiten sind. Laut dem Wahlspruch: Auch wenn es nichts bringt, schadet es nicht.

Kein Monat vergeht, ohne dass in Teheran für die eine oder andere internationale Sache gesammelt würde. Ausstellungen in Ämtern und Ministerien erinnern an die Massaker von Palästinensern und Sonstigen. Da hängen riesige Fotos, so grauenhaft, dass man selbst als abgebrühter Reporter kaum hinschauen kann. Ein Klagegesang aus Lautsprechern unterstützt die morbide Stimmung. Ganze Schulklassen werden mit Autobussen angekarrt und an den Ständen vorbeigeführt, bis sie an einem Tisch landen, wo sie sich als freiwilliger Kandidat für einen Selbstmordanschlag melden können. Da schreiben Dreikäsehochs ihren Namen auf ein jungfräuliches Blatt Papier, Geburtsdatum, die genaue Adresse, für den Fall, dass man sie schnell braucht. »Meinen die das ernst?«, frage ich eine strenge Gestalt in einem Tschador während einer solchen Rekrutierungsmission in der ehemaligen US-Botschaft von Teheran, wo jetzt in einem Nebengebäude diese Art von Veranstaltungen stattfindet. Erstauntes Kopfnicken ist die Antwort.

Daneben wird jede Menge Geld ausgegeben, um alle möglichen religiösen Einrichtungen wie Moscheen und Koranschulen zu fördern und im Austausch dafür Lobeshymnen auf die eigene Republik zu ernten. Die meisten dieser Schulen befinden sich aber im heiligen Qom. Der Aufenthalt der Ausländer wird selbstverständlich vom ersten bis zum letzten Tag bezahlt, aber die Investition scheint sich zu rentieren, denn Koranschüler von heute sind die Politiker von morgen.

Revolutionsexport, in welcher Form auch immer, ist neben der Ausfuhr von Pistazien *die* Erfolgsgeschichte der Mullahs. Das ist ihnen gelungen, müssen selbst kritische Geister neidlos anerkennen. Niemand sei in dieser Frage heute aktiver als die Iraner, keiner würde sich weniger auf Geldsäcken ausruhen als sie, sondern dafür sorgen, dass alles unter die Leute kommt, seien die noch so entfernt und noch so radikal.

Die üblichen Lästermäuler von Teheran, ein paar mir bekannte Jugendliche, lassen kein gutes Haar daran. Diese revolutionäre Großzügigkeit sei umso schlimmer, als genug Einheimische bedürftig seien. Denen solle man das Geld lieber geben als obskuren Terrorgruppen, was die damit machen würden, wisse man ohnehin nicht. Selbst bei einfachen Taxifahrern konnte ich einiges zu diesem Thema hören: hinausgeschmissenes Geld! Was habe ich davon, dass die Palästinenser ständig Krieg führen? Und wenn, warum mit der Kohle, die mir eigentlich zusteht? …

Naturgemäß sieht es die Führung nicht so. Vielmehr denkt sie an die weitere Verbreitung ihrer Zauberformel. Wobei die Zeit nicht günstiger sein könnte, beinahe wird es von Tag zu Tag besser für sie, seit … ja, seit wann eigentlich?

Man kann es beinahe auf den Tag genau festlegen. Seit den Terroranschlägen im September 2001. Zu diesem Zeitpunkt haben ausgerechnet die Amerikaner die Mullahs von zwei ihrer schlimmsten Feinde befreit.

Die einen waren die radikalen Koranschüler, die Taliban, die ein paar Jahre in Afghanistan am Ruder waren, bis sie von der US-Armee nach den September-Attentaten, für die man sie mitverantwortlich machte, vertrieben wurden. Aus Teheran kam nicht einmal der kleinste Antikriegsprotest. Nichts, kein Laut wurde vernommen. Man fühlte sich nicht betroffen, um nicht zu sagen, man war zufrieden. Hinter den Kulissen half man den Amerikanern sogar, weil sie den Mullahs einen riesigen Gefallen taten.

Dann folgte der Irak-Krieg, wieder ein unabsichtlicher Freundschaftsdienst der Amerikaner. Da wurde der zweite Problemfall, Saddam Hussein, vertrieben. Mit dem hatte Teheran wegen des langen Krieges ein paar Rechnungen offen. Wieder taten die Mullahs so, als ginge sie das Ganze nur am Rande an. Sie rührten sich nicht, als die US-Armee das Nachbarland in einem Blitzkrieg eroberte, wie ihn die Welt schon lange nicht gesehen hatte.

SCHIITEN UND SUNNITEN

Im Monat Muharram, dem ersten Monat des islamischen Jahres, ziehen Tausende Schiiten nicht nur durch die Straßen Teherans, sondern auch durch die aller anderen iranischen Städte.

Sie gedenken damit einer Niederlage bei der Schlacht von Kerbela (im heutigen Irak). Dort waren im Jahr 680 Imam Hussein, der Enkel des Propheten Mohammed, getötet und seine Armee vernichtend geschlagen worden. Nicht allein im Iran trauern seither Schiiten um diesen Imam, indem sie wehklagen. Einige geißeln sich symbolisch.

Die Schlacht von Kerbela gilt als der Tag, an dem sich die Moslems endgültig in Schiiten und Sunniten spalteten. Die Schiiten, eine Minderheit, hatten als rechtmäßige Nachfolger des Propheten nur Familienmitglieder Mohammeds anerkannt. Sunniten wählten hingegen Männer aus ihren eigenen Reihen zu ihren religiösen Führern, in Fortsetzung alter Stammestraditionen im Nahen Osten.

Heute ist der Iran der einzige schiitische Staat der Welt. 90 Prozent der Bevölkerung sind Schiiten. So ist hier das Zentrum der Schiiten. Im Nachbarland Irak stellen sie immerhin eine Mehrheit, in Saudi-Arabien, Bahrain, Afghanistan und im Libanon Minderheiten.

Im Gegensatz zu den Sunniten glauben Schiiten an die Wiederkehr des Mahdi, des verschwundenen zwölften Imam. Er war im Jahr 878 in der Stadt Samarra (heute ebenfalls im Irak) in einem Brunnen verschwunden. Erst mit seiner Wiederkehr wird es laut schiitischer Lehre ewigen

Frieden auf der Welt geben. Bis dahin können islamische Gelehrte den Koran interpretieren und als Vertreter des verschwundenen Imam gelten.

Zu Lebzeiten wurde Ayatollah Khomeini mehrmals gefragt, ob er denn der zurückgekehrte zwölfte Imam wäre. Da er die Frage weder bejahte noch verneinte, weiß es niemand. Nach seinem Tod wurde ihm der Ehrentitel Imam verliehen.

Obwohl, in den Tagen nach dem schnellen Sturz des Saddam-Hussein-Regimes herrschte Panik bei den Mullahs, denn man war sich nicht ganz sicher, ob die US-Armee nicht gleich weitermarschieren würde in ihre Richtung. Schließlich war bereits das fatale Wort von der Achse des Bösen gefallen, damit hatte der amerikanische Präsident den Iran in die Reihe der Schurkenstaaten eingereiht, keine sehr freundschaftliche Formulierung!

Teherans Jugend, damals noch vom ungebremsten Freiheitstrieb beseelt, erwartete hingegen die GIs wie Befreier. An Unis, in Kaffeehäusern, dort, wo sich Halbwüchsige und Studenten versammelten, herrschte die Zuversicht, sie würden keinesfalls an der Grenze haltmachen und sicherlich die Mullahs in einem Aufwasch von der Macht vertreiben. Von Bagdad bis nach Teheran durchmarschieren. Aufbruchsstimmung machte sich breit. Die beschrieb ein mir bekannter Professor, als er mich zu sich zum Mittagessen einlud, in jeder Einzelheit, so beeindruckt war er offenbar. Wie man die Amerikaner erwartet hätte, nein, herbeigewünscht hätte man sie geradezu. Die Leute hätten alle Quälereien der »Fatim-Kommandos« und sonstiger Schnüffler geschluckt, weil sie sich innerlich sagten, lange dauert dieser Unfug nicht mehr. Schon morgen fallen wir uns auf der Valiasr Avenue mit amerikanischen Soldaten in die Arme! Wird das herrlich sein! Nichts kann mehr schiefgehen!

Doch es dauerte nicht lange, da wendete sich das Blatt. Die Amerikaner hatten bald alle Hände voll im Irak zu tun. Um die Mullahs hätten sie sich zwar liebend gerne gekümmert, konnten es jedoch beim besten

Willen nicht. Dazu waren sie zu sehr mit dem Irak beschäftigt. Besser konnte das Schicksal die Mullahs gar nicht behandeln.

Doch ihr Land ist von amerikanischen und westlichen Truppen umzingelt. An der iranischen Westgrenze, im Irak, stehen beinahe 150 000 westliche Soldaten, an der Ostgrenze, in Afghanistan, viel weniger, so um die 50 000, aber immerhin. Sie fühlen sich zu Recht eingekesselt. Die Angst, sie könnten die Nächsten sein, die sich die Amerikaner vorknöpften, ist nicht ganz von der Hand zu weisen. Aber bis zu diesem Tag, falls er je kommen sollte, muss das Atomprogramm weitergehen, am besten im Eiltempo. Die Mullahs sagen sich, nur das wird die größte Armee der Welt abschrecken.

Kommen die Amis nicht, kann man die Aufrüstung immer noch für andere Zwecke brauchen. Schließlich ist die gesamte Region, von Ost bis West, nichts als ein Trümmerfeld. Kaum ist ein Krisenherd unter Kontrolle, schon flammt der nächste Krieg auf; wird ein Waffenstillstand geschlossen, schießt sicher einer quer, da muss man als Islamische Republik vorsorgen, versuchen, seinen Platz zu finden, vielleicht sogar eine regionale Supermacht werden. Das wäre der zweite Wunschtraum der Mullahs neben der Atombombe. Aus ihrem Land eine Macht zu machen, die alle respektieren, oder besser gesagt fürchten. Wie beim Atomprogramm berufen sich viele auf den Schah. Unter dem hätte es bereits Pläne gegeben, Herr der Region zu werden. Kein Wunder bei so einem prachtvollen Land, sagen die Iraner, haben wir nicht die Größe, Wichtigkeit und historische Bedeutung? Und man darf die Erdölvorkommen nicht vergessen. Kurz, wir sind prädestiniert für eine Hauptrolle auf der Weltbühne. Legt man noch eine Bombe obendrauf, kann man sicher sein, die anderen platzen vor Neid.

Nun versteht man schon besser, warum Ahmadinedschad Israel zerstören will, obwohl das für die meisten Iraner kein besonders vorrangiges Anliegen ist. Damit kann er die anderen beeindrucken, die Nachbarländer. Ein junger Regisseur erzählte mir einmal beim Essen nach seiner Rückkehr aus der ägyptischen Hauptstadt Kairo: »Als ich einem Taxifahrer sagte, ich sei Iraner, chauffierte er mich umsonst, so begeistert war er von Ahmadinedschad. Nebenbei wollte er wissen, woher der Präsident seine Jacken habe. Die würden ganz toll aussehen! Er sei ihr Held!«

Was will man mehr, sagen sich die Mullahs. Mit so einem sind wir zumindest bei den einfachen Leuten nicht zu überbieten! Längst werden alle möglichen Botschafter ausgesandt, um die Region davon zu überzeugen, dass die Islamische Republik ein wahrer Segen sei. Das geht so weit, dass Anrainerstaaten gratis das Wissen um die Atomtechnologie, selbstverständlich der friedlichen, angeboten wird. Nur ein kleines Problem hat keiner bedacht: Die meisten wollen mit denen in Teheran rein gar nichts zu tun haben. Sie haben nicht vergessen, wie die iranische Republik seit Jahrzehnten versuchte, die eine oder andere Regierung, die ihr nicht passte, in aller Stille zu stürzen. In ihrem religiösen Eifer sind die Mullahs bereits oft über das Ziel hinausgeschossen. Schuld sind aber die üblichen Missetäter. Stoßen sie auf die geringste Ablehnung, sind die Iraner schnell beleidigt und vermuten eine Verschwörung des Westens dahinter.

Klar, anders kann es gar nicht sein. So was geht gut rein bei vielen Iranern.

Die Stunde ist aber günstig zum allgemeinen Aufräumen: Die Kritiker sitzen inzwischen hinter Gittern und werden da noch ein paar Jahrzehnte bleiben. Die Strafen sind hier hart. Melden sich aufrührerische Damen zu Wort, wie vor Kurzem am Internationalen Frauentag, wird der Spuk mit fester Hand beendet. So etwas wirkt wahre Wunder, selbst bei Shala, die inzwischen ihre Dauerrevolte gegen das Kopftuch eingebremst hat, denn pausenlos nur gegen etwas zu sein, da geht einem irgendwann der Saft aus. Meckert eine vom »Fatim-Kommando« auf der Straße an ihr herum, gibt ihr Shala lächelnd recht und denkt sich ihren Teil. (Blöde Ziege! Wenn ich dir was raten darf, stell dich unter die Dusche, denn wenn man den ganzen Sommer im selben Tschador herumläuft, hat das Folgen! Du riechst ätzend!)

So oder so ähnlich zerreißen sich Shala und ihre Freundinnen ihren Mund über die verhassten Kommandos, daran wird sich so schnell nichts ändern. Nicht in ihrer Anwesenheit ziehen sie über sie her, sondern im Nachhinein, wenn es sicherer ist, ihrem Ärger Luft zu machen. Ich falle, trotz meiner Bemühungen, mich anzupassen, weiter unangenehm auf, wie letztens, als ein Uniformierter sich vor uns aufbaute und die Genehmigungen einforderte, obwohl Jean-Jacques nicht einmal die Kamera ausgepackt hatte, weil wir nur zum Mittagessen unterwegs waren. Anders als Shala traute ich mich erst im Nachhinein zu lachen, denn so etwas könnte als unzüchtige Geste interpretiert werden. Wer weiß, was sonst noch auf uns zugekommen wäre!

Zunehmend sehe ich bei meinen Spaziergängen, wie die Jungen die Köpfe einziehen, wenn sie sich überhaupt hinauswagen und nicht gleich in die innere Immigration flüchten. Die sieht folgendermaßen aus: Man zieht die Rollläden runter, dreht die Stereoanlage voll auf, wirft schon mal eine schwarzgepresste DVD in den Computer ein, hurra, schon ist man nicht mehr hier, sondern könnte genauso in Berlin-Kreuzberg leben. Oder man verwandelt den Tag in die Nacht und umgekehrt, wie ein mir bekannter Maler. Stehen alle auf, geht er zu Bett. Legt sich Teheran schlafen, erwacht der Künstler, um riesige Leinwände mit Farbe und Formen zu beklecksen. Hat er Hunger, schickt er jemanden los, nur um nicht zu sehen, welcher Spitzel auf dem Gehsteig herumlungert. Die dunkle Seite der Medaille: Teherans Künstler, Punker, Rockmusiker haben keine Ahnung mehr, was ein Fladen Brot kostet, wie die Mullahs. Das berührt sie gar nicht. Ein gewisser Ahmadinedschad das Staatsoberhaupt? Gefällt keinem und stört keinen. Gut, will ein Maler seine Bilder ins Ausland bringen, holt ihn die Wirklichkeit ein, denn der Zoll lässt keines durch, auf dem Frauenhaare oder gar Frauenkörper erkennbar sind. Schon ist das Meisterwerk beschlagnahmt. So malen die Künstler in ihren stillen Kämmerlein dahin, ohne zu wissen, wie und wann sie einen Käufer finden werden. Ausstellungen finden in Wohnungen statt. Da die Polizei einen Hausdurchsuchungsbefehl braucht, wenn sie da Ärger machen will, hat man dort halbwegs seine Ruhe, falls sich die Ordnungshüter an ihre eigenen Gesetze halten. Die Resignation ist weit verbreitet. Keinem kommt sie besser gelegen als den

Mullahs. Wer revoltiert schon gegen ein Regime, das ihm egal ist?

Hat man Behördenwege zu erledigen, engagiert man sich für ein paar Toman einen Arbeitslosen, anstatt selbst herumzustehen und möglicherweise für seine Kleidung von einem Aufpasser kritisiert zu werden. So entledigt man sich dieser Last. Obwohl, als wir nach einem Termin im Teheraner Bürgermeisteramt mit ein paar Wächtern redeten, waren die freundlich und wollten wissen, wie lange junge Männer bei uns zum Heer müssten, mit wie vielen Jahren man in Deutschland seine Cousine heiraten könne und noch einiges mehr. Wir waren schon am Weggehen, als mir einer nachrief: »Tschador you like?« Er grinste übers ganze Gesicht, als würde er eine zustimmende Antwort einer Ausländerin ohnehin nicht erwarten. Die kleine Episode zeigt aber, so ganz austreiben könnten die Mullahs den Leuten die Neugierde doch nicht ...

JAGD AUF EXIL-IRANER

Wichtige Gegner der Islamischen Republik wurden im Laufe der Jahre in Europa ermordet. So verurteilte im April 1997 ein Berliner Gericht einen Iraner und vier Libanesen wegen Mordes an vier kurdisch-iranischen Oppositionellen in dem Berliner Restaurant *Mykonos* im Jahre 1992. Trotz Protesten aus Teheran befand das Gericht, dass es sich um politische Morde im Auftrag der Spitze der Islamischen Republik gehandelt habe, kurz Staatsterrorismus. Geheimdienste des Iran sowie die obersten Instanzen, heißt es in dem Urteil, hätten davon Kenntnis gehabt, ja mehr noch, den Anschlag angeordnet.

Bereits in den ersten Monaten nach der Islamischen Revolution waren hochrangige Mitglieder des Schah-Regimes von den Mullahs zum Tode verurteilt worden. Einige von ihnen wurden daraufhin auf offener Straße in ihren jeweiligen Exilländern erschossen. In fast allen Fällen entkamen die Täter, zum Teil mit Kenntnis der jeweiligen Regierung. Wie auch im Juli 1989, als in Wien der Generalsekretär der oppositionellen Demokratischen Partei Kurdistans, Abdul-Rahman Ghassemlou, zusammen mit zwei weiteren kurdischen Exilpolitikern bei einem geheimen Treffen mit Vertretern der Islamischen Republik getötet wurde. Einer der mutmaßlichen Täter versteckte sich daraufhin in Irans Botschaft. Anstatt den Mann auszuliefern, ließen ihn die Diplomaten, nicht ohne Wissen der österreichischen Behörden, entkommen.

Nach der Wahl von Mahmud Ahmadinedschad sagte ein iranischer Augenzeuge nach seiner Flucht nach Europa aus, einer der Attentäter damals sei der neue iranische Präsident gewesen. Er soll angeblich in jungen Jahren Mitglied des Todeskommandos gewesen sein, das im Ausland Exilpolitiker ermordete. Beweise konnte der Zeuge keine vorlegen. Das Morden ging auch in den Jahren darauf weiter. So wurde in der Schweiz der Bruder eines Anführers der oppositionellen Volksmudschahedin ermordet.

Wie Attentate in Teheran genau vorbereitet werden, erklärte während des Mykonos-Prozesses ein anonymer Insider. Er stellte sich als Zeuge C des Gerichts. Die Islamische Republik hat alle Anschuldigungen stets als Propaganda zurückgewiesen.

Kapitel 17

Einmal Teheran und zurück!

Küsse die Hand, die du nicht beißen kannst,
und bete, dass sie zerschmettert wird.

IRANISCHES SPRICHWORT

Es ist wieder einmal so weit. Ich verlasse die Islamische Republik. Dieser letzte Akt ist nicht so ohne, wie man selbst als Unschuldslamm vielleicht denken würde. Ich habe mir nichts vorzuwerfen, und trotzdem! Wenn ich mich jemals im Leben als Schwerverbrecher fühle, vom Scheitel bis zur Sohle, ist es am Ausreiseschalter, im Angesicht eines Passbeamten, während er die Seiten meines Reisedokuments umblättert. Gemächlich machen die das. Wie der Mann auf den Deckel meines Passes starrt – da kann einem schon heiß und kalt werden. So, als hätte er dort etwas Besonderes entdeckt, etwa einen geheimen Schriftzug: Auf der Stelle inhaftieren! Er blättert und ich stehe da wie ein Häufchen Elend, den Blick zu Boden gerichtet. Durch die halb geschlossenen Augenlider beobachte ich ihn trotzdem. Was gibt's denn da so lange zu schauen?, frage ich mich. Stempel sind das, sonst nichts!

Und das, genau, noch einer! Beginnt der Beamte daraufhin, auf seinem Spickzettel herumzukritzeln, bin ich
schon bereit, aufzubegehren. Sie da, ich bin Reporterin!
Etwas mehr Achtung! In diesem Augenblick bilde ich
mir ein, Tritte zu vernehmen, bis ich merke, da ist nichts,
nicht einmal die russischen Techniker hinter mir in der
Reihe wagen, den Mund aufzumachen. Das ist auch besser so, sie haben nämlich eine Alkoholfahne ohnegleichen, als ob sie vor der Abfahrt noch schnell einen ge-
hoben hätten, im stillen Kämmerlein. Vielleicht haben
sie sich nur volllaufen lassen, um ihre Angst zu über-
tünchen, aber das ist unwahrscheinlich. Obwohl, ein
Quäntchen davon sitzt jedem in den Knochen. Wie ich
das merke? Weil man in der ganzen weiten Halle eine
Stecknadel fallen hören könnte, so mucksmäuschenstill
ist es. Da schreit kein Kind und wenn, wird es von seiner
Mutter sofort zurechtgewiesen. Fährt ein Iraner weg, begleiten ihn wie bei der Ankunft oft zahllose Familienmitglieder, der Großvater, ein paar herausgeputzte Enkel, die Tanten kommen mit und ein Onkel, dem man
ansieht, er hat sich besonders schön gemacht für die lange Zeremonie des Abschieds. Umarmen sich die Leute,
geschieht es in aller Zurückhaltung. Unhörbar wird ge-
weint. Nur keinen Lärm machen, nicht auffallen, weder
angenehm oder sonstwie. Außer dem Rascheln meiner
Passseiten kein Laut!

Genau da, am Schalter, wo ich stehe, werden die
Leute abgeführt, wenn man sie bei der Ausreise verhaftet. Und weil Reporter Menschen sind wie alle anderen, was sie nur zu gerne vergessen, kommen sie in
unregelmäßigen Abständen genauso an die Reihe. Letz-

tens waren es zwei junge Iranerinnen. Sie arbeiteten für ein Internet-Radio und wollten zu einem Seminar ins Ausland. Daraus wurde nichts. Man hielt sie fest zum Verhör, bis ihre Maschine weg war. Daraufhin schickte man sie nach Hause.

Oder der Freund eines mir bekannten Kameramannes. Er nahm ein Taxi zum Flughafen, um nach Kanada auszureisen, kam jedoch nie am Ziel an. Als hätte er sich in nichts aufgelöst. Wochenlang wusste seine Familie nicht, wo er steckte, bis sie erfuhr, er saß die ganze Zeit über im Evin-Gefängnis, letzte Station echter und mutmaßlicher Regimegegner, wo wir erst in letzter Zeit ganz in der Nähe vorbeigefahren waren und ich dem Kameramann sagte, er solle jetzt aufhören zu filmen, es wäre besser so. Und inzwischen saß sein Freund da drinnen.

Dagegen ist die Geschichte eines Mitarbeiters einer humanitären Organisation beinahe harmlos. Dieser Ausländer wollte wie ich ausreisen. Verhaftet wurde er am Flughafen zwar nicht, man beschlagnahmte jedoch vorübergehend seinen Computer, kopierte die gesamte Festplatte und retournierte ihm das Gerät daraufhin. Das Unglück war, dass so zahlreiche Namen von Iranern, die irgendwie gegen die Mullahs aktiv waren, in deren Hände gelangten.

An all das muss ich denken, während der Beamte meinen Pass inspiziert, als wäre es sein allererster, und sich mit jeder Minute mein Argwohn erhöht, es könnte diesmal für mich etwas länger dauern. Vorsichtshalber fahre ich im Geiste schon mit einer Hand in die Manteltasche und versuche, mein Handy zu ertasten. Ich bin sicher, im Ernstfall würde ich es nicht finden, wie immer, wenn man es braucht. Den Trick mit dem Handy hat mir eine deutsche Kollegin gezeigt. Noch bevor sie zum Flughafen fährt, im Hotelzimmer, speichert sie die Notrufnummer der Deutschen Botschaft als allerletzte ein. Sie steckt das Handy griffbereit in ihre Manteltasche, und sollte es eng werden, genügt es, die Nummer diskret zu drücken, schon würde die Botschaft den eventuellen Arrest mithören können. Man müsste nur ziemlich laut schreien, denn sonst würde der diensthabende Diplomat wahrscheinlich glauben, jemand habe sich nur verwählt. Ungefähr so müsste man vorgehen: *Ich bin die und die, wie können Sie mich nur hier am Flughafen um 2 Uhr morgens verhaften, während ich die Lufthansa-Maschine 123 nach Frankfurt nehmen will?*

Kluges Mädchen, meine Kollegin, nur habe ich das Handy nicht in die Manteltasche, sondern in der üblichen Eile des Aufbruchs in meine bauchige Handtasche gesteckt, irgendwo ganz unten zwischen dem üblichen Krimskrams in einer Damentasche versteckt es sich. Auf die Schnelle wäre es also unauffindbar.

Langer Rede, kurzer Sinn: Wer den Iran jemals verlassen will, sollte sich darauf gut vorbereiten, mit präpariertem Handy und einigem mehr. Am Flughafen kann es dauern, obwohl zumindest das Ausreisevisum seit Jahren abgeschafft ist. Das macht alles im Vergleich zu früher zu einem Kinderspiel, da sich jedoch Verordnungen ändern wie das Wetter, ist man gut beraten, sich auf niemandes Beteuerungen zu verlassen. Man sollte zum Beispiel nichts mitnehmen, was einen in Schwierigkeiten bringen könnte. Schon gar nicht sollte man einem Teppichhändlers im Teheraner Bazar Glauben schenken, seine Waren dürfe man problemlos ausführen. Da hätte es noch nie Schwierigkeiten gegeben! Und wenn, für den Notfall würde er einen Onkel im Zoll kontaktieren, es gäbe nichts, was der nicht erledigen könnte! Das könne er einem schriftlich geben, und überhaupt existiere so ein Prachtstück von Teppich nur einmal auf der ganzen Welt! Ihr Risiko liegt darin, dass Ihr neu erstandenes Stück fürs Wohnzimmer vom Flughafenzoll zur sündteuren Antiquität erklärt wird. Darf nicht außer Land, der bleibt hier, heißt es dann kategorisch. Man hat also das Nachsehen. Es kann genauso vorkommen, dass niemand mit der Wimper zuckt, selbst wenn der Teppich 100 Jahre alt ist. Man ist aber grundsätzlich nur auf der sicheren Seite, wenn man seinen Teppich nach der Heimkehr beim Tunesier in der Einkaufsstraße im Stadtzentrum ersteht.

Vor Jahren, als das Ausreisevisum noch Pflicht war, musste der Ausreisetag aufs Genaueste vorgeplant werden, sonst konnte es geschehen, wie mir einmal, dass man Hals über Kopf ausreisen musste, obwohl man noch bleiben wollte. In meinem Fall hatte sich ein Bürokrat mit dem Datum vertan. Ich erinnere mich daran, als wäre es gestern gewesen. Ich hatte um einen Stempel für den Samstag gebeten, da wollte ich weg. Anstatt mir eine Ausreiseerlaubnis für diesen Tag auszustellen, stempelte er den Pass so, dass ich schon am Donnerstag hätte ausreisen müssen, und händigte mir den Pass mit einem feinen Grinsen genau an diesem Donnerstag aus. Als ich es merkte, war es zu spät. Ich hatte gerade noch einen Nachmittag Zeit, um alles zu organisieren. Zuerst versuchte ich, das Ausreisevisum rückgängig zu ma-

chen, aber nichts da. Donnerstagmittag bis Samstag-
morgen genießt ein Beamter sein verdientes Wochenende. Alle Ämter sind, genauso wie die Reisebüros, geschlossen. Da hieß es, so schnell wie nur möglich eine
Maschine finden, die einen außer Landes brachte, ziemlich egal wohin. Leichter gesagt als getan, denn nach der
Geiselnahme in der Amerikanischen Botschaft war es
vielen Fluglinien nicht mehr so ganz geheuer, im Reich
der Mullahs zu landen. Weitere Geiselnahmen waren
niemals ganz auszuschließen. So blieb uns nur die Mög-
lichkeit, so schnell wie möglich zum Flughafen zu fahren, da würden wir schon etwas finden, Hauptsache,
wir verließen fristgerecht das Land und würden nicht
gegen die Ausreisebestimmungen verstoßen. Ach ja, was
ich beinahe nicht erwähnt hätte: Wegen der Sanktionen
kann man in der Islamischen Republik nichts mit Kre-
ditkarte begleichen, sondern alles muss bar bezahlt werden, egal wie hoch der Betrag ist. Bei zwei Flugtickets,
eines für den Kameramann, das andere für mich, ist das
nicht wenig. Selbstverständlich konnten wir unsere alten Tickets nicht umtauschen, wo denn auch. Den Flughafen erreichten wir bald, der Taxifahrer fuhr mit dem
üblichen Affenzahn hin. Am Eingang der Halle fragte
uns jemand, wohin wir denn fliegen würden, was wir ja
noch nicht wussten, woraufhin es eine Zeit lang dauerte, alles zu erklären. Endlich waren wir drinnen. Auf der
Anzeigetafel stand, die letztmögliche Maschine fliege
ausgerechnet nach Saudi-Arabien. Aber wir hatten nun
mal keine Wahl, und in einem verlassenen Büro, in dem
nur ein Tisch und ein paar Sessel herumstanden, entdeckte ich schließlich einen Angestellten, der befugt

schien, mir zwei Tickets für den besagten Flug auszustellen. Weil der Mann keine Dollars annehmen konnte,
tauschte ich daraufhin meinen gesamten Geldbestand
in heimische Währung an einem Bankschalter am anderen Ende der Halle um, und das dauerte eine ganze
Weile. Iraner müssen bei der Ausreise eine Gebühr bei
der Bank einzahlen, deshalb standen viele von ihnen bei
dem Schalter an. Als das endlich geschafft war, lief ich
zurück in den Büroraum. Nun war der Mann verschwunden. Zufällig entdeckte ich ihn im Kreis seiner
Verwandten, die offenbar gerade aus dem Ausland angekommen und viel wichtiger waren als unsere läppi-
schen Flugscheine. Der Zeiger der Uhr rückte jedoch
weiter. Die Abflugzeit kam bedrohlich näher. Es war
ungefähr zwei Uhr morgens, denn zu allem Überfluss
sind die meisten Flüge in der Nacht angesetzt, zu einer
Uhrzeit, zu der Diplomaten, die einem im Notfall helfen könnten, in der Regel tief schlafen. Sollte man ihre
Dienste brauchen, muss man sie aufwecken, das macht
niemand gerne.

Am Ende kehrte der Mann mit einer unverständ-
lichen Entschuldigung auf den Lippen zurück in die
Kammer, wo ich mein Geld auf den Tisch legte und wir
uns daraufhin bald auf einen Ticketpreis einigten. Damit er sich bei der handschriftlichen Ausstellung der Tickets etwas beeilte, drückte ich ihm meinen allerletzten
Geldschein in die Hand. Völlig blank erreichten wir die
Maschine in letzter Minute und landeten drei Stunden
später im saudischen Riad, wo wir den dortigen Flughafen mangels eines saudischen Visums nicht verlassen
durften. Wir dösten auf den Sitzbänken.

Glücklicherweise gehört die Prozedur mit dem Ausreisevisum aus der Islamischen Republik für Ausländer der Vergangenheit an, Iraner hingegen müssen weiterhin damit ausgerüstet sein. Bekommt jemand aus irgendeinem Grund kein Visum, oder schlimmer, wusste er nicht, dass er es braucht, wird er ebenfalls auf dem Flughafen wegen Verstoßes gegen das Reisegesetz vorübergehend festgenommen. Eine Bekannte von mir brauchte einige Wochen, bis sie das Ausreisevisum endlich ergatterte. Ich kenne andere, die hatten es innerhalb eines Tages in ihrem Pass, es geht also so und so, sonst wäre die Ausreise ja auch viel zu einfach.

Apropos unberechenbar: Am Tag vor jeder Abreise muss ich alle gedrehten Videokassetten beim Ministerium für Information und Islamische Führung abgeben und dabei ihre genaue Zahl angeben. Etwas später bekomme ich dann eine weitere Genehmigung überreicht, die allerallerletzte sozusagen, bis zum nächsten Besuch. Das Papier befugt mich, die Kassetten außer Landes zu bringen. Sie müssen nur noch in übergroße Umschläge gesteckt werden, ein prachtvoller Stempel wird draufgedrückt, alles wird gut verschlossen, und schon ist man reisebereit. Die Umschläge dürfen weder geöffnet noch beschädigt werden. Man muss sie bei sich tragen, um jederzeit erklären zu können, worum es sich da handelt. Nur hat mich seit einem Jahrzehnt keiner nach diesen Kassetten gefragt, geschweige denn verlangt, deren Inhalt zu kontrollieren. Kein Zollbeamter, keiner beim Passabstempeln, inzwischen ist es sogar Usus, mir Umschläge und Schreiben ins Hotel zu schicken mit der Bitte, die Kassetten selbst zu verpacken, was ich brav erledige. Trotzdem stelle ich mir insgeheim die Frage: Warum sich überhaupt die Mühe machen, alles zu verpacken und zu stempeln? Wenn ohnehin kein Hahn danach kräht? Zunehmend befällt mich ein leiser Verdacht: Heißt das vielleicht, wir Reporter werden Tag und Nacht so gut überwacht, dass man ohnehin weiß, was wir filmen? Kennen die Spitzel wirklich jeden unserer Schritte? Nicht auszudenken, wie viel Arbeit das machen muss.

Die Anordnungen für den Kassetten-Export sind etwas absurd. Sie haben keinerlei Sinn, aber warum sich darüber den Kopf zerbrechen? Es kann immer noch schlimmer werden, was vor ungefähr einem Jahr passierte, als ich wegwollte. Um das Ergebnis vorwegzunehmen, dank meiner durch viele Aufenthalte geschärften Sinne bin ich nicht in die Falle getappt. Sonst würde ich dieses Buch in einer Zelle verfassen müssen, wer weiß, ob das so ohne Weiteres möglich wäre. Begonnen hatte es mit einer geplanten Abfahrt, als wir die üblichen Prozeduren anleierten und unseren Fahrer losschickten, um Erlaubnis und Kuverts im Ministerium zu besorgen, damit wir inzwischen packen konnten. Gegen Mitternacht wollten wir zum Flughafen. Als der Fahrer mit dem Zeug zurückkam, merkte ich: In einem der Kuverts steckte ein Gegenstand. Er fühlte sich nicht an wie eine Videokassette und war tatsächlich auch keine. Sondern eine altmodische Diskette, nur stand auf dem Etikett gut leserlich geschrieben: *Iran, Israel*. Da setzte bei mir zum ersten Mal kurz der Herzschlag aus, denn wir befanden uns mitten in der Atomkrise, mögliche Bombardierungen der iranischen Anlagen durch die Israelis waren nicht ausgeschlossen. Irgendwie siegte die journalistische Neugierde, ich stürzte zum Computer, steckte die Diskette in den Schlitz, und Überraschung, sie ließ sich nicht lesen: »Codierte Dossiers!«, erschien auf meinem Bildschirm. Da beschloss ich, die deutsche Vertretung über den Fall aufzuklären. Ich konnte es jedoch nicht lassen, zuvor einen iranischen Zuständigen anzurufen, um ihm scheinheilig mitzuteilen, man habe so ein komisches Zeug in den Kuverts vergessen, was ich denn damit wohl tun solle? Daraufhin schlug er mich um Längen in Sachen Scheinheiligkeit, weil er in aller Ruhe erwiderte: »Ach, wissen Sie was, geben Sie alles Ihrem Fahrer, er soll es morgen einfach zurückbringen.«

Die Botschaft sah es etwas anders, als sie davon erfuhr. Ein Diplomat tauchte in der Hotellobby auf, hörte sich geduldig meine Geschichte an und nahm die Diskette vorsichtshalber an sich, die sich übrigens am Tag darauf bei dem Versuch eines Technikers, sie doch irgendwie, offenbar gewaltsam, zu öffnen, selbst zerstörte. Ich stelle mir das so vor, dass ein Computer im Keller der Botschaft in die Luft flog. Bis heute weiß ich nicht, was die israelisch-iranischen Dossiers enthielten. Das wisse man leider nach dem gescheiterten technischen Eingriff genauso wenig, teilte mir die Botschaft in einer E-Mail freundlich, aber wortkarg mit. Wer's glaubt, wird selig.

Damit wäre ich, würde man glauben, mit heiler Haut allen Gefahren entkommen und hätte sorgenlos zum Flughafen fahren können. Tat ich aber nicht. Ich war felsenfest davon überzeugt, man hätte noch alle möglichen verdächtigen Gegenstände während meiner

Abwesenheit im Hotel in meiner Reisetasche verstaut, wie Drogen, Karten von geheimen Atomanlagen oder gar Mikrochips. Mehrmals schüttete ich den Inhalt meiner Reise- und Toilettentasche auf dem Tisch aus. Ich untersuchte alles. Jeden Zettel, selbst die harmloseste Telefonnummer vernichtete ich für den Fall, man würde mich am Flughafen festnehmen – trotz meiner Unschuld. Daraufhin durchsuchte ich nochmals alle Taschen. Und ein drittes und viertes Mal. Nichts, es war wie verhext.

Natürlich wurde ich am Schalter nicht verhaftet, nur mein Pass wurde mit der üblichen Genauigkeit kontrolliert, mehr nicht. Unwichtiges Detail am Rande: Zufällig hatte in dieser Nacht die Maschine ein paar Stunden Verspätung, so musste ich bis vier Uhr früh in der Abflughalle warten. Eine Zeit lang vermutete ich, die Verspätung wäre nur ein Trick des Geheimdienstes, damit man mich in aller Ruhe doch noch abführen konnte. Erschöpft schlief ich trotzdem auf einem Sessel ein. Der Geheimdienst würde mich schon aufwecken, wenn er mich brauchte.

Zwischen Entdeckung der Diskette und Abflugzeit besuchte mich zu allem Überfluss Shala. Einfach so, um vor meiner Abreise noch ein bisschen zu plaudern. Als ich ihr die Geschichte mit der Diskette unter dem Siegel der Verschwiegenheit erzählte, meinte sie, es gäbe in ihren Augen, und als Iranerin wüsste sie, wovon sie rede, überhaupt nur eine Erklärung für das ganze Spektakel. Sonnenklar, die Diskette würde wichtige Geheimnisse über das Atomprogramm beinhalten. Man hätte sie mir zugesteckt, um zu testen, ob ich genauso gierig wäre wie eben die meisten westlichen Reporter, und das Zeug bei nächster Gelegenheit als Sensation veröffentlichen würde. Aber, meinte Shala, ich hätte den Test ja bestanden, gezeigt, ich wäre hundertprozentig seriös. Sie gratulierte mir. Von nun an, sagte sie voraus, würde ich keinerlei Schwierigkeiten mehr haben, jetzt sei man sich meiner Anständigkeit sicher. Auf solch eine komplizierte Erklärung wäre ich nie gekommen.

Im Nachhinein ärgerte ich mich schon, nicht mehr Geduld bei der Öffnung der Diskette gehabt zu haben. Wäre ich doch technisch etwas versierter, dann hätte sich vielleicht noch eine aufsehenerregende Story ergeben. Nun gut, zumindest hatten die deutschen Behörden etwas von der Sache.

Hat man einmal die Passkontrolle hinter sich, darf man sich auf keinen Fall entspannen, jedenfalls nicht als Frau. Beide Geschlechter müssen noch durch eine zusätzliche getrennte Sicherheitskontrolle, die auf meiner, auf der Seite der Frauen, nicht von schlechten Eltern ist. Da sitzen und stehen seit Kurzem ein paar Mitglieder der »Fatim-Kommandos« herum, manchmal mürrisch, manchmal in kämpferischer Laune. Jedenfalls habe ich den Eindruck, bei den Sperren hat Präsident Ahmadinedschad seine feurigsten Anbeterinnen untergebracht. Sehen die jemand wie mich nur aus der Ferne daherkommen, ziehen sie schon merklich die Augenbrauen zusammen. Lege ich meine Tasche nicht so auf das Fließband, wie es sein soll, rufen sie mir etwas zu, was ich ohnehin nicht verstehe, möglicherweise ein Vorteil. Da war ein iranischer Teenager mit locker umgebundenem Kopftuch vor mir in der Reihe, die ließen sie dreimal durch den Metalldetektor gehen, um sie daraufhin vor den Augen aller mit brutalen Griffen von oben bis unten abzutasten. Nochmals musste sie durchgehen, obwohl es nicht einmal piepste, der Apparat schien gar nicht zu funktionieren. Das Mädchen sagte kein Wort, hatte nur ganz wässrige Augen. Dennoch befahl man ihr, zur Seite zu treten. Sie musste warten. Wie oft habe ich so etwas in letzter Zeit schon beobachtet, da wird einem übel, wie die armen Dinger behandelt werden, ob am Mehrabad-Flughafen oder am neuen, der Imam-Khomeini heißt, ist einerlei. Vom zweiten fliegen seit einigen Jahren die Fluglinien in die Emirate, nach Dubai ab. Zunehmend schlagen dort, im freizügigen Dubai, reichere Iraner vorübergehend ihre Zelte auf, in Wartestellung sozusagen, bis die Mullahs vertrieben sind, wofür es jedoch im Moment keinerlei Anzeichen gibt. Ihre Frauen können noch so teure Seidentücher umgebunden haben, sie werden von den »Fatim-Kommandos« bei der Ausreise auf jede erdenkliche Weise schikaniert. Je auffallender die Tücher glänzen, desto länger dauert der Spaß. Das schließt nicht aus, dass der Ehemann der einen oder anderen zur selben Zeit in einem entlegenen Terminal einen der Verantwortlichen der Islamischen Republik besticht, Mullah, Revolutionswächter, wen auch immer. So verdienen einige ganz passabel, während die echten Frommen, meist gleichzusetzen mit den Ärmsten in der Republik, schlecht sitzende Kopftücher inspizieren dürfen oder Handtaschen ausleeren, bis sie endlich einen Lippenstift wie eine Trophäe hochhalten. Alles schon erlebt. Die Islamische Republik bringt das alles unter einen Hut und noch vieles mehr.

Wenn Iraner sich vor irgendetwas fürchten, dann ist es die Ausreise aus ihrer Heimat, dabei ist die inzwischen ein einfacher Spaziergang, vergleicht man sie mit den Bedingungen in den Jahren nach der Revolution. Damals versuchten Tausende auf allen möglichen Umwegen, sich Papiere zu besorgen. Das war weder billig noch einfach, und nicht immer von Erfolg gekrönt. In dem damals herrschenden Chaos einen Zuständigen zu finden, war schwierig genug, und traute sich der etwas zu entscheiden, konnte alles vom nächstbesten Revolutionär annulliert werden. Hier reden die Leute heute noch von dem Buch *Nicht ohne meine Tochter*, in dem eine mit einem Iraner verheiratete Amerikanerin erzählt, wie abenteuerlich sie in den stürmischen Jahren nach der Revolution über Berge und durch Täler zieht, bei Wind und Wetter, weil sie nichts als weg will. Keine Frage, die Frau übertrieb maßlos, sagen die Iraner, ein Kern Wahrheit stecke allerdings in der Geschichte, und sei es nur die Beschreibung der damals herrschenden Angst vor Mullahs, Wächtern und Komitees und was es alles sonst noch so an selbst ernannten Revolutionären gab. Die befanden sich in einem echten Machtrausch. Obwohl man in einer alkoholfreien Republik das Wort mit Vorsicht anwenden muss, aber so war es.

Unzählige Flegel, kaum einen Kopf größer als die Gewehre in ihrer Hand, befahlen mir auf dem Flughafen das eine oder andere. Am Ende kannte ich mich gar nicht mehr aus. Wollte der Erste die Kassetten kontrollieren, wusste der Zweite gar nicht, was ich mitführte, und ich fragte mich, wer von den beiden der Gefährlichere sei. Und inzwischen hielt ich einen

Zipfel meines Tschadors sicherheitshalber mit den Zähnen fest.

Chaos hat seine guten Seiten. Damals gelang es mir, einen Pack Kassetten unter einem Umhang durch die Flughafenkontrollen zu schmuggeln, wobei schmuggeln ein großes Wort ist. Mir blieb nichts anderes übrig, als unser Filmmaterial in Plastiksäcken gegen meinen Körper gedrückt an den jugendlichen Wächtern vorbeizutransportieren, sonst würde ich heute doch dastehen und darauf warten, dass sie sich einigen, was zu tun sei mit einer wie mir.

Es klappte insofern, als kein Sack in Stücke riss, die Lufthansa-Maschine auf dem Rollfeld auf uns wartete und niemandem einfiel, mich von oben bis unten zu betatschen, nicht einmal eines Blickes gewürdigt wurde man damals. Als ob man nicht existiere. Die weiblichen »Fatim-Kommandos« wurden erst später erfunden.

Jetzt sitze ich erleichtert in der Maschine, ich kann also das Kopftuch abnehmen. Außer es ist ein Flug der Iran-Air, da obliegt jeder Frau die Pflicht, bis zur Landung in Europa bedeckt zu bleiben, was ein zusätzlicher Nachteil ist – neben der möglichen Gefahr eines Absturzes wegen der uralten Maschinen aus der Schah-Zeit. Meine absolute Lieblingsfluglinie ist Iran-Air deshalb nicht. Lieber nehme ich eine andere, da fühle ich mich sicherer. So und so kann man auf den vierstündigen Flügen zwischen Europa und dem Iran einiges erleben. Letztens hatte ich mein Kopftuch schon auf die Schultern fallen lassen, die Lider vor Müdigkeit geschlossen – der Abflug war wie immer mitten in der Nacht –, als mich eine ziemlich laute Frauenstimme aus dem Halbschlaf riss: »Endlich frei!« Als ich die Augen aufmachte, blickte ich geradewegs auf eine Iranerin um die fünfzig, wie sie sich im Gang an mir vorbeidrängte, dabei ihr Tuch vom Kopf zerrend. Offenbar wollte sie mit jedem ihre Freude teilen, ob das dem recht war oder nicht.

Vor nicht allzu langer Zeit hingegen saß ich neben einem Mann, der auf den ersten Blick wie ein Frommer aussah. Sechstagebart, keine Krawatte, wie sich eben die Anhänger der Islamischen Republik so anziehen, selbst wenn sie in der weiten Welt unterwegs sind. Er war jedoch ein Geschäftsmann. Kaum war die Maschine in der Luft, zog er aus seinem Diplomatenkoffer einige beachtliche Dosen Kaviar und versuchte, sie zuerst mir und dann anderen Passagieren anzudrehen. Was ihm jedoch nicht gelang, niemand hatte übergroßes Interesse daran, so mitten in der Nacht. Irgendwie wollte er das Zeug loswerden. Also streckte er der Stewardess die Dosen hin. Sie solle sie doch einfach eine Zeit lang im Kühlschrank verstauen und dann den Fluggästen servieren. Er würde nicht einmal etwas dafür verlangen. Gratis! Ein Geschenk! Woraufhin die Stewardess ihm darlegte, man dürfe aus Gründen des Lebensmittelgesetzes keine Waren annehmen, geschweige denn unter den Passagieren verteilen. Das sei so, sie könne es nicht ändern. Ob er denn ein Glas Rotwein wolle? Sie schenkte ihm ihr professionellstes Lächeln. Woraufhin der Passagier den Wein ablehnte, in der nächsten Minute jedoch um einen Whiskey bat, mit viel Eis. Kaum war die Frau verschwunden, schüttelte er den Kopf. Es schien ihm einfach nicht einzuleuchten, wie man iranischen Kaviar verschmähen konnte, nur wegen ein paar blödsinniger Regeln!

Register

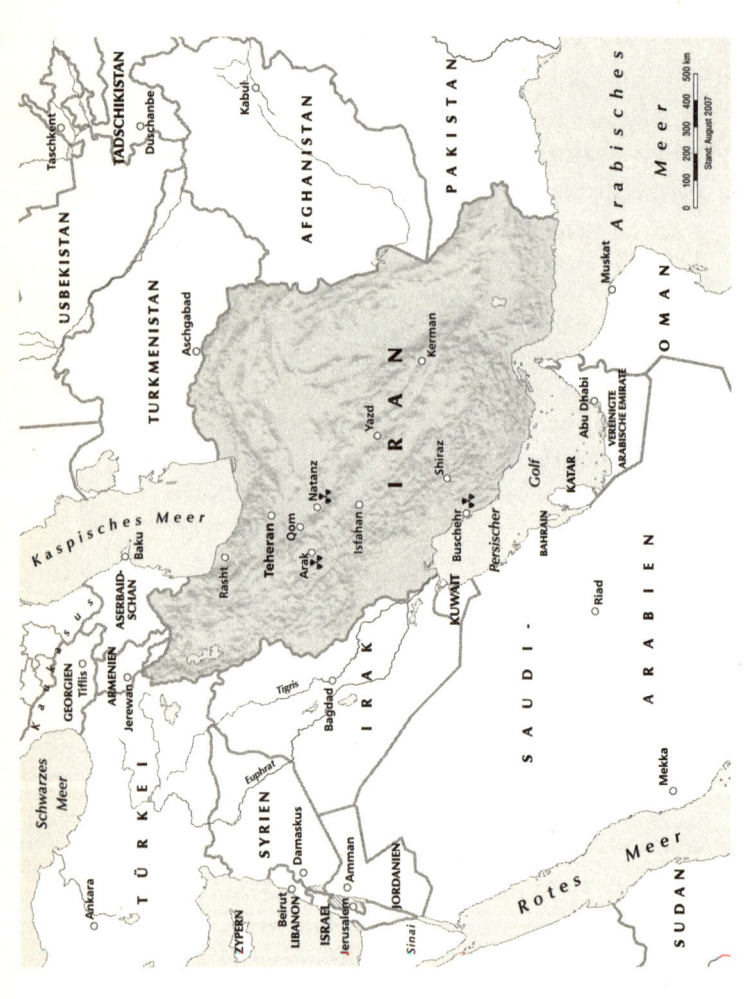